消费者维权诉讼案例法律适用指引

XIAOFEIZHE WEIQUAN SUSONG ANLI FALÜ SHIYONG ZHIYIN

罗书平　陈　敏　著

中国民主法制出版社

图书在版编目（CIP）数据

消费者维权诉讼案例法律适用指引/罗书平，陈敏著. —北京：中国民主法制出版社，2023. 2

ISBN 978-7-5162-3054-1

Ⅰ. ①消… Ⅱ. ①罗… ②陈… Ⅲ. ①消费者权益保护法—案例—中国 ②消费者权益保护法—法律适用—中国

Ⅳ. ①D922. 294

中国国家版本馆 CIP 数据核字（2023）第 002993 号

图书出品人：刘海涛
责 任 编 辑：逯卫光

书名/消费者维权诉讼案例法律适用指引
作者/罗书平 陈 敏 著

出版 · 发行/中国民主法制出版社
地址/北京市丰台区右安门外玉林里 7 号（100069）
电话/（010）63055259（总编室） 63058068 63057714（营销中心）
传真/（010）63055259
http：// www. npcpub. com
E-mail：mzfz@ npcpub. com
经销/新华书店
开本/16 开 710 毫米 ×1000 毫米
印张/17 **字数/**281 千字
版本/2023 年 3 月第 1 版 2023 年 3 月第 1 次印刷
印刷/三河市宏图印务有限公司

书号/ISBN 978-7-5162-3054-1
定价/68. 00 元

统一法律适用：最高人民法院“作出表率”（代序）

2020年5月29日，习近平总书记主持中央政治局第二十次集体学习时，对统一法律适用工作提出明确要求。2021年初，中央政法委将“完善统一法律适用机制”列入2021年政法领域十大重点改革举措任务台账，明确由最高人民法院牵头落实。

2021年11月，最高人民法院审判委员会第1845次会议讨论通过《最高人民法院统一法律适用工作实施办法》，并于2021年12月正式实施。从官方的发布消息和同时公布的“理解与适用”专稿中，不难发现该司法文件非同寻常：“统一法律适用，规范裁量权行使，是深入学习贯彻习近平法治思想的重要举措，是人民法院履行宪法法律职责、维护国家法制统一尊严权威的必然要求，是贯彻落实党的十九届四中全会关于全面落实司法责任制、加强对司法活动监督、保证审判权依法正确行使的具体行动。”

由此可见，《最高人民法院统一法律适用工作实施办法》的重大意义并不亚于常规的司法解释。统一法律适用标准、规范裁量权行使，事关当事人合法权益保障和社会公平正义的实现，作为国家最高审判机关，最高人民法院必须充分发挥在统一法律适用工作中的示范带动作用，着力研究解决审判工作中的具体法律适用问题。特别是最高人民法院各审判业务部门之间、各地法院之间法律适用观点不一致、裁判尺度不统一等问题，亟待从操作实施层面制定一个关于规范统一法律适用总体工作的系统性文件，率先建立起一个规范统一的工作制度，在最高人民法院完善“院级层面”的统一法律适用工作机制，推动形成工作合力，规范法官裁量权行使，妥善解决法律适用分歧问题。

可以说，针对审判实践中存在的法律适用问题争议这个严峻现实，如何有针对性地建章立制，以规范法官裁量权行使，妥善解决法律适用中的分歧问题，巩固深化法院队伍教育整顿成果，聚焦顽瘴痼疾在工作中的具体表现，既是最高人民法院义不容辞的职责，更需要最高审判机关率先垂范、作出表率！显然，这份“从操作实施层面制定一个关于规范统一法律适用总体工作的系统性文件”，迈出了第一步！

近年来，有关消费者维权诉讼的案件“有增无减”的势头和“同案异判”的现状显示，有关消费者权益保护、净化消费市场、保障公民生命权健康权、财产权，任重道远！

实证研究发现，为数不少经各级法院审理终结的诉讼案件中，不同程度地存在“法律适用不统一、裁量权行使不规范、同类案件不同判决”的问题。以“知假买假索赔”这一“类案”为例，从目前最具权威的“中国裁判文书网”上检索到的发生法律效力的裁判文书发现，既有旗帜鲜明予以支持的判决，也有以知假买假者并非“消费者”而驳回其索赔请求的，更有以行为人具有“非法占有”的目的而按“敲诈勒索”定罪判刑的，甚至在同一审判机关的裁判中也存在法律适用冲突以致“同案异判”的。

基于此，《消费者维权诉讼案例法律适用指引》一书，选择了28个具有典型性的案例（民事20个、刑事8个），从事实认定、证据规则、审理程序、法官思维和法律适用上进行深入评析，试图为消费者在通过诉讼维权时提供看得见、摸得着的指引，也可以成为代理人、辩护人在诉讼中有针对性地向司法机关提供“类案检索报告”的参考案例，以及进一步对相关概念、统一裁判规则作立法修订时的参考。

罗书平

2022年2月28日

凡　　例

（本书引用常见法律、规范文件、指导案例名称时使用简称说明）

简称	全称	时间
《民法典》	《中华人民共和国民法典》	2020 年 5 月 28 日通过
《消费者权益保护法》	《中华人民共和国消费者权益保护法》	2013 年 10 月 25 日第二次修正
《食品安全法》	《中华人民共和国食品安全法》	2021 年 4 月 29 日第二次修正
《产品质量法》	《中华人民共和国产品质量法》	2018 年 12 月 29 日第三次修正
《农产品质量安全法》	《中华人民共和国农产品质量安全法》	2022 年 9 月 2 日第一次修订
《药品管理法》	《中华人民共和国药品管理法》	2019 年 8 月 26 日第二次修订
《刑法》	《中华人民共和国刑法》	1997 年 3 月 14 日修订
《食品安全司法解释（一）》	《最高人民法院关于审理食品安全民事纠纷案件适用法律若干问题的解释（一）》	2020 年 12 月 8 日发布
《食品药品司法解释》	《最高人民法院关于审理食品药品纠纷案件适用法律若干问题的规定》	2020 年 12 月 23 日、2021 年 11 月 15 日修正
《敲诈勒索司法解释》	《最高人民法院、最高人民检察院关于办理敲诈勒索刑事案件适用法律若干问题的解释》	2013 年 4 月 23 日发布
《量刑指导意见》	《最高人民法院、最高人民检察院关于常见犯罪的量刑指导意见（试行）》	2021 年 6 月 16 日发布
《答复意见》	《最高人民法院办公厅对十二届全国人大五次会议第 5990 号建议的答复意见》	2017 年 5 月 19 日发布
《最高人民法院指导案例 23 号》	《最高人民法院指导案例 23 号：孙银山诉南京欧尚超市有限公司江宁店买卖合同纠纷案》	2014 年 1 月 26 日发布

目录

CONTENTS

第二章　刑事案例评析

第三章　综述：消费者维权诉讼中的"五大焦点"问题研究

附录：相关法律链接

第一章　民事案例评析

“知假买假索赔”符合法定惩罚性赔偿条件，适用“十倍赔偿”

——陈刚诉安徽誉冠生物科技有限公司网络购物合同纠纷案

【裁判要点】

1. 食用农产品的市场销售涉及的安全标准，适用《食品安全法》的相关规定。

2. 即便基于索赔动机购买不符合安全标准的食品、药品，也有权依法向生产者、经营者主张惩罚性赔偿。

【关键词】

食品安全　食用农产品销售　职业打假人　知假买假　消费者　十倍赔偿

【案例来源】

中国裁判文书网

一审：江苏省沭阳县人民法院民事判决书［（2020）苏 1322 民初 4784 号］

二审：江苏省宿迁市中级人民法院民事判决书［（2021）苏 13 民终 2807 号］

【简要案情】

2020 年 3 月 27 日，陈刚使用淘宝会员账号从安徽誉冠生物科技有限公司（以下简称誉冠公司）在淘宝网络平台上开设的“永源泰旗舰店”，购买“一级卡宾达树皮正宗非洲 kuba 安哥拉正品男性滋补茶 250g”8 件以及“［钻石黑玛卡］6A正品秘鲁黑玛卡片干果玛咖切片泡酒茶男性滋补500g”8件，共支付货款8632元。黑玛卡产品详情页面上载明“保质期：750天；品牌：永源泰；产地：秘鲁；包装方式：散装；适用对象：成年男性”；卡宾达树皮产品详情页面上载明“保质期：750天；品牌：永源泰；品名：一级卡宾达树皮；产地：其他/other；包装方式：散装；适用对象：成年男性；净含量：250g。买就送泡酒料套餐，营养师一对一指导，安哥拉卡宾达正宗特厚老树皮”。

付款当天，誉冠公司客服人员与陈刚进行联系，称陈刚可以添加店长微信进行专业“一对一”指导服务，并表示次日即可发货。陈刚询问如何食用，客服表示永源泰老字号实体体验，专注男士中医养生。实体店同步销售，只卖正品。加店长微信，全程“一对一”指导服务。后来，誉冠公司按照陈刚指定的地址将货物邮寄至沭阳县境内，由陈刚签收。

陈刚收到货物后发现卡宾达树皮包装盒上面有生产厂家信息，黑玛卡上无任何产品信息。于是，陈刚询问淘宝客服人员，客服人员回复“标签可能忘记贴了”。陈刚询问客服人员搭配比例，客服人员表示“树皮3克、黑玛卡5克，泡茶的量，泡20分钟就可以了。除了泡茶、泡酒，没有其他的食用方法”。

陈刚根据客服人员指示，添加了店长微信，该人员在微信中就食用方法进行了详细介绍并表示玛咖与黑玛卡系一样的。其中，黑玛卡可以泡水、泡酒、煲汤、磨粉服用等，并且介绍了每种食用方法的用量、烹制方法及时间。卡宾达树皮可以泡水、煮水、泡酒，并介绍了每次用量、烹制方法及时间。

陈刚认为，其所购产品标题及宣传页面上均表示产品是滋补茶和泡酒茶，属于《食品安全法》第一百五十一条定义的食品。但其所购产品存在众多违法行为，且存在食品安全隐患。其多处违反《食品安全法》相关规定和强制性国家食品安全标准，属于不合格商品，提起诉讼。

【一审情况】

一、一审诉辩主张

原告陈刚的诉讼请求：（1）解除原被告之间的买卖合同，被告誉冠公司退还原告货款8632元；（2）被告支付原告赔偿款86320元。

被告誉冠公司辩称：（1）陈刚并非本案适格的原告主体。陈刚提供的订单截图显示淘宝账户为“tb60＊＊＊＊0462”未实名认证。陈刚提供的电话缴费记录也不能证明其系案涉淘宝账户的所有人。（2）案涉产品为初级农产品，不应当适用《食品安全法》及相关司法解释的规定。（3）誉冠公司已履行进货查验义务，向供货商收集了营业执照副本、食品生产许可证、检验报告证明等相关复印件。作为食品经营者所需尽到的义务为形式审查义务，并非实质审查义务。(4) 誉冠公司并非明知产品违反食品安全标准，不符合适用《食品安全法》第一百四十八条的条件，不应承担十倍赔偿。

二、一审裁判理由

关于原告主体资格。原告提供的支付宝交易回单中明确载明付款方账户名称为“173＊＊＊＊5263”，原告提供的号码充值发票显示，该号码所有权人为陈刚；淘宝账户绑定手机号码显示为“173＊＊＊＊5263”，支付宝付款记录显示代付人为陈刚。原告提供的该两组证据，可以证明原告使用淘宝账户名“tb60＊＊＊＊0462”从被告处购买案涉产品卡宾达树皮和黑玛卡，共支付货款 8632 元。被告辩称原告并非本案适格主体，不予采纳。

关于案涉产品是否适用《食品安全法》及相关司法解释规定。案涉产品根据其介绍可以采用泡水、泡酒等方式进行食用，因此属于可以食用的源于农业的初级农产品。《食品安全法》第二条第二款规定：“供食用的源于农业的初级产品（以下称食用农产品）的质量安全管理，遵守《中华人民共和国农产品质量安全法》的规定。但是，食用农产品的市场销售、有关质量安全标准的制定、有关安全信息的公布和本法对农业投入品作出规定的，应当遵守本法的规定。”因此，被告将案涉产品作为可供食用的农产品进行市场销售，应当遵守《食品安全法》的规定。被告辩称案涉产品销售不适用《食品安全法》及相关司法解释的规定，与法律规定相悖，不予采纳。

关于案涉产品是否符合食品安全标准。据涉案产品淘宝详情页介绍，案涉黑玛卡产地为秘鲁，卡宾达树皮产地为非洲安哥拉，均属于进口食品且采用预先定量包装的形式进行销售，系进口的预包装食品。但被告庭审中仅提供了黑玛卡产品代销合同、供货商营业执照、食品经营许可证、秘鲁黑玛卡果入境货物检验检疫证明，不能证明涉案产品质量符合国家标准，且销售给原告的黑玛卡干果切片无任何产品说明，特别是无每日使用量警示语，足以对食品安全造成影响，被告应当承担不利后果，原告主张案涉产品不符合食品安全标准的理由成立，予以支持。

关于原告诉请解除合同退还货款。被告销售的案涉产品不符合食品安全标准，且无证据证明被告销售的产品符合合同约定的质量要求，原告要求解除合同并退还货款的理由成立，予以支持。

关于原告诉请十倍货款赔偿。虽然法律及司法解释对食品生产者或销售者的惩罚性赔偿责任作出了明确规定，但同时也明确主张惩罚性赔偿的主体为“消费者”。《消费者权益保护法》第二条规定：“消费者为生活消费需要购买、使用商品或者接受服务，其权益受本法保护；本法未作规定的，受其他有关法律、法规保护。”由此可见，《消费者权益保护法》所保护的对象是“为生活消费需要”的消费者，并不包括为生产经营或以牟利为目的而购买商品的个人或组织，《食品安全法》作为专门规范食品安全消费领域的特别法，也适用《消费者权益保护法》中消费者的概念。本案中，从原告另案起诉的多个案件可以反映出，原告在短期内多次向不同销售者购买相同或类似商品，以相同理由起诉要求退还货款及价款十倍的惩罚性赔偿。可见，原告的购买行为显然并非为生活消费需要，而是出于牟利目的。因此，综合本案及另案的事实，可以认定原告陈刚系以牟利为目的而购买案涉产品，其起诉要求十倍惩罚性赔偿，不予支持。

三、一审判决结果

（一）解除被告誉冠公司与原告陈刚于2020年3月27日订立的网络购物合同；

（二）被告誉冠公司于本判决发生法律效力之日起10日内向原告陈刚退还货款8632元；

（三）原告陈刚于本判决发生法律效力之日起10日内向被告誉冠公司退还“一级卡宾达树皮正宗非洲kuba安哥拉正品男性滋补茶250g”8件以及“［钻石黑玛卡］6A正品秘鲁黑玛卡片干果玛咖切片泡酒茶男性滋补500g”8件，如不能退还的则按照购买价格折抵相应货款；

（四）驳回原告陈刚的其他诉讼请求。

案件受理费2174元，由被告誉冠公司负担50元，由原告陈刚负担2124元。

【二审情况】

一、二审诉辩主张

陈刚不服一审判决，提起上诉，请求维持一审判决第一、二、三项，撤销第四项，改判支持陈刚全部诉讼请求。事实与理由：一审判决以“陈刚的购买行为显然并非为生活消费需要，而是出于牟利目的”为由驳回陈刚关于誉冠公司按价款十倍进行赔偿的诉讼请求存在错误。法院判决应当依法惩罚售假者，而不是过度苛责消费者。一审判决仅以陈刚有过三次维权经历，就认定其不属于消费者，没有事实基础和法律依据。陈刚购买的商品系食品，作为购买者有权针对食品不符合安全标准问题要求惩罚性赔偿。《食品安全法》和《消费者权益保护法》属于同位阶法律，陈刚有权选择请求权基础，一审法院以《消费者权益保护法》的规定驳回陈刚依据《食品安全法》要求赔偿的诉请，适用法律错误。《食品药品司法解释》第三条明确规定：“因食品、药品质量问题发生纠纷，购买者向生产者、销售者主张权利，生产者、销售者以购买者明知食品、药品存在质量问题而仍然购买为由进行抗辩的，人民法院不予支持。”依据该规定，即使本案存在“知假买假”情形，陈刚也有权针对产品不符合安全标准的问题要求惩罚性赔偿。

被上诉人誉冠公司辩称：一审判决认定事实清楚，适用法律正确，请求驳回上诉，维持原判。誉冠公司在一审中提供的供货商相关材料复印件能够证明该公司已履行进货查验义务，不符合《食品安全法》第一百四十八条第二款规定的适用惩罚性赔偿的前提条件，即经营者明知销售商品不符合食品安全标准。陈刚并非消费者，其系职业打假人，大批量购买相关商品以获得巨额赔偿，该行为严重损害社会诚信和司法公信力。

二、二审裁判理由

二审法院认为，案涉“黑玛卡干果切片”没有产品标签和说明书，没有标注食用限量；“卡宾达树皮”没有检验检疫合格证明，均不符合《食品安全法》规定的食品安全标准，陈刚有权要求解除合同并退还货款。誉冠公司作为具有一定专业知识的经营者，其应知上述商品系不符合安全标准的食品，经营者不得销售，故其并不知道所售商品不符合食品安全标准的主张不能成立。

关于陈刚是否有权主张誉冠公司十倍惩罚性赔偿责任。《食品安全法》第一百四十八条第二款规定惩罚性赔偿的目的在于通过加重生产者、经营者的赔偿责任，提升维权积极性，净化食品市场，维护食品安全，保护人民群众生命安全和身体健康。该条规定是否应与《消费者权益保护法》第二条衔接，即有权向生产者、经营者主张惩罚性赔偿的主体是否必须为了生活消费需要而购买、使用商品或者接受服务，并非该法所调整的范畴，故仅以“是否为了生活消费需要”为判断标准，将知假买假者或职业打假人排除在维权主体之外，不符合立法原意。即便是基于索赔动机购买不符合安全标准的食品，购买人也有权依据《食品安全法》向生产者、经营者主张惩罚性赔偿。

首先，《食品安全法》第一百四十八条第二款规定关于“消费者”的表述主要是相对于生产者、经营者而言，只要购买食品并非为了生产、经营性用途，都应界定为消费者。至于购买商品的目的是自用、赠与他人，或是为了索赔，均不影响消费性质的认定。况且，仅从是否具有一定的专业维权知识、是否存在多次购买行为、购买是否超过“合理”数量的角度界定是否为消费者，本身缺乏确定的或者可以量化的标准，以此界定消费者身份和消费行为具有一定的主观性和随意性，较为牵强有失严谨。以此角度理解，职业打假人其实就是具有一定维权知识，多次、主动维权的消费者，当然有权依据《食品安全法》第一百四十八条第二款规定主张惩罚性赔偿。

其次，知假买假者虽然主观上存在获得惩罚性赔偿以谋取私利的目的，但是从其行为的社会效果看，有利于遏制制售不安全食品的行为，制裁不法生产者、经营者并维护诚信经营者的利益，有利于维护公平交易和竞争秩序，进而维护食品安全。当前我国正在全面建设高水平小康社会，“民以食为天，食以安为先”，人民群众对食品安全空前关切，但危害人民群众生命安全和身体健康的食品安全恶性事件仍有发生，正是在这样的背景下，立法机关在《食品安全法》中建立健全对制售不安全食品行为的惩罚性赔偿机制，严厉制裁假冒伪劣食品的生产者、经营者，维护食品安全，提升人民群众对食品安全的信心。在此背景下，个人维权与相关部门执法相结合，更有助于构建维护食品安全的双驱动机制，消除食品市场治理的盲区。有鉴于此，应从维护食品安全的角度出发，对《食品安全法》第一百四十八条第二款作出合乎形势、合乎社会公共利益的理解，对个人维权行为包括知假买假、职业打假应态度鲜明地予以肯定性评价，而不应纠缠于“是否为了生活消费需要而购买”“是否知假买假”“是否职业打假”等话题陷阱上。

再次，就法律实施的效果而言，普通消费者相对于生产者、经营者较为弱势，缺乏专业知识和维权资金、时间，基于维权成本顾虑，未必有提起维权诉讼的积极性。职业打假人则具有一定的专业知识和高度的维权积极性，是维护消费者权益的重要力量，如对其行为予以否定性评价，则闭塞了消费者维权之路，影响《食品安全法》第一百四十八条第二款的实施效果。同时，尽管肯定职业打假人的惩罚性赔偿请求权可能在短期内导致职业打假行为和相关诉讼大幅增加，但职业打假人的行为是依法行使权利，并未扰乱食品市场秩序，也不构成对诉讼权利的滥用，并未造成司法资源的浪费，是为了维护食品安全可以并应当承受的代价。且从辩证、长远的角度看，职业打假行为可以净化食品市场，随着食品安全水平的提高，不符合安全标准的食品将越来越少，职业打假行为也会越来越少，职业打假人群体最终也会不断减少直至消失。

最后，从生产者、经营者角度而言，其制售不符合安全标准的食品应受法律制裁，应基于其不法行为给付惩罚性赔偿。换言之，即便是职业打假人主张惩罚性赔偿，也未损害生产者、经营者的合法权益。生产者、经营者如要避免损失，根本途径是诚信经营，杜绝从事制售不安全食品的行为。《食品安全法》第一百四十八条第二款使用的“消费者”用语并非生产者、经营者据以逃避法律责任的“保护伞”，就食品安全层面而言，法律不应给予生产者、经营者既制售不安全食品，又逃避法律责任的行为空间。

本案中，在没有证据证明陈刚购买食品是为了将该食品再投入市场获取利润的情况下，应认定陈刚属于《食品安全法》第一百四十八条第二款规定中的“消费者”，有权向生产者或经营者主张惩罚性赔偿，而不需要鉴别陈刚购买案涉食品是否以获取惩罚性赔偿为目的。陈刚基于誉冠公司向其销售不符合安全标准食品的事实，有权要求该公司按照货款十倍金额向其赔偿 86320 元。

另，二审法院认为，鉴于案涉食品不符合食品安全标准，为防止再流入市场，不应由陈刚向誉冠公司返还，而是直接予以收缴销毁为宜。

三、二审判决结果

（一）维持江苏省沭阳县人民法院（2020）苏 1322 民初 4784 号民事判决第一项、第二项，撤销第三项、第四项；

（二）誉冠公司于本判决生效之日起十日内赔偿陈刚 86320 元。

（三）对陈刚从誉冠公司购买的“一级卡宾达树皮正宗非洲 kuba 安哥拉正品男性滋补茶 250g”8 件以及“［钻石黑玛卡］6A 正品秘鲁黑玛卡片干果玛咖切片泡酒茶男性滋补 500g”8 件予以收缴和销毁。

一审案件受理费 2174 元，二审案件受理费 1958 元，均由誉冠公司负担。

【评析】

本案属于销售食用农产品所涉及的消费者权益纠纷。由于国家对农产品的质量安全问题颁布了专门的《农产品质量安全法》，其立法宗旨是“保障农产品质量安全，维护公众健康，促进农业和农村经济发展”。而且《食品安全法》的立法宗旨是“保证食品安全，保障公众身体健康和生命安全”。二者在立法所调整的方位上有所不同，并且，《食品安全法》第二条第一款规定食品的生产、加工、销售，贮存、运输等经营流通必须受《食品安全法》调整。第二款明确规定：“供食用的源于农业的初级产品（以下称食用农产品）的质量安全管理，遵守《中华人民共和国农产品质量安全法》的规定。但是，食用农产品的市场销售、有关质量安全标准的制定、有关安全信息的公布和本法对农业投入品作出规定的，应当遵守本法的规定。”因此，食用农产品销售所涉及的安全标准问题适用《食品安全法》调整。

关于“知假买假”是否享有惩罚性“十倍赔偿”的权利问题。第一，《食品安全法》出于对食品市场净化的保护，以保障社会食品安全，加重惩罚违反《食品安全法》禁止的行为，赋予“消费者”享有主张惩罚性“十倍赔偿”的权利，该项权利的赋予并未规定与消费动机、消费次数、获赔金额、遭受损失存在任何关联性。按照《食品安全法》第一百四十八条第二款的规定，只要消费者因购买了不符合《食品安全法》标准的食品，法律就赋予其享有惩罚性“十倍赔偿”的权利。《食品药品司法解释》第三条、第十五条进一步明确了对《食品安全法》第一四十八条的理解与适用规则。第二，我国《消费者权益保护法》第二条不是对“消费者”的定义，消费者的概念只与生产者、经营者有关，民事主体购买产品或接受服务后只要不是继续用于交易流通，该民事主体的身份就符合消费者的特征，该民事主体即为消费者。第三，民事主体购买商品或接受服务，无论其是否知晓该商品或服务不符合法律规定或者合同约定，均不影响其作为消费者的主体地位，所影响的是该民事主体对其明知行为所依法应承担的法律后果。由于《食品安全法》具有鼓励消费者维护食品安全、重罚违反食品安全行为的生产者、经营者的立法本意，故并不禁止消费者“知假买假”，也未禁止消费者通过对经营者、生产者的惩罚性“十倍赔偿”获利。故本案一审判决认为陈刚在短期内多次向不同销售者购买相同或类似商品，以相同理由起诉要求退还货款及价款十倍的惩罚性赔偿，其购买行为显然是出于牟利目的，不支持陈刚“十倍赔偿”的诉讼请求，属于对法律的理解错误。“牟利”是贬义词，指通过违法行为追求利益。而本案所查明的事实，陈刚并未实施违法行为。第四，“法治”是社会主义核心价值观的重要内容之一，即依法行事，社会成员在法律规定的规则下行为，因此，只要是行为人按照法律的规定模式行为，依照法律赋予其的请求权主张权益，就应当依法得到法律的保护，除非法律已经发生了修订，更改了原定的行为模式和法律后果。

关于对诉讼中“不符合食品安全的食品”的处理。审判实践中，对于“不符合食品安全的食品”不少裁判判决购买者将案涉食品返还销售者，甚至有的还判决对返还不能的，按购买单价返还销售者。本案一审判决第三项原告陈刚于本判决发生法律效力之日起十日内向被告安徽誉冠生物科技有限公司退还“一级卡宾达树皮正宗非洲 kuba 安哥拉正品男性滋补茶 250g”8 件以及“［钻石黑玛卡］6A 正品秘鲁黑玛卡片干果玛咖切片泡酒茶男性滋补 500g”8 件，如不能退还的则按照购买价格折抵相应货款。该裁判有违《食品安全法》的立法本意。由于《食品安全法》不属于私法范畴，对违反《食品安全法》行为的处理，规定为由相关行政机关予以依法处理。《食品安全法》第一百二十四条、第一百二十九条对此作了明确规定，故人民法院在审理民事案件中发现的存在依法应当收缴的进口食品，应当向相关职能部门提出司法建议，对所收缴的食品移送相关管理职能部门统一备案销毁。

（评析人：陈敏）

明知“过期食品”而购买并主张“十倍赔偿”，应予支持

——徐昊楠诉沈阳市铁西区聚隆佳缘购物店产品销售者责任纠纷案

【裁判要点】

故意留有证据购买超过保质期的小额食品后提起诉讼的购买者，要求销售者或者生产者依照《食品安全法》规定支付价款十倍赔偿金或者依照法律规定的其他赔偿标准赔偿的，符合《最高人民法院指导案例 23 号》的裁判规则，购买者依据《食品安全法》主张惩罚性赔偿的，依法予以支持。

【关键词】

食品安全　过期食品　消费者　十倍赔偿　指导案例

【案例来源】

中国裁判文书网

二审：辽宁省沈阳市中级人民法院民事判决书［（2021）辽 01 民终 9977 号］

【简要案情】

2019 年 3—4 月期间，徐昊楠在沈阳经济技术开发区，进超市后只买面包。每次从进店就开始录像，如果没发现过期产品，有时就买瓶饮料。徐昊楠自称在 2018 年至 2019 年期间，曾在辽中区因买面包诉讼过 30 余次。

2019 年 4 月 22 日，徐昊楠在沈阳市铁西区聚隆佳缘购物店（简称聚隆购物店）购买桃李牌优毛面包一个，并支付货款 3 元。面包外包装载明：“生产日期 20190417，保质期常温下 4 月至 9 月为 4 天。”徐昊楠用手机间断录制了购买过程。购买过程中及之后均未向聚隆购物店提及产品过期之事。

徐昊楠以聚隆购物店明知销售的面包已过质保期，却仍然对外销售，违反《食品安全法》的禁止性规定，提起诉讼。

【一审情况】

一、一审诉辩主张

原告徐昊楠的诉讼请求：判令被告聚隆购物店赔偿徐昊楠1000元并返还商品价款3元，共计1003元；诉讼费由被告聚隆购物店承担。

二、一审裁判理由

一审判决认为，根据《消费者权益保护法》第二条规定，消费者为生活消费需要购买、使用商品或者接受服务，其权益受本法保护；本法未作规定的，受其他有关法律、法规保护。由此可见，该法所保护的对象是“为生活消费需要购买、使用商品或者接受服务”的消费者。而本案徐昊楠到沈阳经济技术开发区多家超市购买单只桃李面包的行为明显不是满足个人的生活消费需要，不符合《消费者权益保护法》对消费者的界定，故其不应被认定为消费者，不受《消费者权益保护法》保护。

关于徐昊楠要求1000元赔偿的诉讼请求。《食品安全法》第一百四十八条第二款规定，生产不符合食品安全标准的食品或者经营明知是不符合食品安全标准的食品，消费者除要求赔偿损失外，还可以向生产者或者经营者要求支付价款十倍或者损失三倍的赔偿金；增加赔偿的金额不足1000元的，为1000元。本案徐昊楠在2018年至2019年期间，几十次因过期面包问题针对不同的经营者在不同法院多次提起诉讼，主张经营者承担十倍赔偿责任，并非一般意义上的消费者，其行为具有牟利性，不符合立法本意，严重违反诚实信用原则，浪费司法诉讼资源，故不应适用惩罚性赔偿责任条款。对于徐昊楠要求返还购买面包的价款及1000元赔偿的诉讼请求，不予支持。

三、一审裁判结果

驳回原告徐昊楠的诉讼请求。

案件受理费50元，由原告徐昊楠负担。

【二审情况】

一、二审诉辩主张

徐昊楠不服一审判决，提起上诉。请求：撤销一审判决，支持其全部诉讼请求；一、二审诉讼费用由被上诉人聚隆购物店承担。

被上诉人聚隆购物店未到庭参加诉讼，也未提交答辩意见。

二、二审裁判理由

二审法院认为，聚隆购物店出售给徐昊楠的面包已过保质期，聚隆购物店将已超过保质期的面包仍然对外销售，违反了《食品安全法》的规定，主观上具有过错，其明知销售的面包已过保质期，却仍然对外销售，依据上述法律和司法解释的规定，上诉人徐昊楠要求聚隆购物店赔偿 1000 元，具有事实和法律依据，应当得到支持。

虽然根据徐昊楠在一、二审的自认，可以认定其是经常、且故意留有证据的购买超过保质期的小额食品，后向法院提起诉讼的购买者。但是，在《最高人民法院指导案例 23 号》中，确定了“消费者购买到不符合食品安全标准的食品，要求销售者或者生产者依照食品安全法规定支付价款十倍赔偿金或者依照法律规定的其他赔偿标准赔偿的，不论其购买时是否明知食品不符合安全标准，人民法院都应予以支持”的裁判规则，这是因为食品、药品是关系到人民群众身体健康和生命安全的大事，因此，法律赋予食品、药品的生产者和销售者更严苛的安全责任，赋予消费者主张惩罚性赔偿的权利。故上诉人徐昊楠的上诉请求成立，应予支持。

三、二审裁判结果

（一）撤销沈阳经济技术开发区人民法院（2019）辽 0191 民初 3626 号民事判决；

（二）聚隆购物店于本判决发生法律效力后十日内，退还徐昊楠购买面包价款 3 元；

（三）聚隆购物店于本判决发生法律效力后十日内，向徐昊楠支付赔偿金 1000 元。

一审案件受理费 50 元、二审案件受理费 50 元，均由被上诉人聚隆购物店负担。

【评析】

本案是消费者专买经营者销售过期食品索赔的案件。就个案而言，排斥购买者的消费者身份于法无据。相反，作为购买者，其依法主张惩罚性赔偿，事实清楚，法律依据充分。

首先，认为以打假索赔为目标的购买者不属于消费者的认知是对“消费者”概念的误解。《现代汉语词典》对“消费”一词的解释是“为了生产或生活需要而消耗物质财富或接受有偿服务等”。因此，在社会经济领域，“消费”是生产、销售的对应概念。“消费者”则是对应于生产者、销售者（经营者）而存在的社会成员。故为“生活需要”而消耗物质财富的主体，仅是“消费者”中的一部分成员，另一部分是为继续“生产需要”而消耗物质财富的主体，他们也属于消耗财富的社会成员——消费者。《消费者权益保护法》第二条规定：“消费者为生活消费需要购买、使用商品或者接受服务，其权益受本法保护；本法未作规定的，受其他有关法律、法规保护。”其中“本法未作规定的，受其他有关法律、法规保护”，即是规定消费者非“为生活消费需要”的其他情形，消费者的权益也受其他有关法律、法规保护，如《食品安全法》赋予消费者获得惩罚性“十倍赔偿”的权益。因此，将该条中“消费者为生活消费需要购买、使用商品或者接受服务，其权益受本法保护”认为是对消费者的定义是对“消费者”的误读。正如王利明教授认为的：“任何人只要其购买商品和接受服务不是为了将商品或服务再次转手，不是为了专门从事商品交易活动，他或她便是消费者。由于在市场中，消费者只是与生产者和商人相对立的，那么，即使是明知商品有一定的瑕疵而购买的人，只要其购买商品不是为了销售，不是为了再次将其投入市场交易，我们就不应当否认其为消费者。”

其次，“索赔”是法律赋予消费者行使权利的必然手段，索赔的目的是实现法律赋予的权益。由于市场环境中的违法行为存在，“索赔”诉讼次数的多寡仅是依法对抗违法行为、净化市场的程度反映，与消费者的定义不具有关联性。依法维权打假、依法获得惩罚性赔偿的“利益”与“牟利”也完全是泾渭分明的法律概念。消费者获得惩罚性赔偿金虽然属于补偿性赔偿之外的经济利益，但其是依法获得。将获得此利益称之为“牟利”，显然是极大的适法错误。因为“牟利”是指通过违法行为追求利益。《最高人民法院指导案例23号》的裁判规则，依法支持了购买者依据《食品安全法》主张惩罚性赔偿的诉讼请求，明确了“知假买假”应当适用惩罚性赔偿的裁判规则。

本案徐昊楠经过核查后，只购买了一个过期的面包，其购买目的明显属于“非生活消费”，其动机就是依法打假索赔。该行为完全符合《食品安全法》第一百四十八条第二款中“经营明知是不符合食品安全标准的食品，消费者除要求赔偿损失外，还可以向生产者或者经营者要求支付价款十倍或者损失三倍的赔偿金；增加赔偿的金额不足一千元的，为一千元”，以及最高人民法院《食品药品司法解释》第三条规定“因食品、药品质量问题发生纠纷，购买者向生产者、销售者主张权利，生产者、销售者以购买者明知食品、药品存在质量问题而仍然购买为由进行抗辩的，人民法院不予支持”，第五条第一款“消费者举证证明所购买食品、药品的事实以及所购食品、药品不符合合同的约定，主张食品、药品的生产者、销售者承担违约责任的，人民法院应予支持”、第十五条“销售明知是不符合安全标准的食品，消费者除要求赔偿损失外，依据食品安全法等法律规定向生产者、销售者主张赔偿金的，人民法院应予支持”的规定，其主张惩罚性赔偿，属于依法索赔，不属于“牟利”。

有观点认为，知假买假者属于“购买者”范围，可以适用前述解释第三条享有退货权利，但其不属于“消费者”范围，不能适用第十五条享有“十倍惩罚性赔偿”的权利。争议的问题转移到“消费者”的定义上来了。对此，最高人民法院民一庭在关于最高人民法院《食品药品司法解释》“理解与适用”的文章中指出：“审判实践中，对知假买假者的主体资格有的法院认可，有的法院不认可，造成了同案不同判决的现象。我们认为，应当确认知假买假者的消费者主体资格。这种知假买假者客观上是在为消费者维权，对于打击无良商家，维护消费者权益具有积极意义，而且受到人民群众普遍欢迎。虽然知假买假者主观上存在谋取私利的企图，但是从社会效果看，其行为客观上能够有效抑制制假售假，有利于弥补消费者维权的不足。因此，《规定》第三条对购买者知假买假的，认定其具有消费者主体资格。”其实，就“消费者”这一概念而言，是基于生产者、销售者而产生的相对概念，凡是与生产者或经营者进行交易，从他们手中购买商品，除其自身也是经营者外，应该被看作生活消费，其身份也应当被认定为消费者。

2017 年 5 月 19 日，最高人民法院办公厅向国家工商管理总局发出的法办函【2017】181 号《对十二届全国人大五次会议第 5990 号建议的答复意见》明确指出：“从保护人民群众生命健康权出发，明确了在食品、药品领域，消费者即使明知商品为假冒伪劣仍然购买，并以此诉讼索赔时，人民法院不能以其知假买假为由不予支持。”显然，最高人民法院在“知假买假”主体权利问题上规定是明确的。消费者在受到消费欺诈、误导，发生损害后被动维权救济，与社会成员事前防范主动维权均是有益于消费市场、有益于社会交易安全和稳定和谐的。本案终审裁判事实清楚，适用法律正确，具有典型意义。

（评析人：陈敏）

销售者承诺"假一罚万"，违约处罚过高可参照适用"十倍赔偿"

——周兵诉厦门佰翔手礼电子商务有限公司网络购物合同纠纷案

【裁判要点】

经营者承诺"假一罚万"，但实际销售产品不符合食品安全标准，依法应当承担赔偿责任。其承诺的违约责任高于消费者实际损失时，经营者请求调减的，除承担补偿性赔偿（实际遭受的损失）责任外，可参照《食品安全法》第一百四十八条的规定，以承担惩罚性"十倍赔偿"为限。

【关键词】

不合格食品　食品宣传广告违约责任　赔偿承诺　假一罚万　十倍赔偿

【案例来源】

中国裁判文书网
一审：江苏省淮安市中级人民法院民事判决书［（2016）苏08民初67号］
二审：江苏省高级人民法院民事判决书［（2018）苏民终54号］
再审：最高人民法院民事裁定书［（2019）最高法民申3216号］

【简要案情】

2015年12月29日，江苏省南京市南京公证处出具（2015）宁南证民内字第29915号公证书：2015年12月18日，周兵称"手礼网"存在虚假宣传，侵犯其作为消费者的合法权益，申请保全证据；南京公证处公证员及周兵于2015年12月20日上午来到厦门机场T4航站楼，公证员使用手机进行拍照以及周兵在该航站楼内的厦门地图免费取阅点现场拿取两份印有"手礼网最厦门手绘地图"交给公证员保管；同时，周兵在厦门机场T4航站楼二楼出发层门对面标有"手礼网临时提货点"字样的柜面现场刷卡付款人民币2962元，并在提货点现场提取了"云香特级铁观音160g"50盒、"云香特级大红袍

90g”50 盒、“黄胜记手工馅饼礼袋 800g”4 袋，上述产品购买过程经公证人员现场拍照，除“黄胜记手工馅饼礼袋 800g”4 袋产品由周兵自行保管外，其余产品打包为 4 箱由公证人员参与托运后，由公证人员检查包装带回公证处保管。从南京公证处拍摄的照片及提取的“手礼网最厦门手绘地图”查明：（1）厦门机场内厦门地图免费取阅点货架上有“每年有 60 万航空旅客通过手礼网手绘地图购买特产”“买特产上手礼网所售商品均为正品，假一罚万！”广告语；（2）“手礼网最厦门手绘地图”上印刷了手礼网销售的商品名称、图片及价格，并宣称“买特产，怕被宰，上手礼网，机场担保，假一罚万！”

2015 年 11 月 12 日，周兵汇款人民币 35262 元，通过手礼网向厦门佰翔手礼电子商务有限公司（以下简称佰翔公司）购买了云香特级大红袍茶叶 630 盒，每盒单价为 28 元，金额 17640 元；云香特级铁观音茶叶 630 盒，每盒单价为 28 元，金额 17640 元；佰翔公司向周兵开具发票一张，发票金额为 35262 元。涉案大红袍茶叶制造商为厦门云香茶业有限公司，每盒净含量为 90 克，标注等级为一级，保质期为 18 个月，每盒内有小包装 12 袋，但小包装袋上标注的等级为特级，保质期为 3 年，与外包装上标注不一致。

经周兵申请法院依法委托鉴定，四川省科学技术咨询服务中心 2017 年 6 月 7 日出具川科咨鉴〔2017〕鉴字第 2 号《司法鉴定意见书》，鉴定意见为：（1）送检大红袍茶叶稀土含量超出 Q/XMYX－0001S—2015（厦门市云香茶叶有限公司企业标准）标准要求、GB/T 18745—2006（《地理标志产品武夷岩茶》）标准要求的两个标准规定；（2）碎茶符合 Q/XMYX-0001S—2015、GB/T 18745—2006 两个标准的规定；（3）感官品质基本符合企业标准Q/XMYX-0001S—2015 要求，但不符合 GB/T 18745—2006 标准。周兵支付鉴定费 21800 元。

周兵认为，佰翔公司作为国内知名大型礼品销售企业，违反《食品安全法》等相关规定销售不合格食品，应当兑现“假一罚万”的广告宣传承诺。佰翔公司承诺了高于法律倍数的赔偿，周兵只要求佰翔公司按“假一罚万”承诺承担 50% 的赔偿责任，提起诉讼。

【一审情况】

一、一审诉辩主张

原告周兵的诉讼请求：（1）判令被告佰翔公司退还货款 17640 元，并赔付 88200000 元，检验费 2000 元，合计 88219640 元；（2）判令被告佰翔公司承担本案的诉讼费。

被告佰翔公司辩称：（1）原告周兵要求的 5000 倍赔偿是基于违约金的计算方式，佰翔公司出售的涉案产品并非假货，也不存在瑕疵，该产品不应当适用“假一罚万”的条款。(2) 即使认定涉案产品存在瑕疵，周兵是以买卖合同请求权为基础提出的违约金计算标准，佰翔公司认为5000倍违约金的计算方式过高，请求法院予以调整；(3) 涉案产品不属于假货，佰翔公司不同意退货；(4) 检验费用属于人民法院基于审判结果依职权予以分配的范畴。

二、一审裁判理由

关于案涉大红袍茶叶是否属于佰翔公司所承诺的“正品”或非“假”产品问题。周兵通过网络向佰翔公司购买大红袍茶叶，双方建立了商品买卖契约关系。周兵以《合同法》为请求权基础向佰翔公司主张权利，故对佰翔公司宣称的“所售商品均为正品，假一罚万”的“正品”“假”应当从合同内容上进行理解并予以判断。周兵购买涉案大红袍茶叶时，双方未订立书面合同对购买的大红袍茶叶的质量进行明确约定，根据《合同法》第六十一条、第六十二条规定，涉案大红袍茶叶的质量标准应按照国家标准、行业标准执行，一旦涉案大红袍茶叶质量不符合国家标准、行业标准，即可认定为周兵所购大红袍茶叶不符合合同约定的质量标准。本院已就案涉大红袍茶叶的质量指标委托四川省科学技术咨询服务中心进行鉴定，双方对鉴定结果均无异议，故对该鉴定意见予以采纳。因涉案大红袍茶叶不仅稀土含量不合格，感官品质也不符合武夷岩茶大红袍一级要求，低于外包装上标注的等级，更低于内包装上标注的等级，佰翔公司虽然主张《食品安全国家标准食品中污染物限量》(GB 2762—2017) 中已经将稀土含量这一标准删除，但由于该标准的实施时间为2017年9月17日，故可以认定涉案大红袍茶叶质量不合格，并非佰翔公司所承诺的“正品”、非“假”产品。

关于“假一罚万”问题。佰翔公司宣称“假一罚万”，但没有在宣传广告中对“假一罚万”的含义进行解释。虽然佰翔公司提交的公证书可以证明手礼网在正品保障一栏中对“假一罚万”作出相应解释，但佰翔公司无证据证明该解释内容已向网上购物的消费者进行明示和说明，并由消费者点击确认。因此，手礼网正品保障一栏中对“假一罚万”的解释不能作为双方买卖合同的内容，对周兵不具有法律约束力。根据通常理解，“一”与“万”的概念及单位应该一致，“假一罚万”应当解释为如果佰翔公司所售产品系“假”的产品，则应按所售商品价款的一万倍进行赔偿。因佰翔公司所售茶叶系不合格产品，构成根本违约，周兵有权解除合同，故周兵要求佰翔公司退还货款17640元，于法有据，予以支持。根据《合同法》权利义务相一致的原则，周兵应将其所购的云香特级大红袍茶叶622盒（已扣除送检样品8盒）返还给佰翔公司，佰翔公司返还周兵货款17640元，如周兵退货缺少，则按每盒28元（17640元÷630盒）减少应退货款。合同的权利义务终止，不影响合同中结算和清理条款的效力。“假一罚万”系双方对违约责任的约定，“罚万”系佰翔公司的单方承诺，周兵接受该承诺并购买涉案商品，则“罚万”也成为双方对违约金计算方法的明确约定。

本案需要解决的重点问题在于对“罚万”的违约金是否应予调整以及如何调整。契约必须遵守是《合同法》的基本原则，但合同自由不是绝对的，合同自由需要合同正义予以规制。虽然不要求违约金数额与违约损失数额完全一致，但畸重的违约金数额将导致当事人权利义务的严重失衡。违约金虽然具有“补偿和惩罚”的双重功能，但违约金制度系以赔偿非违约方的损失为主要功能，而不是旨在严惩违约方。因此，违约金的数额不能完全放任和留待当事人自由约定，在约定违约金过高或过低的情况下，一方当事人请求调整的，法院应予适当调整，以维护民法的公平原则。本案中，佰翔公司承诺“假一罚万”，显然过高，佰翔公司请求予以调整，应予调整。对违约金的调整，应依照《食品安全法》第一百四十八条的规定，将违约金调整为商品价款的十倍。涉案大红袍茶叶实际价款为17640元，故违约金为176400元。周兵主张检验费2000元，该费用系周兵损失的一部分，由于已支持了违约金176400元，该违约金已超出周兵的实际损失，故佰翔公司不应再承担该检验费用，对周兵该项诉讼请求，不予支持。

三、一审判决结果

（一）原告周兵于判决生效之日起十五日内退还被告佰翔公司云香特级大红袍茶叶622盒，被告佰翔公司在收到原告周兵退还的云香特级大红袍茶叶后五日内退还原告周兵货款17640元（如果周兵退货缺少，则佰翔公司有权按每盒28元相应减少应退货款）；

（二）被告佰翔公司于判决生效之日起十五日内支付原告周兵赔偿款176400元；

（三）驳回原告周兵的其他诉讼请求。

案件受理费482898元，由原告周兵负担48289元，由被告佰翔公司负担434609元；鉴定费21800元，由周兵负担。

【二审情况】

一、二审诉辩主张

周兵不服一审判决，提起上诉，请求改判佰翔公司退还货款17640元，并按该款100倍比例给付违约金1764000元，承担检验费2000元；一、二审案件受理费及鉴定费由佰翔公司承担。

事实和理由：

1. 一审法院将“罚万”的违约金调整为“十倍”，适用法律错误。佰翔公司宣称的“假一罚万”是一种惩罚性质的违约金承诺，其真实意思表示，合法有效。该承诺可吸引更多的客源，获得更多的竞争优势，理应按该承诺承担责任。经营者作出“假一罚万”的承诺，一旦出现问题经营者就应践行承诺，即使承诺的违约金过高，调整违约金也应高于十倍，如“假一罚百”或“假一罚千”，而不应依据《食品安全法》规定的法定赔偿十倍的比例判决佰翔公司承担赔偿责任。

2. 本案案件受理费、鉴定费及周兵自行委托检验的检验费2000元应全部由佰翔公司承担。引起本案诉讼的责任在佰翔公司，周兵起诉索赔标的未超出佰翔公司承诺的“假一罚万”的额度，故一审案件受理费应全部由佰翔公司承担。关于鉴定费，因涉案茶叶的司法鉴定结论显示多项指标不合格，故法院委托鉴定产生的鉴定费应由佰翔公司承担；周兵自行委托检验的检验结论与一审法院委托司法鉴定的鉴定结论基本吻合，该检验结论合法有效，由此产生的检验费2000元也应由佰翔公司承担。

3. 涉案质量不合格茶叶不应判决退还给佰翔公司，应予以没收销毁。

佰翔公司不服一审判决，提起上诉，请求撤销一审判决第一项、第二项，驳回周兵的诉讼请求；一、二审案件受理费由周兵承担。

事实与理由：

1. 佰翔公司不存在违约情形，一审判决佰翔公司向周兵退还货款17640元并支付赔偿金176400元属认定事实不清，适用法律错误。(1)虽然案涉产品稀土含量略高于限量标准，但2017年3月17日相关部门颁布的新标准中删除了含茶叶在内的植物性食品中稀土限量要求。(2)周兵系以牟利为目的恶意购买涉案茶叶并提起本案诉讼，周兵的赔偿请求不应支持。(3)十倍价款的赔偿金额明显超出周兵的实际损失，佰翔公司不应对周兵恶意购买所造成的损失扩大部分承担赔偿责任。

2. 一审判决佰翔公司承担90%的案件受理费错误。一审判决仅支持了周兵十倍的违约金数额，应当根据诉讼请求支持多少比率来判决双方承担相应案件受理费。

二、二审裁判理由

关于涉案茶叶是否为佰翔公司承诺的“正品”或非“假”产品的问题。佰翔公司承诺的“正品”或非“假”产品，从合同内容理解，应是产品品牌真实、质量合格。一审法院已就涉案茶叶的质量委托鉴定机构鉴定，鉴定意见是稀土含量超出企业标准和武夷岩茶标准要求，感官品质基本符合企业标准要求，但不符合武夷岩茶标准要求。双方对该鉴定意见都无异议，一审法院予以采信并无不当。佰翔公司虽然主张《食品安全国家标准食品中污染物限量》（GB 2762—2017）中已将稀土限量这一标准删除，但该标准发布时间为2017年3月17日，实施时间为2017年9月17日，佰翔公司出售涉案茶叶及作出“假一罚万”承诺时，新标准并未实施。且涉案茶叶不仅稀土含量超标，感官品质也存在问题。由于周兵购买涉案茶叶时，双方未对质量进行书面约定，根据《合同法》第六十一条及第六十二条规定，合同生效后，当事人就质量等内容没有约定或者约定不明确的，可以协议补充；不能达成补充协议的，按照合同有关条款或者交易习惯确定。如仍不能确定质量要求的，按照国家标准、行业标准履行；没有国家标准、行业标准的，按照通常标准或者合同目的的特定标准履行。基于上述事实和法律规定，可以认定涉案茶叶的质量应按国家标准、行业标准执行，一审法院依据鉴定意见确认涉案茶叶质量不合格，不是佰翔公司承诺的“正品”或非“假”产品，并无不当。综上，佰翔公司关于涉案茶叶质量合格，佰翔公司不存在违约情形的上诉主张，不能成立，不予支持。

关于周兵是否有权主张赔偿损失及佰翔公司承诺的“假一罚万”应如何理解和适用问题。

1. 关于周兵是否有权主张赔偿损失。对于食品、药品消费领域，购买者明知商品存在质量问题仍然购买，并主张惩罚性赔偿的，人民法院予以支持。但自然人、法人或其他组织以牟利为目的购买的除外。佰翔公司主张周兵为牟利而购买的意图明显，故不应对周兵赔偿请求予以支持，但周兵在本案中并非依据《食品安全法》及其司法解释主张十倍的法定惩罚性赔偿，而是以《合同法》为请求权基础向佰翔公司主张违约责任。“假一罚万”系佰翔公司作出的对其违约后如何承担责任的承诺，周兵予以接受，双方即形成对违约责任的约定。周兵主张佰翔公司承担违约责任能否予以支持，需要审查的是佰翔公司是否存在违约行为。周兵是否属于以牟利为目的购买明知有质量问题的商品，不影响其向佰翔公司主张违约赔偿。故佰翔公司关于周兵为牟利而购买涉案茶叶，周兵的赔偿请求不应支持的主张，不能成立，不予支持。

2. 关于佰翔公司承诺的“假一罚万”应如何理解。佰翔公司主张其关于“假一罚万”的承诺，是指如果其所售产品为假货，应向消费者支付一万元的赔偿。为证明其主张，佰翔公司提交其在手礼网官方网站的正品保障一栏中，对“假一罚万”为买到假货赔偿一万元的解释予以证明。但佰翔公司未提交其已向网上购物者履行了解释说明义务，并且购物者通过点击同意的相关证据。故佰翔公司主张应将“假一罚万”理解为“买到假货赔偿一万元”，缺乏证据证明，不能成立。一审判决对“假一罚万”含义的解释并无不当。

3. 佰翔公司承诺的“假一罚万”应否予以调整。周兵系依据《合同法》主张佰翔公司承担违约责任，根据《合同法》第一百一十四条规定，当事人可以约定一方违约时应当根据违约情况向对方支付一定数额的违约金，约定的违约金过分高于造成的损失的，当事人可以请求人民法院或仲裁机构予以适当减少。佰翔公司虽承诺所售茶叶如系“假”的产品，应按所售价款的一万倍予以赔偿，但周兵并无证据证明其因购买涉案茶叶遭受了如此重大损失，故“假一罚万”应属于过分高于损失的违约金，并且佰翔公司在一审中亦请求法院予以减少违约金。

4. 关于“假一罚万”应如何调整的问题。《最高人民法院关于适用〈中华人民共和国合同法〉若干问题的解释（二）》第二十九条第一款规定：“当事人主张约定的违约金过高请求予以适当减少的，人民法院应当以实际损失为基础，兼顾合同的履行情况、当事人的过错程度以及预期利益等综合因素，根据公平原则和诚实信用原则予以衡量，并作出裁决。”从一审法院调整涉案违约金的原则来看，虽然周兵就其主张的损失数额没有提供充分证据予以证明，但一审法院考虑到涉案争议标的为茶叶，系食用农产品，不同于一般日用品，应对生产或销售的该产品的质量予以严格规制，并据此参照《食品安全法》第一百四十八条第二款规定，将本案“假一罚万”的违约金调整为十倍赔偿，并无不当。周兵关于将“假一罚万”的违约金调整为十倍赔偿过低以及佰翔公司关于不应支付周兵赔偿违约金的主张，均不能成立，二审均不予支持。

5. 关于2000元检验费问题。即使周兵主张的其就涉案茶叶自行委托检验支付了检验费2000元的事实成立，因该检验费也应属于周兵损失的一部分，在其主张的违约金已超过损失的情况下，一审法院对其该项主张不予支持，并无不当。

关于涉案茶叶应如何处理的问题。从周兵诉讼请求来看，其系要求退还货款并支付违约金，故在确认双方合同解除，佰翔公司将货款退还给周兵的情况下，周兵应当将茶叶退还给佰翔公司。故一审判决周兵将涉案茶叶退还给佰翔公司并无不当。

关于一审案件受理费、鉴定费应如何承担的问题。一审案件受理费问题，《诉讼费用交纳办法》第二十九条第一款、第二款规定：“诉讼费用由败诉方负担，胜诉方自愿承担的除外。部分胜诉、部分败诉的，人民法院根据案件的具体情况决定当事人各自负担的诉讼费用数额。”本案中，周兵请求佰翔公司退还货款并赔偿货款五千倍违约金，一审法院支持了周兵退还货款的诉讼请求，对赔偿五千倍违约金的请求调整为货款的十倍。对此周兵应属于上述规定中部分胜诉、部分败诉的情形。涉案茶叶质量不合格，责任在佰翔公司，且引发本起诉讼的主要原因是佰翔公司作出的“假一罚万”承诺。故一审法院根据案件的具体情况决定由佰翔公司负担本案90%的案件受理费，系依据规定行使裁量权，并无不妥。双方关于一审案件受理费由对方承担的上诉主张，均不能成立，均不予支持。鉴定费问题，涉案茶叶质量鉴定系由双方提出申请，鉴定意见表明产品部分指标符合标准要求，部分指标不符合标准要求。一审法院根据鉴定情况将鉴定费65400元确定为周兵承担21800元，佰翔公司承担43600元，并无不当。周兵关于鉴定费应全部由佰翔公司承担的主张，不予支持。

三、二审裁判结果

驳回上诉，维持原判。

二审案件受理费23917元，由周兵负担19737元，佰翔公司负担4180元。

【再审情况】

一、再审诉辩主张

周兵申请再审称：本案符合《民事诉讼法》第二百条第六项规定的情形，应予再审。

二、再审裁判理由

最高人民法院再审审查认为：本案争议的焦点问题是：二审判决对佰翔公司支付的违约金标准的认定是否正确；案涉茶叶应否予以没收销毁；一、二审案件受理费及鉴定费、检验费的分担是否合理。

关于二审判决对佰翔公司支付的违约金标准的认定是否正确问题。周兵向佰翔公司购买的茶叶经鉴定质量不合格，不是佰翔公司承诺的“正品”，周兵作为买受人要求佰翔公司承担违约责任符合《合同法》的相关规定及双方合同约定。依据佰翔公司作出的“假一罚万”的承诺，周兵一审要求佰翔公司按其所购茶叶价款的五千倍给予赔偿，二审变更为要求佰翔公司按其所购茶叶价款的一百倍给予赔偿。但周兵在一、二审过程中均未能提交证据证明其因购买案涉茶叶所遭受的实际损失金额。《最高人民法院关于适用〈中华人民共和国合同法〉若干问题的解释（二）》第二十九条第一款规定，当事人主张约定的违约金过高请求予以适当减少的，人民法院应当以实际损失为基础，兼顾合同的履行情况、当事人的过错程度以及预期利益等综合因素，根据公平原则和诚实信用原则予以衡量，并作出裁决。鉴于周兵一审主张的案涉茶叶价款五千倍的违约金明显过高，且佰翔公司在一审中明确请求对过高的违约金予以调减，二审判决结合案涉茶叶属于食用农产品，不同于一般的日用品，应对生产或销售的该产品的质量予以严格规制等实际情况，参照《食品安全法》第一百四十八条第二款规定，维持一审判决关于佰翔公司向周兵支付违约金的判项，并无不当。周兵关于佰翔公司应按照茶叶价款的一百倍支付违约金的主张，不能成立。

关于案涉茶叶应否予以没收销毁问题。周兵一审的诉讼请求是判令佰翔公司退还案涉茶叶价款并支付检验费 2000 元及违约金 88200000 元。其关于涉案茶叶应予没收销毁的主张，既缺乏法律依据，也超出其一审诉讼请求范围，故其该项主张，不应支持。

关于一、二审案件受理费及鉴定费、检验费的分担是否合理问题。因生效判决关于诉讼费用负担的决定问题，不属于《民事诉讼法》第二百条规定的因当事人申请，人民法院应当再审的情形，故周兵关于本案一、二审案件受理费应由佰翔公司承担的申请再审理由，不能成立。《诉讼费用交纳办法》第十二条第一款规定，诉讼过程中因鉴定、公告、勘验等发生的依法应当由当事人负担的费用，人民法院根据谁主张、谁负担的原则，决定由当事人直接支付给有关机构或者单位。本案中，双方当事人均向法院申请对案涉茶叶质量进行鉴定，鉴定意见表明案涉茶叶部分指标不符合标准要求。一、二审法院根据本案实际情况，决定本案鉴定费 65400 元中，周兵承担 21800 元，佰翔公司承担 43600 元，并无不当。周兵关于本案鉴定费应由佰翔公司承担的主张，缺乏事实和法律依据。关于周兵就涉案茶叶自行委托检验产生的 2000 元检验费，该费用属于周兵主张的实际损失的一部分，二审法院考虑到判令佰翔公司支付给周兵的 176400 元违约金已超出周兵的实际损失，对周兵的该项主张未予支持，并无不妥。

三、再审裁定结果

驳回周兵的再审申请。

【评析】

本案民事诉讼经过了一审、二审、再审程序，且审理法院分别为中级人民法院、高级人民法院、最高人民法院，三级法院对案件处理的认识基本一致。尽管如此，但是本案涉及消费者维权诉讼的以下三个问题仍然值得剖析。

一、如何选择最佳的诉讼方向

本案佰翔公司与周兵建立了买卖合同关系，而佰翔公司向周兵出售的买卖标的物茶叶属于不合格产品。《合同法》第一百一十三条第二款规定："经营者对消费者提供商品或者服务有欺诈行为的，依照《中华人民共和国消费者权益保护法》的规定承担损害赔偿责任。"因此，周兵基于双方签订的买卖合同，依照《合同法》享有了主张佰翔公司承担违约责任的请求权。同时，基于佰翔公司承诺“假一罚万”销售不合格茶叶，误导消费者构成欺诈行为，周兵作为购买人依照《消费者权益保护法》享有了主张佰翔公司承担赔偿责任的请求权。所以，周兵因购买案涉产品形成了请求权竞合情形。虽然周兵作为本案标的物食品的购买人，但尚无证据证明该产品属于有毒有害“影响食品安全”的产品，因此，依照《食品安全法》规定的请求惩罚性赔偿，存在举证不能的败诉风险。

根据《消费者权益保护法》第五十五条“经营者提供商品或者服务有欺诈行为的，应当按照消费者的要求增加赔偿其受到的损失，增加赔偿的金额为消费者购买商品的价款或者接受服务的费用的三倍；增加赔偿的金额不足五百元的，为五百元。法律另有规定的，依照其规定。经营者明知商品或者服务存在缺陷，仍然向消费者提供，造成消费者或者其他受害人死亡或者健康严重损害的，受害人有权要求经营者依照本法第四十九条、第五十一条等法律规定赔偿损失，并有权要求所受损失二倍以下的惩罚性赔偿”的规定，本案补偿性赔偿为退还货款，惩罚性赔偿最高不超过“三倍赔偿”。而根据《合同法》第一百一十一条“质量不符合约定的，应当按照当事人的约定承担违约责任，对违约责任没有约定或者约定不明确，依照本法第六十一条的规定仍不能确定的，受损害方根据标的的性质以及损失的大小，可以合理选择要求对方承担修理、更换、重作、退货、减少价款或者报酬等违约责任”，第一百一十四条第一款“当事人可以约定一方违约时应当根据违约情况向对方支付一定数量的违约金，也可以约定因违约产生的损失赔偿额的计算方法”的规定，守约方周兵有权退货，并要求违约方佰翔公司支付违约金。本案双方约定的违约金即“假一罚万”。显然，从保护自身权益最大化的角度出发，周兵选择买卖合同纠纷进行诉讼为最佳选择。

二、“假一罚万”的违约金约定是否过高

本案原告周兵选择了合同纠纷诉讼，佰翔公司违约事实已经认定，佰翔公司提出违约金约定过高。根据《合同法》及相关司法解释的规定，对于合同约定违约金的调整首先需要当事人提出请求；其次，需要以损失为基础；再次，需要兼顾合同的履行情况、当事人的过错程度以及预期利益等综合因素，根据公平原则和诚实信用原则予以衡量。显然，在约定违约金的调整上法律和司法解释赋予了裁判者一定的自由裁量空间。为此，司法解释细化了裁判者的自由空间：约定的违约金超过造成损失的百分之三十的，一般可以认定为“过分高于造成的损失”。但是必须注意，这里的规定是“一般可以认定”，并不排除例外情形，仍然保留裁判者根据“合同的履行情况、当事人的过错程度以及预期利益等综合因素，根据公平原则和诚实信用原则予以衡量”的自由合理裁决空间。因此，不能片面地认为约定违约金只要超过损失的百分之三十，就一定是违约金约定过高的情形。因此，约定违约金高于损失的百分之三十的合法性，决定于裁判者对“合同的履行情况、当事人的过错程度以及预期利益等综合因素，根据公平原则和诚实信用原则予以衡量”，即约定违约金高于损失的百分之三十仍然可能存在合法性。本案中，佰翔公司承诺“假一罚万”的违约责任，可视为双方达成一致。法官在衡量案涉约定违约金是否过高时，根据佰翔公司调减约定违约金请求，依据上述法律及司法解释的规定，判断其约定违约金过高，事实根据和法律依据均是充分的。

对于调整约定违约金具体数额的合理性问题，如前所述，也属于法律赋予法官的有限自由裁量范围，其自由裁量的“边际”仍然取决于法官对本案的具体案情的感悟，以及“合同的履行情况”“当事人的过错程度”“预期利益”等综合因素，“损失的百分之三十”仅是违约责任的一般判断尺度。对于涉及食品的买卖合同，《消费者权益保护法》的惩罚性“三倍赔偿”（不超过三倍）、《食品安全法》的惩罚性“十倍赔偿”（不超过十倍）作为参照也非随心所欲，具有合理性。民事纠纷的裁判，法官的自由裁量边际不能离开公平原则和诚实信用原则。本案一、二、再审法官均确认案涉标的“大红袍茶叶系食用农产品，不同于一般的产品，对其质量问题应予严格规制”，以“十倍赔偿”标准作为本案违约金“边际”，既具有自由裁量的合法性，也具有裁判结果的合理性。

三、高于法定“十倍赔偿”的承诺是否有效

实务中，经常有经营者以“假一赔二”“假一赔十”“假一赔万”等保证销售产品质量的承诺，以促销经营产品，但也由此引发了不少类似本案的纠纷。

最高人民法院《食品安全司法解释（一）》第八条明确规定：“经营者经营明知是不符合食品安全标准的食品，但向消费者承诺的赔偿标准高于食品安全法第一百四十八条规定的赔偿标准，消费者主张经营者按照承诺赔偿的，人民法院应当依法予以支持。”该司法解释虽然不能溯及既往，对本案无溯及力，但对以后违反《食品安全法》禁止行为的惩罚性赔偿“边际”提出了明确的指引。同时，该规定也对《民法典》第五百八十五条第二款“约定的违约金低于造成的损失的，人民法院或者仲裁机构可以根据当事人的请求予以增加；约定的违约金过分高于造成的损失的，人民法院或者仲裁机构可以根据当事人的请求予以适当减少”规定的调整违约金的“边际”具有参照作用，特别是对涉及食品、药品买卖合同中承诺违约金过高情形的调整。

（评析人：陈敏）

食品“外包装”标示不实但不影响食品安全及误导，不适用“十倍赔偿”

——高丽丽诉昆山京东尚信贸易有限公司、好想你健康食品股份有限公司产品责任纠纷案

【裁判要点】

在一般大众食品中，标注的脂肪成分属于大多数食品均具有的营养成分，不属于特殊的营养价值、保健价值，也不是特定群体进行营养摄入和功能性辅助作用的食物来源，不影响一般消费者对该食品的安全使用。因此，不能仅因不实标示即认定其属于不安全食品。同时，涉案食品并非主食，正常情况下不会大量食用，其标签中对脂肪含量的标示一般不会造成消费者对食用安全方面误导。

【关键词】

食品安全　食品标示脂肪含量　标签瑕疵　消费者　十倍赔偿

【案例来源】

中国裁判文书网

一审：江苏省阜宁县人民法院民事判决书［(2020) 苏0923民初3040号］

二审：江苏省盐城市中级人民法院民事判决书［(2021) 苏09民终452号］

【简要案情】

2018年3月20日，高丽丽在京东商城网（××）订购昆山京东尚信贸易有限公司（以下简称京东尚信公司）销售的、由好想你健康食品股份有限公司（以下简称好想你食品公司）生产的净含量200克/袋的好想你牌灰枣夹核桃（核桃夹心枣）200袋，共付款2984.87元。

2018年3月21日，京东尚信公司给高丽丽出具了金额为2984.87元的增值税电子发票。涉案食品的生产日期为2017年9月21日，保质期9个月，食品标签上脂肪含量标示为9.2克/100克。

2018年6月8日，高丽丽将其中6袋送至盐城市产品质量监督检验所检验。

2018年6月15日，该所出具《检验报告》，检验结果：脂肪含量16.7g/100g，过氧化值（以脂肪计）0.02g/100g。高丽丽支付检验费640元。

好想你食品公司曾于2017年8月委托河南国德标检测技术有限公司对“核桃夹心枣（灰枣夹1/4核桃仁）”进行检测，检测结果为脂肪含量16.8g/100g。

高丽丽以京东尚信公司销售的“好想你牌灰枣夹核桃（核桃夹心枣）”产品与食品标示不符，且不符合食品安全标准，违反国家《食品安全法》规定为由提起诉讼。

2020年8月12日，好想你食品公司出具情况说明：“2017年5月份之前，我公司生产的核桃夹心枣系列产品营养标签标识符合GB 28050—2011的要求。在销售过程中有大量客户建议增加核桃仁的占比。我公司采纳了客户们的建议调整了核桃仁的占比，并进行了检测。检测结果证明和原包装上的营养成分表有出入。由于前期制作的包装较多，我们经请示新郑市食品药品监督管理局，并按照GB 28050—2011的规定制作了新的营养成分表对之前的营养成分表进行覆盖粘贴。”该情况说明加盖了新郑市食品药品监督管理局食品生产监管科的印章。

高丽丽认为，京东尚信公司销售的“好想你牌灰枣夹核桃（核桃夹心枣）”产品与食品标示不符，且不符合食品安全标准，违反国家《食品安全法》规定，提起诉讼。

【一审情况】

一、一审诉辩主张

原告高丽丽的诉讼请求为：1. 判令被告京东尚信公司向原告赔偿购货款2984.87元；2. 判令被告好想你食品公司向原告支付价款十倍的赔偿金29848.70元；3. 被告好想你食品公司向原告赔偿检测费用640元；4. 诉讼费用由被告京东尚信公司、被告好想你食品公司承担。

被告好想你食品公司辩称：1. 高丽丽的起诉已过诉讼时效；2. 高丽丽并非消费者，作为本案原告诉讼主体不适格。

被告京东尚信公司辩称：高丽丽提供的检测报告系单方申请，对其报告的真实性有异议，不能作为本案证据使用。

二、一审裁判理由

一审判决认为：关于好想你食品公司辩称高丽丽并非消费者、诉讼主体不适格的问题。虽然高丽丽一次性购买了200袋涉案产品，但该产品的净含量仅为200g/袋，且庭审中高丽丽陈述该200袋产品部分自己食用、部分赠送他人，因此并不能完全否定其消费的目的，故对好想你食品公司的该项辩称意见不予采纳。

关于京东尚信公司是否应当返还高丽丽货款的问题。高丽丽通过网络购物方式在京东尚信公司购买涉案食品并支付相应货款，京东尚信公司按期交货并出具增值税发票，高丽丽收到涉案200袋产品，双方均已履行了合同义务。因此，高丽丽和京东尚信公司之间的买卖合同成立且生效，依法予以确认。

高丽丽将案涉食品单方面提交至盐城市产品质量监督检验所检验，脂肪含量的检测结果为16.7g/100g，与涉案食品在外包装中所标示的脂肪含量为9.2g/100g存在一定的差异。京东尚信公司虽对检测报告提出异议，但并未申请重新检测，也未提出合理的质疑检测报告真实性和准确性的理由；好想你食品公司未对检测报告提出质疑，并表示发现检测数值与标签数值出现偏差后，查明原因并及时对脂肪含量检测结果的偏差进行了纠正。故对高丽丽提交的涉案食品的检测报告予以认可并采信。

因此，涉案产品外包装营养成分表标注脂肪含量存在误差，属于标签瑕疵，应认定为不合格产品，故对高丽丽要求京东尚信公司向其赔偿购货款2984.87元的诉讼请求，予以支持。因好想你食品公司是生产者，产品外包装标识瑕疵系生产者的责任，故京东尚信公司在向高丽丽承担赔偿义务后，有权向好想你食品公司追偿。因涉案食品已经超过保质期，由高丽丽自行处理，不再向京东尚信公司返还剩余产品。

关于好想你食品公司是否应当承担惩罚性赔偿的问题。《食品安全法》第一百四十八条第二款规定："生产不符合食品安全标准的食品或者经营明知是不符合食品安全标准的食品，消费者除要求赔偿损失外，还可以向生产者或者经营者要求支付价款十倍或者损失三倍的赔偿金；增加赔偿的金额不足一千元的，为一千元。但是，食品的标签、说明书存在不影响食品安全且不会对消费者造成误导的瑕疵的除外。"就本案而言，双方争议焦点在于涉案产品标签中脂肪含量与实际检测值不一致，是否属于不符合食品安全标准的食品。根据盐城市产品质量监督检验所出具的检测报告，涉案产品对脂肪成分的标示，已超过《食品安全国家标准预包装食品营养标签通则》所规定的关于预包装食品的能量、脂肪等营养成分标示值所允许的误差范围为≤120%的国家标准。但是根据《食品安全法》第一百五十条"食品安全，指食品无毒、无害，符合应当有的营养要求，对人体健康不造成任何急性、亚急性或者慢性危害”的规定，脂肪提供人体所需能量以及必须脂肪酸，是人体的重要组成成分，故脂肪本身不属于对人体有毒、有害物质。现无证据证明涉案产品存在实质性的食品安全问题，高丽丽也未提供证据证明涉案产品对人体健康造成急性、亚急性或慢性危害等情形，故涉案食品脂肪含量标注问题不影响食品安全。

据此，本案中产品脂肪含量标注不实，属于《食品安全法》第一百四十八条但书条款规定的情形，系标签瑕疵，高丽丽仅以产品外包装中脂肪含量标识有误即认为涉案食品为不符合食品安全标准的产品无事实依据，不应当适用《食品安全法》中关于“十倍赔偿”的规定。因此，对高丽丽要求好想你食品公司承担十倍赔偿的诉讼请求，不予支持。但好想你食品公司作为生产者，产品外包装标识存在瑕疵，高丽丽为此支出的检验费 640 元应当由好想你食品公司承担。

三、一审裁判结果

（一）被告京东尚信公司于判决生效后十日内返还原告高丽丽货款 2984.87 元；被告京东尚信公司履行该义务后有权向被告好想你食品公司追偿；

（二）被告好想你食品公司于判决生效后十日内返还原告高丽丽检验费 640 元；

（三）驳回原告高丽丽的其他诉讼请求。

案件受理费 637 元，由原告高丽丽负担 568 元，由被告好想你食品公司负担 69 元。

【二审情况】

一、二审诉辩主张

高丽丽不服一审判决，提起上诉，请求加判被上诉人好想你食品公司向高丽丽支付价款十倍的赔偿金 29848.7 元；本案诉讼费由被上诉人京东尚信公司、被上诉人好想你食品公司负担。主要理由为：一是一审判决将涉案食品不符合食品安全标准的事实定性为“不影响食品安全且不会对消费者造成误导的瑕疵”，属认定事实错误；二是一审判决混淆了“食品安全标准”和“食品安全”的概念，《食品安全法》第一百四十八条第二款规定的惩罚性赔偿是以“生产不符合食品安全标准的食品或者销售明知是不符合食品安全标准的食品”为前提，而非以“生产有毒、有害食品或者销售明知是有毒、有害食品”为前提，更不应以造成实际人身财产损害为前提；三是一审判决适用法律错误。《食品安全法》是特别法，一审法院应适用该法第一百四十八条第二款规定，判决被上诉人京东尚信公司和好想你食品公司赔偿货款、检验费和价款十倍赔偿。

被上诉人好想你食品公司辩称：一审判决认定事实清楚，证据确凿充分、程序合法、判决结果正确，依法应当维持。高丽丽的上诉事实与理由缺乏事实和法律依据，应予驳回。

被上诉人京东尚信公司未作答辩。

二、二审裁判理由

二审判决认为：关于好想你食品公司应否承担十倍惩罚性赔偿责任问题。根据《食品安全国家标准预包装食品营养标签通则》（GB 28050—2011）的规定，对于预包装食品的能量、脂肪等营养成分标示值所允许的误差范围为≤120%，而根据江苏省盐城市产品质量监督检验所出具的检测报告，涉案食品对脂肪成分的标示，已超过上述国家标准所规定的误差范围，确实有违国家标准的有关规定。但根据《食品安全法》第一百五十条“食品安全，指食品无毒、无害，符合应当有的营养要求，对人体健康不造成任何急性、亚急性或者慢性危害”的规定，脂肪是人体所必需的一种营养物质，本身并不属于影响食品安全的物质。涉案食品属于一般大众食品，标注的脂肪成分属于大多数食品均具有的营养成分，不属于特殊的营养价值、保健价值，也不是特定群体进行营养摄入和功能性辅助作用的食物来源，不影响一般消费者对该食品的安全使用，不能仅因其不实标注即认定其属于不安全食品。

同时，涉案食品并非主食，正常情况下不会大量食用，其标签中对脂肪含量的标注一般不会造成消费者对食用安全方面的误导。现无证据证明涉案灰枣夹核桃存在实质性的食品安全问题，高丽丽也未提供证据证明涉案食品会对人体健康造成急性、亚急性或慢性危害等情形，进而影响一般消费者对该食品的食用，故涉案食品脂肪含量标注问题不影响食品安全。《食品安全法》第一百四十八条第二款规定：“生产不符合食品安全标准的食品或者经营明知是不符合食品安全标准的食品，消费者除要求赔偿损失外，还可以向生产者或者经营者要求支付价款十倍或者损失三倍的赔偿金；增加赔偿的金额不足一千元的，为一千元。但是，食品的标签、说明书存在不影响食品安全且不会对消费者造成误导的瑕疵的除外。”据此，涉案食品脂肪含量标注不实，属于《食品安全法》第一百四十八条但书条款规定的情形，高丽丽要求好想你食品公司承担“十倍赔偿”责任，无事实及法律依据。

三、二审裁判结果

驳回上诉，维持原判。

二审案件受理费637元，由高丽丽负担。

【评析】

本案所涉核心问题之一是：食品标示不实是否应当适用“十倍赔偿”。

《食品安全法》第一百四十八条第二款，规定了惩罚性赔偿的行为模式、惩罚性赔偿内容、惩罚性赔偿免责条件。行为模式为：生产不符合食品安全标准的食品、经营明知是不符合食品安全标准的食品，其关键词是“食品安全标准”。惩罚性赔偿内容为：除第一款提及的补偿性赔偿内容（直接经济损失）外，还有权主张惩罚性“十倍赔偿”，即“要求支付价款十倍或者损失三倍的赔偿金；增加赔偿的金额不足一千元的，为一千元”。免责条件为：食品的标签、说明书存在不影响食品安全且不会对消费者造成误导，关键词为“食品安全”和“误导”。

实践中，对该“但书”认识理解的偏差比较大。主要有两点：一是将惩罚性赔偿行为模式的关键词“食品安全标准”与免责行为模式的关键词“食品安全”混同；二是将“对消费者造成误导”理解为广泛意义的误导。对于第一种情况，根据《食品安全法》第一百五十条“食品安全，指食品无毒、无害，符合应当有的营养要求，对人体健康不造成任何急性、亚急性或者慢性危害”的定义，即可正本清源。对于第二种情况，分析起来相对要复杂一些。

现代汉语上，“误导”是指不正确地引导。从法律意义上讲，陈述虚假事实、夸大其词、故意遗漏重要事实等行为，诱导当事人偏离真实意思即构成误导。而误导当事人作出错误意思表示即为欺诈。《消费者权益保护法》第五十五条第一款规定的是增加惩罚性“三倍赔偿”，《食品安全法》第一百四十八条第二款规定的是增加惩罚性“十倍赔偿”。两部法律都规定了惩罚性赔偿条款，但对其行为模式规定存在明显的区别，前者是基于合同关系存在的欺诈行为成立，后者是基于侵害生命权、健康权的欺诈行为成立。前者行为模式的范围较后者更为广泛，后者仅限于构成食品安全危害的欺诈。

从立法条款的逻辑递进层次也能够体现出其区别：《食品安全法》第一百四十八条总体上规定的是因“不符合食品安全标准的食品”受到损害，消费者享有要求赔偿损失的权利，其赔偿包括补偿性赔偿和惩罚性赔偿两个部分。因此，其赔偿大前提是“影响食品安全”。该条第二款更是进一步明确承担惩罚性赔偿责任即“十倍赔偿”的行为模式及免责条件除外情形。所以，从逻辑递进来讲，此处的“误导”是特指存在“食品安全”方面的误导，或者说但书中的“误导”特指食品安全方面的欺诈。

再从立法技术层面分析，除外情形是“原则情形”的例外，若没有除外情形也就无须例外，该法条就不需要但书。若将该条但书中的“误导”理解为一般的广泛的消费误导，即包括非食品安全方面的所有误导欺诈，则该但书就等同于不存在例外情形。因为该但书排除的行为模式是：“食品的标签、说明书存在不影响食品安全且不会对消费者造成误导的瑕疵”。“且”字在逻辑学上是“两者皆具”。也就是说，该但书成立的条件必须是食品的标签、说明书存在“不影响食品安全”“不会对消费者造成误导”两者同时满足，缺少其中任何一项都不适用但书规定。那么，若将此处的“误导”理解为非特指“食品安全”方面的误导，则标签瑕疵无论主观上是否有故意，客观上都会误导消费者，则该但书所排除的情形就不会存在。显然，这与立法时考虑除外情形相悖。故在适用《食品安全法》第一百四十八条第二款但书时，其前提条件不能脱离“食品安全”这一特定逻辑大前提限定的范围。

《消费者权益保护法》第五十五条规定，是专门针对合同欺诈而设立，即只要是使用错误的方法致使对方作出错误的意思表示，即误导欺诈消费者，无论该误导是否与“食品安全”有联系，其惩罚性赔偿的行为模式就已经成立，依法应当承担惩罚性赔偿的法律后果。但其责任的量化与《食品安全法》规定惩罚性后果量化不同，并非“十倍赔偿”（以十倍为限，不超过十倍），而是“三倍赔偿”（以三倍为限，不超过三倍）。

综上所述，《食品安全法》第一百四十八条第二款中的“误导”，无论是从基础法律关系的调整上，从行为模式的定义上，还是从立法逻辑上，均不同于一般意义上的误导，属于特别规定为存在食品安全方面的误导。

本案中，最大的分歧是“脂肪标示”超过国家标准，是否属于《食品安全法》第一百四十八条第二款但书的免责情形。

如前所述，案涉食品脂肪含量标示比例超过国家规定，不符合食品安全标示的标准规定，但就食品脂肪含量而言，其本身不影响该食品的安全性，即满足但书中标签瑕疵“不影响食品安全”的第一个要件。对于第二个要件，即“不会对消费者造成误导”，虽然案涉食品的标示与其实质不符，且其差距已经超过国家标准，按照“实际值≤标示值×120%”的国家标准，案涉产品的脂肪准许实际值为11.04g/100g（9.2×120%）。若生产者食品标示值标注脂肪含量为14.0g/100g，则实则脂肪含量为16.80g/100g，单就食品脂肪含量而言，16.80g/100g的脂肪含量也符合食品安全标准。因此，案涉产品脂肪检测值为16.7g/100g，所形成的误导并不涉及该产品的“食品安全”。故一、二审判决适用《食品安全法》第一百四十八条第二款但书内容，不支持高丽丽主张“十倍赔偿”的诉请，事实清楚，适用法律正确。

2020年12月8日，最高人民法院公布的《食品安全司法解释（一）》第七条、第九条规定："消费者认为生产经营者生产经营不符合食品安全标准的食品同时构成欺诈的，有权选择依据食品安全法第一百四十八条第二款或者消费者权益保护法第五十五条第一款规定主张食品生产者或者经营者承担惩罚性赔偿责任。""食品符合食品安全标准但未达到生产经营者承诺的质量标准，消费者依照民法典、消费者权益保护法等法律规定主张生产经营者承担责任的，人民法院应予支持，但消费者主张生产经营者依据食品安全法第一百四十八条规定承担赔偿责任的，人民法院不予支持。"该规定都明确表明了《食品安全法》第一百四十八条的适用前提是"不符合食品安全标准"。

本案中，好想你食品公司承诺脂肪含量指标为9.2g/100g，实际检测值为16.7g/100g，未达到其承诺的质量标准，但不属于"不符合食品安全标准"的情形。故按照《食品安全司法解释（一）》第九条的规定，高丽丽主张适用《食品安全法》第一百四十八条规定承担惩罚性赔偿责任于法无据。

当然，本案若选择合同纠纷诉讼，根据《消费者权益保护法》第五十五条的规定，请求三倍惩罚性赔偿，则适用法律依据充分。

（评析人：陈敏）

销售预包装“三无食品”不符合食品安全标准，适用“十倍赔偿”

——曹培江诉威海市文登区林源食品行、抚松县露水河镇鹿鸣长白山特产经销店网络购物合同纠纷案

【裁判要点】

预包装食品无产品规格、净含量、生产日期，无生产者的名称、地址、联系方式，无产品标准代号，无生产许可证编号，属典型的“三无”食品。销售“三无”食品，属于《食品安全法》规定的禁止行为。且销售新资源食品还应当标注不适宜人群和食用限量，否则，也属于违反“食品安全标准”的销售行为，适用惩罚性“十倍赔偿”规定。

【关键词】

预包装食品、食品安全　食品标签　“三无”产品　网络购物　十倍赔偿

【案例来源】

中国裁判文书网

一审：山东省威海市文登区人民法院民事判决书［（2020）鲁 1003 民初 4820 号］

二审：山东省威海市中级人民法院民事判决书［（2020）鲁 10 民终 3772 号］

【简要案情】

2020 年 1 月 17 日，曹培江在拼多多平台威海市文登区林源食品行（简称林源食品行）开设的“林源东北山货行”网店，购买单价标注 409 元的鹿胎膏 8 盒。经与林源食品行协商，优惠后 8 盒鹿胎膏共付款 2880 元（订单编号：200117－603105526733572）。曹培江下单后，2020 年 1 月 17 日，抚松县露水河镇鹿鸣长白山特产经销店（简称鹿鸣经销店）将曹培江购买的上述鹿胎膏通过顺丰快递发给曹培江。

曹培江称其拆封1盒所购产品，发现没有生产厂家、厂家地址、生产日期、食品生产许可证编号等信息后，即未食用。

曹培江认为，鹿鸣经销店非法生产并销售预包装食品，林源食品行明知鹿鸣经销店生产出售的鹿胎膏不符合食品安全标准，仍然进行销售，依法提起诉讼。

诉讼中，当庭拆开塑封完整的案涉鹿胎膏1盒，发现盒内鹿胎膏食品内包装上产品标识中介绍，鹿胎膏主要成分（梅花鹿血胎、鹿茸、鹿心、鹿尾、鹿筋、人参、龟板、山萸肉、陆路通等）、功效、规格、储存方式、保质期的内容。无生产厂家、厂家地址、生产日期、食品生产许可证编号等信息。

法院查明，卫生部关于批准人参（人工种植）为新资源食品的公告，规定批准人参（人工种植）作为新资源食品，来源需要5年及5年以下人工种植的人参，孕妇、哺乳期妇女及14周岁以下儿童不宜食用，标准、说明书中应当标注不适宜人群和食用限量。案涉鹿胎膏主要分成描述中包括人参，但未按上述规定进行标注。法院同时查明，卫生部关于养殖梅花鹿副产品作为普通食品有关问题的批复，除鹿茸、鹿角、鹿胎、鹿骨外，养殖梅花鹿其他副产品可作为普通食品。本案中，产品成分中标注包含梅花鹿血胎、鹿茸，不符合上述批复要求。

【一审情况】

一、一审诉辩主张

原告曹培江的诉讼请求为：（1）判令被告林源食品行退还原告曹培江货款2880元，并由被告林源食品行、鹿鸣经销店共同赔偿原告28800元，总计31680元。（2）诉讼费用由两个被告承担。

被告林源食品行辩称，原告在林源食品行网店购买鹿胎膏8盒，价值2880元，由被告鹿鸣经销店直接发货。交易形成后，林源食品行向鹿鸣经销店支付货款1550元，差额1330元是林源食品行的利润，林源食品行同意将1330元退给原告，超过部分不同意。林源食品行是头一次在网上拼多多卖这种商品，是厂家直接发货，手中没有现货，产品是否是三无产品、是否符合食品安全标准，不清楚。

被告鹿鸣经销店未作答辩。

二、一审裁判理由

一审判决认为：本案原告所购买的案涉鹿胎膏预包装上无产品规格、净含量、生产日期，无生产者的名称、地址、联系方式，无产品标准代号，无生产许可证编号，不符合《食品安全法》关于食品安全标准的强制性执行规定。二被告向原告销售的鹿胎膏，其标注成分所包含的人参、梅花鹿血胎、鹿茸，均不符合食品安全相关标准。被告鹿鸣经销店生产销售不符合食品安全标准的食品、被告林源食品行未谨慎审查案涉食品是否符合食品安全标准即向原告进行销售。依据《食品安全法》第一百四十八条规定，原告要求被告林源食品行退还原告货款 2880 元，并由二被告共同赔偿原告 28800 元，理由充分、于法有据，予以支持。

三、一审裁判结果

（一）被告林源食品行返还原告曹培江购物款 2880 元，于本判决生效后十日内付清。同时，除当庭退还的 1 盒鹿胎膏外，原告曹培江将购买的另 7 盒鹿胎膏退还给被告林源食品行（如有未能退还的食品，购物款可作相应扣减）。

（二）被告林源食品行、鹿鸣经销店共同赔偿原告曹培江购物赔偿金 28800 元，于本判决生效后十日内付清。

案件受理费 296 元，由被告林源食品行、被告鹿鸣经销店负担。

【二审情况】

一、二审诉辩主张

鹿鸣经销店不服一审判决，提起上诉，请求：撤销一审判决，依法改判或发回重审。上诉理由是：1. 鹿鸣经销店作为被告主体不适格。鹿鸣经销店虽然未注销，但经营者牛旭已经多年未使用该个体工商户进行经营活动。2. 一审法院剥夺了鹿鸣经销店参加诉讼的权利。一审法院直接用在天眼软件查询到的鹿鸣经销店的电话向鹿鸣经销店进行电子送达违反《民事诉讼法》的相关规定，导致鹿鸣经销店未接到庭审通知。3. 鹿鸣经销店既非生产者也非直接面对消费者的经营者，只是按照林源食品行的要求进行交付。即便曹培江提交的产品为鹿鸣经销店提供，也仅是为林源食品行代购初级土特产而并非预包装产品。4. 即便认定案涉产品为预包装食品需要履行相关的标注提示义务，该义务也应当由林源食品行履行。林源食品行作为专业东北土特产经销商，在通过拼多多这样的网络平台向不特定多数人进行产品销售时，应当按照有关规定履行食品包装标注义务，鹿鸣经销店作为专业经销商代购初级土特产的代购人并无此义务。5. 本案符合《食品安全法》第一百四十八条第二款但书所规定的免责情形。曹培江主张十倍赔偿未举证证明涉案产品有毒、有害，不符合应有的营养标准，对人体健康可能造成任何急性、亚急性或者慢性危害。涉案产品也不会对此造成任何购买和食用的误导。

被上诉人曹培江辩称，案涉商品由鹿鸣经销店直接发货给曹培江，可以证明涉诉商品是由鹿鸣经销店生产，鹿鸣经销店理应依法承担赔偿责任。一审法院的送达符合法律规定，鹿鸣经销店的上诉请求不能成立，依法应予驳回。

原审被告林源食品行述称：第一，涉诉商品不合格属于生产厂家的责任，应由生产厂家鹿鸣经销店赔偿。第二，林源食品行与鹿鸣经销店有过多次买卖东北土特产的业务往来。鹿鸣经销店经营者牛旭称其是正规公司，自己也开店经销案涉产品，质量没有问题。第三，林源食品行通过牛旭的微信从牛旭处进货，双方之间是个人与个人之间进货。第四，商品出现问题后牛旭不接电话，发微信也不回复。希望二审法院能够明确责任，把产品退回鹿鸣经销店。林源食品行认可法院的判决，其也愿意承担自身的责任，请求二审法院依法公正处理。

二、二审裁判理由

二审判决认为，关于鹿鸣经销店作为本案诉讼主体是否正确及一审程序是否违法的问题。根据本案证据及查明的事实，鹿鸣经销店的经营者为牛旭，其性质为个体工商户。在案涉交易履行过程中林源食品行始终与鹿鸣经销店的经营者牛旭联系，案涉产品也是由牛旭直接寄给曹培江。因鹿鸣经销店系个体工商户，将鹿鸣经销店作为诉讼主体，并没有增加其法律责任，一审法院将鹿鸣经销店作为诉讼主体，并无不当。鹿鸣经销者的经营者牛旭的支付宝号码及电话号码均为151××××7688，该电话号码也与天眼查鹿鸣经销店登记的联系电话一致，一审法院经过邮寄送达未送妥后，又多次联系上述电话，该电话一直畅通，但无人接听，也不回复，通过短信推送的方式送达该案的有关诉讼材料，显示送达成功，在这种情形下，一审程序并不违法。鹿鸣经销店的相关上诉理由不成立，不予支持。

关于鹿鸣经销店、林源食品行共同赔偿曹培江购物赔偿金28800元有无事实及法律依据问题。《产品质量法》第二十七条第一款规定，“产品或者其包装上的标识必须真实，并符合下列要求：（一）有产品质量检验合格证明；（二）有中文标明的产品名称、生产厂厂名和厂址……（五）使用不当，容易造成产品本身损坏或者可能危及人身、财产安全的产品，应当有警示标志或者中文警示说明”，《食品安全法》第二十五条、第二十六条分别规定“食品安全标准是强制执行的标准”及食品安全标准的应当包括的内容“……（二）食品添加剂的品种、使用范围、用量；……（四）对与卫生、营养等食品安全要求有关的标签、标志、说明书的要求”。第一百四十八条第二款规定“生产不符合食品安全标准的食品或者经营明知是不符合食品安全标准的食品，消费者除要求赔偿损失外，还可以向生产者或者经营者要求支付价款十倍或者损失三倍的赔偿金；……但是，食品的标签、说明书存在不影响食品安全且不会对消费者造成误导的瑕疵的除外”。案涉鹿胎膏中含有鹿茸、鹿胎、人参，其并非普通食品。根据卫生部的相关规定，人参作为新资源食品，需要5年及5年以下人工种植的人参，且孕妇、哺乳期妇女及14周岁以下儿童不宜食用，标签、说明书中应当标注不适宜人群和食用限量。而案涉产品无产品合格证、无厂名厂址及生产日期等，属典型的“三无产品”，且未对上述食品进行特别警示标注：不适宜食用人群范围和可能造成伤害的不同程度。因此案涉产品应当认定为不符合食品安全标准的食品，不属于《食品安全法》第一百四十八条第二款中的“食品的标签、说明书存在不影响食品安全且不会对消费者造成误导的瑕疵”的范畴。鹿鸣经销店及林源食品行作为案涉产品的经销者，理应明知国家对此类涉及民生食品的安全标准，其经销案涉“三无产品”，一审法院判决支持曹培江要求鹿鸣经销店及林源食品行共同支付其赔偿金28800元，并无不当。

三、二审裁判结果

驳回上诉，维持原判。

二审案件受理费592元，由上诉人鹿鸣经销店负担。

【评析】

一、关于“三无产品”

“三无产品”不是法律概念，在生产消费领域它是一个不符合产品销售规范的通俗称谓。指无生产日期、无质量合格证（或生产许可证）、无生产者名称的产品。也有说法是无生产厂名、无生产厂址、无生产卫生许可证编码的产品；还有说法是无厂名、无地址、无商标。

根据《产品质量法》第二十六条、第二十七条及《食品安全法》第二十五条、第二十六条的规定，食品预包装的“三无产品”属于不符合“食品安全标准”且禁止销售的食品。对于含有新食品原料的食品，根据《新食品原料安全性审查管理办法》第二十条“食品中含有新食品原料的，其产品标签标识应当符合国家法律、法规、食品安全标准和国家卫生计生委公告要求”及《关于批准人参（人工种植）为新资源食品的公告（卫生部公告2012年第17号）》中“1. 卫生安全指标应当符合我国相关标准要求。2. 孕妇、哺乳期妇女及14周岁以下儿童不宜食用，标签、说明书中应当标注不适宜人群和食用限量”的规定，还应当标注不适宜人群和食用限量，否则，也属于销售不符合食品安全标准的食品。因此，对于案涉“鹿胎膏”既无产品基本信息，又无新食品原料食品应当标注的“不适宜人群和食用限量”，被认定为不符合食品安全标准的食品，其事实和法律依据均是充分的。

二、关于二被告（林源食品行、鹿鸣经销店）的责任性质

本案二被告（林源食品行、鹿鸣经销店）所涉及的经营模式依法应当共同承担惩罚性赔偿责任。网店交易形式不同于传统交易，通常由网店与客户形成买卖合同，然后由第三方（多为生产厂家）直接发货，网店与第三方建立有其他法律关系（如合伙经营、联营、买卖、代销等）。本案现有证据可以确认林源食品行与曹培江形成买卖合同的货源来自鹿鸣经销店。至于林源食品行向鹿鸣经销店支付1550元，无论林源食品行与鹿鸣经销店之间建立的是什么法律关系，其销售的案涉产品是属于不符合食品安全标准的“鹿胎膏”这一事实确定。原告曹培江收到林源食品行通过鹿鸣经销店履行的买卖合同，因其合同标的物发生不符合食品安全标准的情况，鹿鸣经销店作为该买卖合同的标的物提供一方，无论其与林源食品行建立的是什么内部法律关系，其供货行为均与本案合同标的物存在关联性，鹿鸣经销店作为本案共同被告于法有据。

本案二审诉讼中，鹿鸣经销店未就一审法院认定“被告鹿鸣经销店生产销售不符合食品安全标准的食品”进行否定举证，不能推翻案涉“鹿茸膏”为其生产并销售的认定。根据《食品安全法》第一百四十八条的规定，经营者、生产者的赔偿责任属于连带赔偿责任性质。由于本案买卖合同的出售签约方是林源食品行，合同标的履行方是鹿鸣经销店，故原告曹培江请求鹿鸣经销店、林源食品行共同承担惩罚性“十倍赔偿”符合法律规定。鹿鸣经销店、林源食品行内部责任承担与原告曹培江无关。

（评析人：陈敏）

食品中添加“壮阳药品”违反《食品安全法》禁止性规定，适用惩罚性赔偿

——王杰诉曾泳记、北京中盛亿通国际贸易有限公司网络购物合同纠纷案

【裁判要点】

添加药品的食品不符合食品安全标准。销售明知添加有药品的食品，违反《食品安全法》的禁止性规定，依法承担《食品安全法》第一百四十八条规定的惩罚性赔偿责任。

对国家职能部门确认的合格产品的质疑，不属于民事诉讼审理范围。

【关键词】

食品添加药品　食品安全标准　十倍赔偿　举证责任转移

【案例来源】

中国裁判文书网

一审：浙江省嘉兴市南湖区人民法院民事判决书［（2020）浙0402民初4814号］

【简要案情】

2020年6月18日，王杰通过淘宝平台向阳江市江城区国顺泰百货店购得“美国能量咖啡Acoffee原装进口男用坚蛇标初心家族挺美国能量a咖啡”100盒，总计31000元，订单号：1072199360650170341。该产品包装上显示的经销商为：北京中盛亿通国际贸易有限公司（以下简称中盛亿通公司），通过顺丰快递寄给了王杰（运单号码：×××35、×××26、×××08、×××17）。

2020年6月24日，王杰收到快递后开箱进行检查发现：该产品的外包装上有保质期，但没有生产日期。王杰称其食用该产品后，出现鼻塞、头痛、头晕、心跳加速、面部潮红等症状，通过网上查询得知可能食品中添加了壮阳药成分。

2020年6月30日，王杰将产品送至广东省检迅检测科技有限公司进行检测。

2020年7月13日，广东省检迅检测科技有限公司出具检测报告显示：该产品“西地那非”含量为2.54g/kg。

中盛亿通公司系“Acoffee”在中国境内的合法授权经销商，根据其提供的“进口货物报送单”及“入境货物检验检疫证明”显示，其最近一次进口的“Acoffee”产品的时间是2019年7月10日，该批产品的生产日期为2019年3月9日，保质期至2021年3月8日，该产品经检验检疫评定为合格。

阳江市江城区国顺泰百货店系个体工商户，经营者为曾泳记，该店已于2020年8月4日被注销。

王杰认为，“西地那非”属于众所周知处方药，有严格的限量及使用条件，且在国内有多起因使用“西地那非”产生不良反应及死亡的报道。销售的案涉产品不符合食品安全标准，违反《食品安全法》强制性规定，对曾泳记、中盛亿通公司提起诉讼。

【一审情况】

一、一审诉辩主张

原告王杰的诉讼请求为：（1）判令被告曾泳记退还原告王杰购物款31000元，并赔偿310000元，合计341000元；（2）判令被告中盛亿通公司承担上述赔偿款项内的连带清偿责任；（3）判令被告曾泳记承担本案诉讼费。

被告曾泳记未作答辩。

被告中盛亿通公司辩称：

1. 中盛亿通公司与王杰之间不存在合同关系，王杰无权向中盛亿通公司主张任何权利。中盛亿通公司作为Acoffee在中国境内的合法授权经销商，从未采用过网络销售的方式销售Acoffee，也从未在淘宝网站上开设过网店。中盛亿通公司不可能通过淘宝平台向王杰销售Acoffee，王杰因饮用非中盛亿通公司经销的咖啡造成不适，要求中盛亿通公司承担连带赔偿责任，缺乏事实和法律依据。

2. 中盛亿通公司销售的产品是经中华人民共和国首都机场海关检测检疫进口，有关海关检测检疫证明符合食品安全的产品。中盛亿通公司所销售的Acoffee全部进口自美国，该货物入关时均已按规定接受了我国海关的检测检疫，获得了中华人民共和国首都机场海关检验检疫合格评定并通关放行。由此可见，中盛亿通公司销售的Acoffee是符合《食品安全法》相关规定的合格产品。

3. 王杰送检产品日期理论上甚至要晚于其购买日期，明显不符合常理，并且中盛亿通公司亦未进口过该生产批次的产品。因此，王杰送检的产品并非中盛亿通公司实际销售的产品。综上所述，请求法庭在查明事实的基础上驳回王杰的全部诉讼请求。

二、一审裁判理由

一审判决认为：本案为网络购物合同纠纷。被告曾泳记作为食品销售商应当向消费者提供符合国家食品安全标准的食品。我国《食品安全法》第三十八条规定，生产经营的食品中不得添加药品。曾泳记销售给王杰的产品经检测含有“西地那非”。“西地那非”为药品，故该产品不符合食品安全标准。而曾泳记在对外销售时称，该产品具有提升性欲、身体机能、增强免疫力等功效，据此可以推定其对该产品含有药品成分是明知的，故王杰有权依据《食品安全法》第一百四十八条的规定，除要求其退还货款 31000 元外，还可以要求其支付价款十倍的赔偿金 310000 元。根据中盛亿通公司提供的证据，其从美国进口的“Acoffee”是经过海关检验检疫的合格产品，王杰仅以其购买的产品的包装上显示的销售商为中盛亿通公司，而要求其承担连带清偿责任，缺乏事实和法律依据，不予支持。

王杰在庭审时提出对涉案产品是否添加“西地那非”进行司法鉴定，因王杰在起诉前已委托广东省检迅检测科技有限公司进行了检测，中盛亿通公司对此检测报告也未提出异议，故再次鉴定属于浪费诉讼成本，已无必要。对于王杰提出被告的行为已构成生产、销售不符合安全标准的食品罪，要求将案件移送公安机关进一步处理。对此法庭认为，本案原告主张的是民事赔偿，不存在移送。如王杰认为被告的行为涉嫌违法犯罪，可以向食品安全监督管理部门或公安机关进行举报，由其依法进行处理。

三、一审裁判结果

（一）被告曾泳记于本判决生效后十日内退还原告王杰货款 31000 元，并支付赔偿金 310000 元，合计 341000 元；

（二）驳回王杰的其他诉讼请求。

案件受理费 6416 元，公告费 460 元，由被告曾泳记负担。

【评析】

一、关于我国对食品添加药品成分的许可问题

《食品安全法》第三十八条规定：“生产经营的食品中不得添加药品，但是可以添加按照传统既是食品又是中药材的物质。按照传统既是食品又是中药材的物质目录由国务院卫生行政部门会同国务院食品安全监督管理部门制定、公布。”因此，经过授权部门制定的可作为添加入食品的中药材物质，是符合我国食品安全标准的，可以生产和经营。

对于加入未纳入“中药材物质目录”的药品，属于《食品安全法》明文规定禁止的行为。本案销售的产品加入“西地那非”并以其功效作用进行宣传，显然属于违反《食品安全法》禁止的行为，严重违反保障食品安全的法律规定，依法应当承担《食品安全法》第一百四十八条规定的补偿性赔偿责任和惩罚性赔偿责任。

二、关于中盛亿通公司是否应当承担民事责任的举证责任问题

本案中的中盛亿通公司是否应当承担民事责任，关键还在于案涉“Acoffee产品”是否与中盛亿通公司存在关联，而该关联性争议的实质是举证责任的分配、转移、完成问题。

民事诉讼举证责任的分配原则是“谁主张，谁举证”。本案原告王杰请求中盛亿通公司承担连带赔偿责任，其所举证据是案涉Acoffee产品外包装上显示的经销商为：北京中盛亿通国际贸易有限公司。就原告举证而言，原告完成了其负有的举证责任，证明案涉产品与中盛亿通公司存在关系性。但中盛亿通公司抗辩否认该产品与中盛亿通公司存在关联性，并举示反驳证据：(1) 报关单；(2) 入境货物海关检验检疫证明。证明了其经销的境外Acoffee产品符合国家食品安全标准，并主张案涉“Acoffee产品”非中盛亿通公司经销。既完成了否定原告主张的举证责任，又提出了消极事实主张。

一般情况下，主张消极事实一方不承担举证责任。故需要证明案涉“Acoffee产品”就是中盛亿通公司经销的产品，其举证责任依法转移至原告王杰，王杰负有继续完成证明案涉产品就是中盛亿通公司经销产品的举证责任。

本案中，王杰缺乏证据证明案涉“Acoffee产品”就是中盛亿通公司经销的产品，其申请对案涉产品是否添加“西地那非”进行司法鉴定，一方面，案涉产品是否是中盛亿通公司的产品尚缺乏证据证明，即便鉴定出具肯定性结论意见，也不能证明与中盛亿通公司存在关联性；另一方面，中盛亿通公司的产品是经过国家海关检测检疫机构出具证明的合格产品。

在民事诉讼中，对国家海关检测检疫证明符合食品安全的产品提出质疑，也不属于本案民事诉讼审理范围。故法庭依照《民事诉讼法》的相关规定，驳回王杰对中盛亿通公司的诉讼请求，符合法律规定，王杰作为原告承担的是举证不能的法律后果。

（评析人：陈敏）

销售擅自配伍中药材的产品构成假药，适用惩罚性赔偿

——毛冉冉诉衡水铭冠商贸有限公司网络购物合同纠纷案

【裁判要点】

销售具有药品成分，用于人身健康作用的产品，作为经营者应当知晓其销售的商品具有药物性质，负有保证该商品来源安全的义务，应当审查所销售产品的批准文号。销售擅自配伍的中药材产品，既无处方资质，又未在包装上注明批准文号，不能证明其为合法药品的，应认定为明知是假药、劣药仍然进行销售，适用惩罚性赔偿规定。

【关键词】

非法药品　药品批准文号　假药　消费者　十倍赔偿

【案例来源】

中国裁判文书网

一审：湖北省武汉市汉阳区人民法院民事判决书［（2020）鄂0105民初5306号］

二审：湖北省武汉市中级人民法院民事判决书［（2021）鄂01民终1239号］

【简要案情】

2019年5月11日，毛冉冉通过天猫平台在衡水铭冠商贸有限公司（以下简称铭冠公司）开设的奕兰电器专营店购买名为“小蛮腰减肥肚脐贴全身排油女大肚子正品懒人瘦身包燃脂纤体丸抖音”的产品12包，共计3576元，订单编号：2984861585600988816。毛冉冉于当日支付货款，并于2019年5月13日收到上述产品。

产品外包装上的标签注明有：“成分：大黄、黄芩、雄黄、芒硝、番泻叶等。功效：纯中药浓缩制膏，不控制饮食不反弹，通便排毒见效快，通便、

泻火、清热、用于肥胖症。”

毛冉冉使用上述产品后出现过敏症状。后毛冉冉向广州市市场监督管理局咨询涉案产品属于何种商品类别。广州市市场监督管理局于2020年6月23日回复：根据《药品管理法》第二条关于药品的定义，涉案产品标签内容符合药品定义，应按药品管理。涉案药品上未载明批准文号及产品批号。

毛冉冉认为，涉案商品既没有生产厂家也没有生产许可证，应为“三无”产品。从其产品配料表：大黄、黄芩、雄黄、番泻叶等材料来判断，涉案商品配料全部为药材，且已制作成药丸，涉案商品应属于药品，且其产品外包装既没有生产厂家信息，也无药品批准文号，应视为假药。依据《药品管理法》的相关规定，对铭冠公司提起诉讼。

【一审情况】

一、一审诉辩主张

原告毛冉冉的诉讼请求为：（1）判令被告铭冠公司赔偿货款总值十倍金额35760元；（2）判令被告铭冠公司承担本案诉讼费。

被告铭冠公司辩称：

1. 原告并非是基于消费为目的的购买者。法院裁判文书公开的案件信息显示，原告长期购买化妆品、减肥产品，并主张三倍、十倍赔偿。根据《消费者权益保护法》界定的消费者是为生活消费需要购买、使用商品或者接受服务。原告超出正常生活消费所需，购买性质是为获取赔偿而进行的恶意购买，应定性为牟利，不应受到该法的保护。

2. 涉案商品是非食品，更非内服的药品，只是贴在肚脐上的外服商品，不构成不符合安全标准的食品。

3. 原告在没有任何损失的情况下，获得高额赔偿，明显不合理、不公正。原告知假买假，其动机虽不为法律所禁止，但也非法律所倡导，《食品安全法》第一百四十八条第二款的立法旨在惩罚违法的生产经营者，保护消费者的正当权益，原告的消费动机和行为均有悖于《消费者权益保护法》的立法宗旨及立法意义。

二、一审裁判理由

一审判决认为：毛冉冉通过天猫平台向铭冠公司购买涉案产品，双方当事人之间的网络购销合同关系成立。涉案产品名称中含有“中药”字样，标签标注的成分为多种中药，为纯中药浓缩制膏，用于肥胖症，应认定涉案产品以药品名义销售。涉案产品未注明产品批准文号，违反《药品管理法》第四十九条第二款的规定，药品应当标明批准文号。涉案商品未在包装上注明批准文号，被告也未举证证明涉案产品系合法药品，故应认定涉案产品系以非药品冒充药品销售的假药。被告辩称，涉案商品是非食品，更非内服的药品，只是贴在肚脐上的外敷商品，但涉案商品宣称具有通便排毒见效快，通便、泻火、清热、用于肥胖症等功效，被告作为经营者理应知晓其销售的商品具有药物性质，其作为销售者负有保证销售产品来源安全的义务，应当审查涉案商品的批准文号。现被告未举证证明涉案产品有药品批准文号，应认定被告明知是假药、劣药仍然进行销售。《药品管理法》第一百四十四条第三款规定："生产假药、劣药或者明知是假药、劣药仍然销售、使用的，受害人或者其近亲属除请求赔偿损失外，还可以请求支付价款十倍或者损失三倍的赔偿金；增加赔偿的金额不足一千元的，为一千元。"被告抗辩原告并非真实消费者，其知假买假的行为不应适用十倍赔偿。但现行法律并没有对消费者的主观购买动机作出限制性规定，根据最高人民法院《食品药品司法解释》第三条关于因食品、药品质量问题发生纠纷，购买者向生产者、销售者主张权利，生产者、销售者以购买者明知食品、药品存在质量问题而仍然购买为由进行抗辩的，人民法院不予支持的规定，对其抗辩理由，不予采信。原告毛冉冉主张被告按照货款价款十倍赔偿 35760 元，符合法律规定，应予以支持。

三、一审裁判结果

被告铭冠公司向原告毛冉冉支付赔偿金 35760 元，于本判决发生法律效力之日起十日内付清。

案件受理费 347 元，由被告铭冠公司负担。

【二审情况】

一、二审诉辩主张

铭冠公司不服一审判决，提起上诉。请求：（1）撤销一审判决，改判驳回毛冉冉的全部诉讼请求或发回重审；（2）本案诉讼费用由被上诉人毛冉冉承担。

毛冉冉辩称：一审判决认定事实清楚，适用法律正确，请求驳回上诉，维持原判。

二、二审裁判理由

二审判决认为：依照《药品管理法》第二条第二款的规定，本法所称药品，是指用于预防、治疗、诊断人的疾病，有目的地调节人的生理机能并规定有适应症或者功能主治、用法和用量的物质，包括中药、化学药和生物制品等。涉案产品名称中含有"中药"字样，标签标注的成分为多种中药，为纯中药浓缩制膏，用于肥胖症。一审法院认定涉案产品以药品名义销售，并无不当。铭冠公司上诉主张其销售的该产品非药品，依据不足，不予支持。根据《食品药品司法解释》第三条规定，因食品、药品质量问题发生纠纷，购买者向生产者、销售者主张权利，生产者、销售者以购买者明知食品、药品存在质量问题而仍然购买为由进行抗辩的，人民法院不予支持。铭冠公司以毛冉冉为牟利而购买涉案产品，不应适用惩罚性赔偿规定的上诉请求，与上述规定不符，不予支持。一审法院适用简易程序审理本案符合法律规定，铭冠公司上诉主张一审法院审判程序违法，依据不足，不予支持。

三、二审裁判结果

驳回上诉，维持原判。

二审案件受理费 347 元，由上诉人铭冠公司负担。

【评析】

本案裁判涉及的一个基础事实问题是案涉商品的属性识别问题。

原告毛冉冉通过咨询广州市市场监督管理局得知案涉商品按药品管理，于是根据《药品管理法》提起诉讼。被告铭冠公司认为涉案商品既非食品，也非内服的药品，是贴在肚脐上的外用商品。

《药品管理法》第二条第二款规定："本法所称药品，是指用于预防、治疗、诊断人的疾病，有目的地调节人的生理机能并规定有适应症或者功能主治、用法和用量的物质，包括中药、化学药和生物制品等。"因此，中药的安全性问题属于《药品管理法》调整。

中药是指以我国传统医药理论指导采集、炮制、制剂，说明作用机理，指导临床应用，具有完整的理论体系和独特应用形式的药物。简言之，"中药是指在我国传统医学理论指导下使用的药用物质及其制剂。"本案所涉商品"减肥肚脐贴"的外包装标签提示：成分有大黄、黄芩、雄黄、芒硝、番泻叶等药用物质；形式为纯中药浓缩制膏（膏剂是中药制剂的形式之一）；功效为通便排毒见效快，通便、泻火、清热，用于肥胖症；使用方法是贴在肚脐处。这些标签内容提示该商品符合"中药"特征。所以，根据案涉产品的标签，认定案涉商品是以药品进行销售，事实清楚，证据充分。

《药品管理法》第四十九条规定："药品包装应当按照规定印有或者贴有标签并附有说明书。标签或者说明书应当注明药品的通用名称、成份、规格、上市许可持有人及其地址、生产企业及其地址、批准文号、产品批号、生产日期、有效期、适应症或者功能主治、用法、用量、禁忌、不良反应和注意事项。标签、说明书中的文字应当清晰，生产日期、有效期等事项应当显著标注，容易辨识。麻醉药品、精神药品、医疗用毒性药品、放射性药品、外用药品和非处方药的标签、说明书，应当印有规定的标志。”第二十四条第一款规定：“在中国境内上市的药品，应当经国务院药品监督管理部门批准，取得药品注册证书；但是，未实施审批管理的中药材和中药饮片除外。实施审批管理的中药材、中药饮片品种目录由国务院药品监督管理部门会同国务院中医药主管部门制定。”案涉药品外包装上无批准文号，又无合法中药材配伍依据，无证据证明其系合法药品，故法院认定涉案“药品”系假药，事实清楚，法律依据充分，逻辑推论正确。因此，本案诉讼应当适用《药品管理法》的相关条款裁判。

《药品管理法》第一百四十四条第三款规定：“生产假药、劣药或者明知是假药、劣药仍然销售、使用的，受害人或者其近亲属除请求赔偿损失外，还可以请求支付价款十倍或者损失三倍的赔偿金；增加赔偿的金额不足一千元的，为一千元。”因此，承担惩罚性赔偿的前提是：“生产假药、劣药或者明知是假药、劣药仍然销售、使用的”。其权利主体是：“受害人或者其近亲属”。本案原告毛冉冉因购买被告铭冠公司以“药品”名义出售的不符合药品销售规范的假药受到的损害，包括购买该“药品”的资金损失和使用后对身心健康的损害。

原告毛冉冉依法享有主张被告铭冠公司承担惩罚性赔偿责任的请求权。原告毛冉冉选择依据《药品管理法》提起诉讼，请求惩罚性赔偿，与其是否是消费者、是否明知该商品是假药、劣药不具有任何影响，其仅选择支付价款的十倍赔偿诉讼请求，依法应当予以保护和支持。

（评析人：陈敏）

销售无海关检测检疫合格证明文件的进口食品，适用“退一赔十”

——梁迪诉成都市锦江区尚品美悦商贸部买卖合同纠纷案

【裁判要点】

销售进口食品无海关检测检疫合格的证明文件，属于销售不符合食品安全标准的食品，依法适用《食品安全法》惩罚性“十倍赔偿”的规定。

【关键词】

食品安全标准　海外代购　进口食品　检测检疫　惩罚性赔偿

【案例来源】

中国裁判文书网

一审：四川省成都市锦江区人民法院民事判决书［（2018）川 0104 民初 13741 号］

二审：四川省成都市中级人民法院民事判决书［（2019）川 01 民终 3469 号］

再审：四川省高级人民法院民事判决书［（2019）川民再 646 号］

【简要案情】

2018 年 4 月 24 日，梁迪在成都市锦江区尚品美悦商贸部（以下简称尚品商贸部）购买婴儿“A2 奶粉 2 段”2 罐、“A2 奶粉 1 段”2 罐，支付 1196 元；2018 年 4 月 26 日，购买婴儿澳洲 NaturesWay 佳思敏三色鱼油 180 粒装 1 瓶，支付 228 元；2018 年 5 月 10 日，购买婴儿“A2 奶粉 2 段”3 罐、贝拉米奶粉 1 罐，支付 1332 元。该三次购买共计支付 2756 元。

尚品商贸部的经营范围包括零售：化妆品及卫生用品、其他日用品、玩具、通信设备；预包装食品、散装食品（以上经营范围不含国家法律、行政法规、国务院决定禁止或限制的项目，依法须批准的项目，经相关部门批准后方可开展经营活动）。

2018 年 10 月 31 日，成都市锦江区市场和质量监督管理局出具（成锦）市监莲消投举处告〔2018〕3 号《投诉举报处理结果告知书》，载明：尚品商贸部销售无中文标签的婴幼儿奶粉和鱼油的行为，被成都市锦江区市场和质量监督管理局作出行政处罚；同时，对尚品商贸部未建立进销存记录等不规范地方，下达了《责令改正通知书》。

梁迪曾多次提起类似诉讼，主张惩罚性"十倍赔偿"。

梁迪认为，尚品商贸部违法销售"三无"进口婴儿奶粉和"三无"进口婴儿鱼油，没有海关检验检疫合格的任何相关证明文件，危害婴儿食品安全，对此提起诉讼。

再审中法院查明，2019 年 5 月 29 日，尚品商贸部经成都市锦江区市场监督管理局核准注销，故再审法院依法变更被申请人为尚品商贸部的经营者吴雨。

【一审情况】

一、一审诉辩主张

原告梁迪的诉讼请求为：判令被告尚品商贸部（经营者吴雨）退货并退还货款 2756 元，十倍赔偿金 27560 元，总计 30316 元，并承担本案诉讼费。

被告尚品商贸部辩称：（1）案涉产品为境外商品，没有质量问题，也没有食品安全隐患。原告没有提交检验机构的检验报告，也没有提交食品安全监督部门认定案涉食品存在危害人体健康的证据。案涉产品为澳洲当地产品，符合当地安全标准。（2）被告在店铺上对案涉产品的外观、来源、成分、使用方法等用简体中文进行了说明。原告购买产品是看到产品没有中文标签，且明知是澳洲产品，现在又以没有中文标签起诉，违反诚信原则，不存在原告主观受到欺诈的情况。（3）案涉产品虽未在预包装上加贴中文标签，但不能以此认定该产品本身存在质量问题或者食品安全存在隐患，也没有对原告进行误导。（4）原告曾多次提起类似诉讼要求赔偿，不是法律意义上的消费者，而是职业打假人。（5）被告的经营者因为知识有限，在主观上并没有恶意。（6）被告行为确实违反了法律规定，意识到错误后也积极接受了执法部门的监督管理，接受处罚并进行整改。综上，原告的诉讼请求不能成立，应当驳回原告的诉讼请求。

二、一审裁判理由

一审判决认为，原、被告双方订立的买卖合同系真实意思表示，其内容不违反法律、行政法规的强制性规定，合法有效，对各方具有约束力。被告销售的产品为进口商品，应当按照《食品安全法》第九十七条"进口的预包装食品、食品添加剂应当有中文标签；依法应当有说明书的，还应当有中文说明书。标签、说明书应当符合本法以及我国其他有关法律、行政法规的规定和食品安全国家标准的要求，并载明食品的原产地以及境内代理商的名称、地址、联系方式。预包装食品没有中文标签、中文说明书或者标签、说明书不符合本条规定的，不得进口”的规定，进口的预包装食品上应当标注中文标签。原告在购买产品时应当注意到案涉产品的外包装情况，其对案涉产品未标注中文标签系明知，其购买案涉产品系真实意思表示。

根据《食品安全法》第一百四十八条第二款规定：“生产不符合食品安全标准的食品或者经营明知是不符合食品安全标准的食品，消费者除要求赔偿损失外，还可以向生产者或者经营者要求支付价款十倍或者损失三倍的赔偿金；增加赔偿的金额不足一千元的，为一千元。但是，食品的标签、说明书存在不影响食品安全且不会对消费者造成误导的瑕疵的除外。”十倍赔偿应当指的是食品存在质量问题的情形。案涉产品预包装上虽然未注明中文标签或中文说明书，但原告并未举证证明案涉产品存在质量问题或食品安全问题，也不能认定未标注中文标签对原告的购买行为造成了误导。

综上所述，被告虽未在案涉进口产品上标注中文标签进行销售存在违反法律规定情形，其已被成都市锦江区市场和质量监督管理局处罚，但在原告未提交案涉产品存在质量或安全问题证据时，该情形并不足以导致交易目的不能实现，原告要求退货、退款并赔偿损失欠缺事实和法律依据，对该项请求，不予支持。

三、一审裁判结果

驳回原告梁迪的全部诉讼请求。

案件受理费减半收取 279 元，由原告梁迪负担。

【二审情况】

一、二审诉辩主张

梁迪不服一审判决，提起上诉，请求：（1）撤销一审判决，改判尚品商贸部向梁迪退还货款 2756 元并赔偿 27560 元；（2）一、二审案件受理费由尚品商贸部负担。主要理由为：（1）梁迪购买的进口婴儿奶粉、鱼油的包装上无营养标签、厂名厂址、国内代理经销商、食品配料表等任何中文标签，也没有任何相关海关检验检疫合格证明，不符合《食品安全法》的强制性规定；（2）成都市锦江区市场和质量监督管理局已依法对尚品商贸部违法行为进行了行政处罚；（3）案涉奶粉中经计算，其蛋白质含量为 0.7742 克/千焦，高于 0.7 克/千焦的国家标准。

尚品商贸部辩称，一审判决认定事实清楚，适用法律正确，请求维持原判。梁迪上诉主张的案涉产品蛋白质含量高于国家标准，其并未经过相关部门检测，仅凭梁迪自己的计算不能认定超过国家标准。

二、二审裁判理由

二审判决认为，梁迪提交的案涉“A2”二段奶粉上明确标注其蛋白质含量为 2.3G/310KG，经计算，其实际蛋白质含量为 0.774 克/千焦。梁迪提交的案涉奶粉为二段奶粉，即适用于 6—12 月龄的较大婴儿食用奶粉，应当适用《食品安全国家标准——较大婴儿和幼儿配方食品》的规定。该规定载明较大婴儿食品每 100 千焦蛋白质含量应当在 0.7 克至 1.2 克，故案涉二段奶粉的蛋白质含量并未违反国家相关标准的规定，故梁迪的该项主张不能成立，不予支持。同时，虽然案涉产品存在未标注中文标签而进行销售的情形，但梁迪并无其他证据证明其购买的案涉产品存在质量问题或食品安全问题，不符合《食品安全法》第一百四十八条第二款规定的情形。故梁迪要求退货、退款并赔偿损失欠缺事实和法律依据，不予支持。

二、二审裁判结果

驳回上诉，维持原判。

二审案件受理费 558 元，由上诉人梁迪负担。

【再审情况】

一、再审诉辩主张

梁迪不服本案一、二审判决，申请再审称：原生效判决认定事实不清，适用法律错误，请求撤销原一、二审判决，改判梁迪对吴雨（尚品商贸部已注销，原经营者为吴雨）退还所购货物，由吴雨退还货款 2756 元、赔偿十倍购物款 27560 元。事实和理由：第一，尚品商贸部经营者吴雨无法提供案涉奶粉和鱼油的任何出入境检验检疫机构的检验合格证明，生效判决认定涉案食品不存在质量问题，缺乏证据证明，也会给所有销售“三无”进口婴儿奶粉的不法商家形成“虽违法、也无妨、无惩罚”的错误导向。第二，涉案食品没有任何中文标签，属于中文标签缺失而不是标签瑕疵，原生效判决适用《食品安全法》第一百四十八条第二款“但是，食品的标签、说明书存在不影响食品安全且不会对消费者造成误导的瑕疵的除外”规定系适用法律错误，明显违背《食品安全法》保护公民生命健康安全之本意。

吴雨辩称，生效判决认定事实清楚，适用法律正确，应予维持。理由为：第一，涉案食品系境外商品，符合食品安全标准，梁迪未提交法定检验机构的检验报告，也没有提交食品安全监管部门关于涉案食品不符合食品安全标准的认定意见，更没有证据证明涉案产品存在“有毒、有害，不符合应当有的营养要求，或对人体健康造成任何急性、亚急性或者慢性伤害”的情形。故梁迪要求十倍价款赔偿没有法律依据，即使产品存在瑕疵，也不应适用惩罚性赔偿。第二，梁迪在线下店铺多次购买，对涉案商品没有中文标签且未经我国相关机构检验检疫系明知，同时吴雨已在店铺通过中文详细告知用法、用量、成分等，并不存在误导消费的情形。第三，梁迪系以牟利为目的的职业打假者，不属于法律规定的可主张惩罚性赔偿的消费者。

二、再审裁判理由

经四川省高级人民法院审查后，裁定提审本案。

再审判决认为，本案的争议焦点为：一是梁迪作为职业打假者可否主张惩罚性赔偿；二是梁迪主张退货退款和十倍价款赔偿是否成立。

关于职业打假者可否主张惩罚性赔偿的问题。最高人民法院《食品药品司法解释》第三条规定：“因食品、药品质量问题发生纠纷，购买者向生产者、销售者主张权利，生产者、销售者以购买者明知食品、药品存在质量问题而仍然购买为由进行抗辩的，人民法院不予支持。”根据上述规定，在食品、药品领域，法律并未对购买者动机、知假买假情形作出限制性规定，因此，知假买假者、职业打假者仍可作为权利主体，依法向生产者、销售者主张权利，包括主张十倍价款赔偿。吴雨关于梁迪无权主张惩罚性赔偿的理由不能成立。

关于梁迪主张退款退货和十倍价款赔偿是否成立的问题。根据《食品安全法》的规定，消费者向经营者主张十倍价款赔偿应当符合以下条件：一是经营者销售的食品不符合食品安全标准；二是经营者对所销售食品不符合食品安全标准系明知；三是经营者所销售食品不属于食品标签、说明书存在不影响食品安全且不会对消费者造成误导的瑕疵的情形。同时，根据《食品安全法》和《食品药品司法解释》的相关规定，对上述情形法律科以经营者十倍价款赔偿责任，系针对经营者经营“不符合食品安全标准”食品的行为，而不是仅针对经营者经营“不符合食品安全”食品的行为。

“食品安全标准”与“食品安全”系不同概念。《食品安全法》第二十六条对食品安全标准包括的项目作了列举式规定，既涉及食品营养、卫生、安全等实质要求，也涉及食品标签、标志、说明书等形式要求，还涉及与食品安全有关的食品检验方法、规程等。判断食品是否符合食品安全标准，应当依照《食品安全法》第二十六条规定的项目、按照法律对相关项目的具体要求进行全面分析和判断，而不能仅以《食品安全法》第一百五十条关于“食品安全”的含义进行判断，这既符合文义解释的法律解释方法，也符合《食品安全法》通过明确食品安全标准、强化食品安全标准执行、加强食品安全监管、保障公众身体健康和生命安全的立法目的。

进口预包装食品应当有中文标签并经法定检验检疫机构检验合格，否则，不得进口，更不得销售。吴雨所经营食品没有中文标签，也未提供证据证明该食品已经经过法定检验检疫机构检验合格，违反法律规定，不符合食品安全标准。吴雨作为食品经销商，知晓或应当知晓法律的禁止性规定却违法销售案涉进口食品，该行为系明知食品不符合食品安全标准却进行经营销售。案涉食品中文标签缺失，亦不属于食品标签瑕疵的情形。

因此，梁迪主张成立，有权依照《中华人民共和国合同法》第一百四十八条“因标的物质量不符合质量要求，致使不能实现合同目的的，买受人可以拒绝接受标的物或者解除合同”的规定，主张退货退款；有权依照《食品安全法》第一百四十八条第二款的规定，主张吴雨支付十倍价款赔偿金。吴雨抗辩不能成立，不予支持。

三、再审裁判结果

（一）撤销四川省成都市中级人民法院（2019）川 01 民终 3469 号民事判决及四川省成都市锦江区人民法院（2018）川 0104 民初 13741 号民事判决；

（二）吴雨于本判决生效之日起十日内向梁迪退还货款 2756 元，并支付赔偿金 27560 元；

（三）梁迪于本判决生效之日起十日内向吴雨退还案涉“A2 奶粉 1 段”2 罐、“A2 奶粉 2 段”5 罐、婴儿澳洲 NaturesWay 佳思敏三色鱼油 180 粒装一瓶、贝拉米奶粉 1 罐（如不能如数退还，按照购买价标准折价赔偿）。

一审案件受理费 558 元，减半收取 279 元，由吴雨负担；二审案件受理费 558 元，由吴雨负担。

【评析】

本案是因销售代购进口食品而引发的消费维权纠纷。

我国法律、行政法规对经营进口食品有严格管控规定，以切实保障社会食品安全。《食品安全法》第九十二条第二款规定：“进口的食品、食品添加剂应当经出入境检验检疫机构依照进出口商品检验相关法律、行政法规的规定检验合格。”；第九十七条规定：“进口的预包装食品、食品添加剂应当有中文标签；依法应当有说明书的，还应当有中文说明书。标签、说明书应当符合本法以及我国其他有关法律、行政法规的规定和食品安全国家标准的要求，并载明食品的原产地以及境内代理商的名称、地址、联系方式。预包装食品没有中文标签、中文说明书或者标签、说明书不符合本条规定的，不得进口。”这是经营进口食品的法律强制性规定，国外代购食品进入国内营销领域必须依照上述法律合法经营，不得规避国家进出口货物管理的规定。审理涉及进口食品的案件，首先要审查的就是标的物食品是否具有国家海关检测检疫合格证明书。销售无国家海关检测检疫合格证明书的食品，绝对属于不符合我国食品安全标准的食品。本案一审、二审法庭只注意到审查案涉进口食品的中文标签、中文说明书是否符合法律规定，忽略了对海关检测检疫合格证明书审查。

关于“职业打假人”是否享有惩罚性赔偿权利问题，实务中认识不一，裁判文书网上能够检索到持否定观点与肯定观点的生效裁判文书各自均有一定数量。前者源于对《消费者权益保护法》第二条中“消费者为生活消费需要购买、使用商品或者接受服务，其权益受本法保护”的理解，认为该条属于法律对消费者的定义，故认为凡是非因“为生活消费需要购买、使用商品或者接受服务”的均不属于消费者，而《消费者权益保护法》《食品安全法》中惩罚性赔偿规定是赋予消费者的权利，非消费者不享有该项权利。本案中，那种认为梁迪系以牟利为目的，多次线下购买商品后提起诉讼索赔，不是法律意义上的消费者，而是“职业打假人”，不属于法律规定的可主张惩罚性赔偿的消费者，具有代表性。这种观点不但存在对法律条文理解的逻辑错误，而且背离了“消费者”形成概念。且依照法定程序主张法律赋予消费者的合法权益，获得补偿性赔偿以外的法定惩罚性赔偿，这是合法利益，有法可依，并不是牟取非法利益。

《消费者权益保护法》规定了消费者“为生活消费需要购买、使用商品或者接受服务，其权益受本法保护”，并非规定仅“为生活消费需要购买、使用商品或者接受服务”的主体才是消费者，将该内容理解为法律对消费者这一社会成员的界定是不符合逻辑的，明显是错误的。《消费者权益保护法》第二条的逻辑结构是：消费者→完成某项事务→受本法保护。根据消费的概念在逻辑上就存立：消费者→非完成某项事务→非受本法保护。那么逻辑结果是“完成某项事务”或“非完成某项事务”的主体都可以是消费者。故为“生活需要”而消耗物质财富的主体，仅是“消费者”中的一部分成员，另一部分是非为“生活需要”而消耗物质财富的主体，他们也属于消耗财富的社会成员——消费者。作为生产者、销售者的对应概念，消费者仅排除继续参与流通交易的物质财富消耗情形。任何人只要购买商品和接受服务的目的不是为了将商品或服务再次转手，不是为了专门从事商品交易活动，其便是消费者。

《食品安全法》第一百四十八条规定的惩罚性赔偿条款及免责但书，具有递进关系，实务中容易忽视。该条第二款规定：“生产不符合食品安全标准的食品或者经营明知是不符合食品安全标准的食品，消费者除要求赔偿损失外，还可以向生产者或者经营者要求支付价款十倍或者损失三倍的赔偿金；增加赔偿的金额不足一千元的，为一千元。但是，食品的标签、说明书存在不影响食品安全且不会对消费者造成误导的瑕疵的除外。”所定义惩罚性赔偿的核心条件是“不符合食品安全标准”，因食品安全标准所涉及的项目、指标由相关职能部门制定，因而“不符合食品安全标准”的后果存在两种：一是影响食品安全；二是不影响食品安全。对于后者，《食品安全法》该条规定为免责情形。因此，判断是否属于免除惩罚性赔偿情形，应当根据《食品安全法》第一百五十条中对食品安全的定义来把握。该条规定：“食品安全，指食品无毒、无害，符合应当有的营养要求，对人体健康不造成任何急性、亚急性或者慢性危害。”本案是销售代购进口食品，未经海关检测检疫，不能证明其是否符合食品安全情形，且案涉食品中文标签缺失，也不属于食品标签瑕疵的情形，故不具备免除惩罚性赔偿的前提条件。

在举证责任归责问题上，根据《食品药品司法解释》第六条中“食品的生产者与销售者应当对于食品符合质量标准承担举证责任”的规定，生产者、销售者负有证明其产品符合食品安全标准，或属于安全食品的举证责任。本案属于销售者举证不能，承担相应法律后果。

（评析人：陈敏）

标注食品虚假“生产日期”构成食品安全性误导，适用惩罚性赔偿规定

——白大昌诉绥化市北林区华辰超市商厦店金湖茶行买卖合同纠纷案

【裁判要点】

虚假标注食品生产日期，违反国家强制性标准规定，其产品属于不符合食品安全标准的产品。虚假标注生产日期属于会对消费者造成误导的瑕疵，不属于《食品安全法》第一百四十八条第二款规定的但书情形，依法应当承担惩罚性赔偿责任。

对食品、药品领域职业打假人的谋利性打假行为，法律尚无限制规定。职业打假人明知食品药品存在质量或者安全问题仍然购买，也依法享有主张惩罚性赔偿的权利，其提起的“退一赔十”主张应予支持。

【关键词】

食品安全虚假标注　标签瑕疵　误导消费者　免责情形　十倍赔偿

【案例来源】

中国裁判文书网

一审：黑龙江省绥化市北林区人民法院民事判决书［（2021）黑 1202 民初 1006 号］

执行：黑龙江省绥化市北林区人民法院执行裁定书［（2021）黑 1202 执 2133 号］

【简要案情】

2020 年 6 月 20 日，白大昌在绥化市北林区华辰超市商厦店金湖茶行（以下简称金湖茶行）购买寿眉茶饼 10 饼，每饼售价 380 元，支付总价款 3800 元。茶饼外包装正面印有“福鼎白茶”和“寿眉”字样，背面印有“品名：寿眉（茶饼）；原料：福鼎大白茶；产地：中国福建福鼎；执行标准：GB/T

31751—2015；贮存条件：通风、避光、干燥、无异味、无污染的环境中；保质期：在符合贮存的条件下适宜长期保存；生产日期：2013 年 9 月 20 日”。

白大昌认为，金湖茶行所销售寿眉（茶饼）包装上没有标注生产厂家名称及地址，根据其标注的执行标准 GB/T 31751—2015 推断该产品的生产日期 2013 年 9 月 20 日是虚假标注，该寿眉（茶饼）系不符合食品安全标准的食品。

2020 年 6 月 22 日，白大昌向绥化市北林区市场监督管理局进行投诉举报，金湖茶行销售的福鼎白茶寿眉（茶饼）标注虚假生产日期。

绥化市北林区市场监督管理局进行了核查，认定金湖茶行经营的福鼎白茶寿眉（茶饼）标注虚假生产日期，并认定金湖茶行从福建省福鼎市点头茗茶坞茶叶店进货，履行了进货查验记录制度，有供货方的相关手续且不知道是标注虚假生产日期的食品，对金湖茶行免予处罚。

同时，绥化市北林区市场监督管理局将涉及供货商品标注虚假生产日期违法线索，移送福建省福鼎市市场监督管理局处理。

本案一审判决后，双方当事人均未提起上诉。现本案执行程序已经终结。

【一审情况】

一、一审诉辩主张

原告白大昌的诉讼请求为：1. 判令被告金湖茶行返还原告购买福鼎白茶寿眉（茶饼）货款 3800 元，并按购货款十倍即 38000 元赔偿；2. 诉讼费用由被告负担。

被告金湖茶行辩称：第一，金湖茶行没有虚假标注食品生产日期，不应当退还购物款。包装标注的日期 2013 年 9 月 20 日，是采摘原材料（茶鲜叶）的时间，而不是最终制饼的时间，不属于虚假标注食品生产日期。案涉产品属于农产品是符合国家食品安全标准 GB/T 31751—2015 的白茶。第二，本案不符合《食品安全法》“十倍赔偿”的情形。金湖茶行并不明知所售产品是不符合食品安全标准的产品。且根据《食品安全法》第一百五十条的规定，案涉产品并不对人体健康造成任何急性、亚急性或者慢性危害，不存在影响人体健康或者存在任何安全风险。第三，原告白大昌系职业打假人，不是消费者。其仅在黑龙江省范围内多次通过一次性大规模购买存在类似瑕疵的产品，然后向人民法院起诉索要十倍赔偿，其行为明显带有营利性质，不属于为正常生活所需而购物的消费者。白大昌的诉讼请求没有事实和法律根据，应当驳回其全部诉讼请求。

二、一审裁判理由

一审法院认为，本案系以食品为标的的买卖合同纠纷，应当适用《食品安全法》及相关司法解释规定。

关于案涉寿眉（茶饼）属于食品还是食用农产品问题。根据《食用农产品市场销售质量安全监督管理办法》（以下简称《农产品安全监管办法》）第五十七条，以及《食用农产品范围注释》规定，寿眉（茶饼）经过筛分、紧压等工序，改变了茶叶基本自然性状，不再是源于农业的初级产品，属于食品范围。

关于案涉寿眉（茶饼）是否符合食品安全标准问题。案涉寿眉（茶饼）属于紧压白茶，根据《紧压白茶国家标准》（GB/T 31751—2015）规定，产品的标签应符合《预包装食品标签通则》（GB 7718—2011）的规定。《预包装食品标签通则》（GB 7718—2011）作为国家强制性标准，明确要求预包装食品上标示生产者名称、地址、成分或者配料表、生产日期、保质期。生产日期是食品成为最终产品的日期，即将食品装入（灌入）包装物或容器中，形成最终销售单元的日期。案涉寿眉（茶饼）没有标示生产者名称、地址，且虚假标注生产日期，违反了国家强制性标准规定，标注的虚假生产日期属于会对消费者造成误导的瑕疵，不属于《食品安全法》第一百四十八条第二款规定的“但是，食品的标签、说明书存在不影响食品安全且不会对消费者造成误导的瑕疵的除外”的但书情形。因此，根据《食品安全法》和食品安全“四个最严”要求，应当认定金湖茶行所销售寿眉（茶饼）不符合食品安全标准。

关于金湖茶行是否明知所销售寿眉（茶饼）存在不符合食品安全标准问题。金湖茶行称自进货时就不知道生产厂家，直至诉讼时仍不知道生产厂家，其销售不明生产厂家的食品是法律所不允许的。经营者对于预包装食品标签应当标示的基本信息应当予以审查。预包装食品标示是否未标明生产者名称、地址、成分或者配料表，以及是否清晰标明生产日期、保质期是明显可察的。金湖茶行虽然履行了进货查验记录手续，但未尽到法律规定的查验职责。金湖茶行知晓其所经营的预包装食品未标明生产者名称、地址，从一般经营者审查注意义务标准来衡量，其也应当知道标注的生产日期与执行标准年份存在时间顺序上的问题，因此，应当认定金湖茶行对所销售寿眉（茶饼）存在不符合食品安全标准问题是明知的。市场监督管理机构从行政执法角度作出的判断，并不当然成为民事审判中认定“明知”的依据。

关于金湖茶行提出的只有在食品存在影响人体健康或者存在安全风险的前提下，销售者才承担惩罚性赔偿责任的抗辩主张是否符合法律和司法解释规定问题。《食品安全法》从两个层面规定了食品安全问题的惩罚性赔偿责任：一是消费者因不符合食品安全标准的食品受到损害的情形；二是生产不符合食品安全标准的食品或者经营明知是不符合食品安全标准的食品的情形。后者不以实际发生损害为条件。《食品安全司法解释（一）》第十一条规定："生产经营未标明生产者名称、地址、成分或者配料表，或者未清晰标明生产日期、保质期的预包装食品，消费者主张生产者或者经营者依据食品安全法第一百四十八条第二款规定承担惩罚性赔偿责任的，人民法院应予支持，但法律、行政法规、食品安全国家标准对标签标注事项另有规定的除外。"预包装食品标签上应当标明的生产者名称、地址、生产日期、保质期、成分或者配料表等信息属于强制标示的信息，也属于影响消费者知情权和食品安全的基本信息，故生产经营未标明上述信息以及未清晰标明生产日期和保质期信息的，生产者、经营者应当承担惩罚性赔偿责任。作为经营者的金湖茶行明知其所经营的预包装食品标签缺少国家强制性标准规定的基本信息，应当承担惩罚性赔偿责任，不能以不知道其所经营的预包装食品违反食品安全标准为由进行免责抗辩。金湖茶行所销售食品是否现实存在对人体健康危害，不是其承担惩罚性赔偿责任的必然前提。

关于白大昌是否构成职业打假及消费者身份认定问题。白大昌在一定时间内数十次购买有质量问题的商品、食品并通过举报或者诉讼方式对相关主体提出惩罚性赔偿，符合职业打假人特征。关于职业打假者是不是消费者的问题。判断消费者的标准，不是以购买主体的主观状态，而是以标的物的性质为标准来区分。不应对消费者的主观购买动机作出限制性规定，不是为了生产经营需要的，就应当认定为消费者。职业打假者购买生活资料时，也改变不了其消费者的身份。

关于明知存在食品质量问题仍然购买能否主张权利问题。《食品药品司法解释》第三条规定："因食品、药品质量问题发生纠纷，购买者向生产者、销售者主张权利，生产者、销售者以购买者明知食品、药品存在质量问题而仍然购买为由进行抗辩的，人民法院不予支持"。因此，即使白大昌在购买寿眉（茶饼）时知道所购寿眉（茶饼）存在质量问题，其仍然有权向金湖茶行主张权利。

关于白大昌主张"退一赔十"应否支持问题。食品药品不同于其他商品，法律从保护人民群众生命健康权出发对食品药品安全规定了最严格的保护制度。根据《最高人民法院办公厅对十二届全国人大五次会议第5990号建议的答复意见》（法办函〔2017〕181号）的精神，对食品、药品领域职业打假人的谋利性打假行为不作限制。根据最高人民法院《食品药品司法解释》第三条规定，即使是职业打假人明知食品药品存在质量或者安全问题仍然购买，也有权主张惩罚性赔偿。因此，金湖茶行应当依法承担

"退一赔十"的责任。

综上所述，根据《食品安全法》第一百四十八条第二款、《食品安全司法解释（一）》第十一条、《食品药品司法解释》第三条、《最高人民法院关于适用〈中华人民共和国民法典〉时间效力的若干规定》第二条的规定，原告白大昌的诉讼请求于法有据，予以支持。金湖茶行的抗辩不符合法律、司法解释和相关规定，不予支持。

三、一审裁判结果

（一）被告金湖茶行于本判决生效后十日内向原告白大昌退还货款3800元，赔偿原告白大昌38000元；

（二）原告白大昌于本判决生效后十日内将其购买的10饼寿眉（茶饼）（每饼单价380元）返还被告金湖茶行，如未能退还，按相应单价在本判决第一项中被告金湖茶行应返还的货款中予以扣除。

案件受理费845元，减半收取计423元，由金湖茶行负担。

【评析】

食品标注虚假生产时间是一种欺诈消费者的不诚信行为，该行为同时触犯了《消费者权益保护法》和《食品安全法》的禁止性规定，消费者依据上述法律的相关规定，同时享有请求权，即发生请求权竞合情形。

本案原告白大昌选择依据《食品安全法》第一百四十八条第二款的规定，请求惩罚性"十倍赔偿"，于法有据。被告金湖茶行对此的抗辩，属于对该条第二款但书部分理解错误。首先，《食品安全法》第一百四十八条第二款规定："生产不符合食品安全标准的食品或者经营明知是不符合食品安全标准的食品，消费者除要求赔偿损失外，还可以向生产者或者经营者要求支付价款十倍或者损失三倍的赔偿金；增加赔偿的金额不足一千元的，为一千元。但是，食品的标签、说明书存在不影响食品安全且不会对消费者造成误导的瑕疵的除外。"其但书规定免责的条件是：标签、说明书存在的瑕疵必须同时满足"不影响食品安全"和"不会对消费者造成误导"两个条件。案涉寿眉（茶饼）产品虚假标注生产日期、未标明保质期，不符合食品安全标准，作为食品销售的最基本信息缺失，该产品存在影响食品安全的风险，其对消费者构成食品安全方面的误导。并非金湖茶行所主张的属于不影响食品安全、不会造成消费者误导的标签瑕疵。根据最高人民法院《食品安全司法解释（一）》第十一条"生产经营未标明生产者名称、地址、成分或者配料表，或者未清晰标明生产日期、保质期的预包装食品，消费者主张生产者或者经营者依据食品安全法第一百四十八条第二款规定承担惩罚性赔偿责任的，人民法院应予支持，但法律、行政法规、食品安全国家标准对标签标注事项另有规定的除外”的规定，认定案涉寿眉（茶饼）标注虚假生产时间属于造成消费者食品安全的误导行为，适用《食品安全法》第一百四十八条第二款惩罚性“十倍赔偿”，事实清楚，法律依据充分。

根据目前我国法律、行政法规的规定，“知假买假”或“职业打假”获取利益，至少在现行法律规范范围内具有合法性。第一，《消费者权益保护法》第二条不是消费者的定义，是明确对消费者“为生活需要购买、使用商品或接受服务”的权益进行保护，其第五十五条赋予了消费者享有对经营者获得惩罚性赔偿的权利。同样，《食品安全法》也规定了对于生产者、销售者违反《食品安全法》规定的禁止行为时，消费者对生产者、经营者也享有获得惩罚性赔偿的权利。并且最高人民法院《食品药品司法解释》第三条进一步明确规定：“因食品、药品质量问题发生纠纷，购买者向生产者、销售者主张权利，生产者、销售者以购买者明知食品、药品存在质量问题而仍然购买为由进行抗辩的，人民法院不予支持。”因此，现行法律规定准许享有惩罚性获赔的主体构成要件与购买、使用商品或接受服务的动机不发生关联性，并且准许该主体获得补偿性赔偿之外的利益，即惩罚性赔偿，以对生产者、经营者的经济惩处使相对人有限获取利益。第二，从净化食品市场角度，法律规定以惩罚生产者、销售者的利益来鼓励消费者打假，其结果能够达到规范市场秩序、净化市场的作用。经营者的经营对象是不特定的社会成员，“全民皆兵”式的鼓励打假，对不法生产者、经营者具有广泛的震慑作用。知假买假者通常情况下比一般普通消费者更具有相对专业的识别能力，发挥这些人的积极作用，也更有利于市场环境的净化，与《消费者权益保护法》《食品安全法》等保障生命健康安全、维护市场秩序的立法目的是一致的。第三，“知假买假者”或“职业打假者”在法律规定的行为模式下，耗费精力、财力，净化消费市场，其打假行为对消费群体、对市场秩序、对社会有益无害。其在法律规定行为模式下打假，符合社会主义核心价值观。“知假买假者”或“职业打假者”其买假行为、诉讼或仲裁索赔行为均未脱离法律规范调整范围，“三倍赔偿”也好，“十倍赔偿”也好，均是按照法律规定的范围在行使权利，既然法律规定了消费者享有补偿性赔偿和惩罚性赔偿的民事权益，故因此而获得利益具有合法性，也非“非法所得”，被称为“牟取不当利益”与法律规定相悖。从社会主义核心价值观上讲，《民法典》总则第一章第一条便规定：“为了保护民事主体的合法权益，调整民事关系，维护社会和经济秩序，适应中国特色社会主义发展要求，弘扬社会主义核心价值观，根据宪法，制定本法。”弘扬社会主义核心价值观成为民事行为的行为导向。“富强、民主、文明、和谐，自由、平等、公正、法治，爱国、敬业、诚信、友善”的社会主义核心价值观内容中，其“法治”即是依法行事，有法必依。知假买假者或职业打假者，只要是依法行事，其行为后果当然应当有法必依。用发展的观点来审视，打假行为随着市场的净化程度而减少，若市场达到了立法期待的净化程度，“知假买假”或“职业打假”自然会随之消失，社会生产、消费领域也就会“友善”“和谐”，何乐而不为？

（评析人：陈敏）

销售新食品原料未标注“不适宜人群”，适用“十倍赔偿”

——于张诉广州梦贤企业管理有限公司网络购物合同纠纷案

【裁判要点】

销售新食品原料，标签及说明书中应当标注不适宜人群，而未标注不适宜人群，不仅有违相关食品标签方面的规定，而且对不特定消费食用人员构成安全隐患，属于销售不安全食品，适用《食品安全法》惩罚性“十倍赔偿”规定。

【关键词】

食品安全　食品标注　新资源食品　不适宜人群　十倍赔偿

【案例来源】

中国裁判文书网

一审：上海市浦东新区人民法院民事判决书［（2021）沪0115民初4436号］

二审：上海市第一中级人民法院民事判决书［（2021）沪01民终3562号］

【简要案情】

2020年10月8日，于张在广州梦贤企业管理有限公司（以下简称梦贤公司）经营的拼多多网店购买10袋葛仙米（250克/袋），实际支付货款6030元。于张收到梦贤公司邮寄的5袋涉案产品葛仙米（500克/袋）。上述产品的外包装盒上未标注不适宜人群。

国家卫生健康委员会于2018年9月12日发布《关于黑果腺肋花楸果等2种新食品原料的公告》（2018年第10号），该公告及链接附件载明：球状念珠藻（葛仙米）为新食品原料，婴幼儿、孕妇及哺乳期妇女不宜食用，标签及说明书中应当标注不适宜人群；食品安全指标按照食品安全国家标准中食用藻类规定执行。

于张认为，球状念珠藻（葛仙米）属于新食品原料（2013年之前称为新资源食品），应当标注不适宜人群，而所购球状念珠藻（葛仙米）没有标注，忽视对特定人群的安全提示，存在安全隐患，不符合国家强制性标准，属于不符合《食品安全法》规定的安全食品，提起诉讼。

【一审情况】

一、一审诉辩主张

原告于张的诉讼请求为：（1）判令被告梦贤公司退还于张货款6030元；（2）判令被告梦贤公司按照货款的十倍赔偿于张60300元；（3）本案诉讼费用由被告梦贤公司承担。

被告梦贤公司未应诉答辩。

二、一审裁判理由

一审判决认为，球状念珠藻（葛仙米）为新食品原料，且其食品安全指标按照我国现行食品安全国家标准中有关食用藻类的规定执行，涉案球状念珠藻（葛仙米）产品的销售应遵守《食品安全法》。根据规定，婴幼儿、孕妇及哺乳期妇女不宜食用球状念珠藻（葛仙米），标签及说明书中应当标注不适宜人群。而梦贤公司销售的涉案球状念珠藻（葛仙米）产品并未标注不适宜人群，该行为不仅有违相关食品标签方面的规定，且对不特定消费食用人员构成安全隐患，故根据《食品安全法》第一百四十八条的规定，原告要求“退一赔十”于法有据，予以支持。于张亦应将涉案产品返还梦贤公司。

三、一审裁判结果

（一）被告梦贤公司应于本判决生效之日起十日内退还原告于张货款6030元，原告于张同时退还被告梦贤公司葛仙米5袋（500g/袋）；

（二）被告梦贤公司应于本判决生效之日起十日内赔偿原告于张60300元。

案件受理费1458元，减半收取729元，由被告梦贤公司负担。

【二审情况】

一、二审诉辩主张

梦贤公司不服一审判决，提起上诉，请求：撤销原审判决，改判驳回于张的全部诉讼请求。事实与理由：涉案商品球状念珠藻（葛仙米）没有安全风险，在我国有上千年的食用习惯，对于婴幼儿、孕产妇其实没有任何影响，完全可以食用。国家卫健委出台的文件规定不是强制性的规定，案涉球状念珠藻（葛仙米）产品在包装袋上未标注食用注意人群并不必然对该食品的安全构成威胁。于张系成年男子，不属不宜食用人群之列，于张甚至都不是一名真正的消费者，其系“职业打假人”，以此谋利，在本市浦东新区有几十例相同的案例，于张在借用司法资源牟取利益，其诉请不应获得支持。

于张未到庭参加二审诉讼。

二、二审裁判理由

二审判决认为，国家卫生健康委员会颁布的《关于黑果腺肋花楸果等2种新食品原料的公告》中明确规定，球状念珠藻（葛仙米）为新食品原料，婴幼儿、孕妇及哺乳期妇女不宜食用，标签及说明书中应当标注不适宜人群，食品安全指标按照食品安全国家标准中食用藻类规定执行。梦贤公司销售的案涉球状念珠藻（葛仙米）外包装盒上未标注不适宜人群，其违反国家卫生健康委员会的规定，属于销售不安全食品。根据我国《食品安全法》的相关规定，梦贤公司应当承担相应赔偿责任。原审法院据此作出相应判决，并无不当。梦贤公司提出球状念珠藻（葛仙米）在我国有长期食用的习惯，且该食品不属于不安全食品。该主张事由没有法律依据，不予采信。梦贤公司提出的相关上诉理由，不予采纳。于张经本院传票传唤后未到庭，视为其自愿放弃诉讼权利。

三、二审裁判结果

驳回上诉，维持原判。

上诉案件受理费1458元，由上诉人梦贤公司负担。

【评析】

案涉标的物属于新食品原料。2013年10月1日，国家卫生和计划生育委员会修订实施的《新食品原料安全性审查管理办法》将原“新资源食品”更名为“新食品原料”。根据该办法第二条的规定，在中国新研制、新发现、新引进的无食用习惯的，符合食品基本要求，并且对人体无毒无害的食品统称为新食品原料。其特点包括：(1) 在我国无食用习惯的动物、植物和微生物；(2) 从动物、植物、微生物中分离的在我国无食用习惯的食品原料；(3) 在食品加工过程中使用的微生物新品种；(4) 因采用新工艺生产导致原有成分或者结构发生改变的食品原料。新食品原料不包括转基因食品、保健食品、食品添加剂新品种，其应当符合《食品卫生法》及有关法规、规章、标准的规定，对人体不得产生任何急性、亚急性、慢性或其他潜在性健康危害。案涉产品球状念珠藻（葛仙米），系已经列入《新食品原料目录》的新食品原料。

此外，国家卫生健康委员会颁布的《关于黑果腺肋花楸果等2种新食品原料的公告》中明确规定："鉴于球状念珠藻（葛仙米）在婴幼儿、孕妇及哺乳期妇女人群中的食用安全性资料不足，从风险预防原则上述人群不宜食用，标签及说明书中应当标注不适宜人群。"因此，案涉球状念珠藻（葛仙米）产品未标注不适宜人群，违反《新食品原料安全性审查管理办法》的规定，对不特定消费食用人员构成安全隐患，依照《食品安全法》的规定案涉产品属于不符合食品安全标准的食品，梦贤公司依法应当承担"十倍赔偿"责任。

职业打假人仍然属于消费者。本案中，梦贤公司认为于张系"职业打假人"，以此营利，借用司法资源牟取利益，不属于消费者，不应适用《食品安全法》惩罚性"十倍赔偿"规定。此种主张错误地解读了"消费者"的概念，将消费者依法获得惩罚性赔偿的额外利益，认为是借用司法资源牟取利益，这与《食品安全法》规定惩罚性赔偿的立法宗旨相悖。

（评析人：陈敏）

不能证明销售方“明知”不符合食品安全标准而销售，不予支持惩罚性赔偿请求

——刘甫诉孙元新信息网络买卖合同纠纷案

【裁判要点】

销售者应当对其销售的食品是否符合食品安全标准尽到必要的审查义务，该义务包括对供货商资格、产品说明、生产日期、保质期限等标签外在程序性审查。

消费者不能证明经营者“明知”（包括知道或者应当知道）不符合食品安全标准而销售的，经营者不承担惩罚性“十倍赔偿”责任。

【关键词】

食品安全标准　举证责任分配　举证不能　消费者　十倍赔偿

【案例来源】

中国裁判文书网

一审：辽宁省大连市金州区人民法院民事判决书［（2021）辽 0213 民初 3700 号］

二审：辽宁省大连市中级人民法院民事判决书［（2021）辽 02 民终 7011 号］

【简要案情】

2020 年 5 月 19 日至 12 月 12 日期间，刘甫通过淘宝网从孙元新处多次共计购买“享硬玛卡浓缩片”290 盒，支付货款总额 10950 元。刘甫将案涉产品“享硬玛卡浓缩片”送华研检测集团有限公司检测，该公司于 2021 年 1 月 22 日出具检测报告，检测结论为“经检测，所检项目西地那非不符合《国家食品药品监督管理局药品检验补充检验方法和检验目批准件 2009030》标准要求，该样品不合格”。刘甫花检测费 1600 元。

另据山东省烟台市中级人民法院（2021）鲁 06 民终 2676 号民事判决载明，自 2019 年 1 月至 2020 年 12 月间，刘甫在牟平法院涉诉案件 17 件，案由均为网络购物合同纠纷，其诉讼请求均为退还货款并赔偿十倍货款。

刘甫认为，孙元新销售的“享硬玛卡浓缩片”不符合食品安全标准，违反国家《食品安全法》规定，提起诉讼。

【一审情况】

一、一审诉辩主张

原告刘甫的诉讼请求为：（1）判令被告孙元新赔偿刘甫 109500 元，并退还货款 10950 元；（2）判令被告孙元新承担本案的检测费用 1600 元；（3）判令被告孙元新承担本案诉讼费用。

被告孙元新辩称：（1）供货商提供案涉产品“享硬玛卡浓缩片”标签上也未标注其含有“西地那非”，孙元新作为个体销售者并不知晓该产品含有“西地那非”这种药品。（2）刘甫以牟利为目的，购买案涉产品“享硬玛卡浓缩片”不是用于个人消费，完全是为了获得惩罚性的赔偿，不是合格的消费者。刘甫的诉讼请求不应支持。

二、一审裁判理由

一审判决认为，孙元新作为销售者，应当对其销售的食品是否符合食品安全标准尽到必要的审查义务。孙元新无证据证明其销售的涉案商品“享硬玛卡浓缩片”符合食品安全国家标准，其应当承担举证不能的法律后果。刘甫提交华研检测集团有限公司检测报告对刘甫送检的案涉商品“享硬玛卡浓缩片”作出检测结论为“经检测，所检项目西地那非不符合《国家食品药品监督管理局药品检验补充检验方法和检验目批准件 2009030》标准要求，该样品不合格。”即涉案商品“享硬玛卡浓缩片”含有“西地那非”成分，而该成分系国家有关部门公布的《保健品中可能非法添加的物质名单（第一批）》中被确定的非法添加物质，对于上述《检测报告》，孙元新虽不予认可，但当庭表示不申请重新鉴定。综上所述，孙元新销售涉案产品“享硬玛卡浓缩片”的行为可认定为经营明知是不符合食品安全标准的食品的行为，现刘甫要求经营者即孙元新退还货款 10950 元的诉讼请求，符合法律规定，予以支持。因刘甫将涉案产品“享硬玛卡浓缩片”送交检测，经检测涉案产品“享硬玛卡浓缩片”含有非法添加物质“西地那非”成分，因此产生的检测费用 1600 元系刘甫维护自身合法权益所产生的合理开支，对刘甫主张的该费用由孙元新承担，予以支持。

《消费者权益保护法》第二条确定消费者系为生活消费需要购买、使用商品或者接受服务者，而刘甫自 2019 年 1 月至 2020 年 12 月，仅在山东省牟平法院就涉诉案件 17 件，案由均为网络购物合同纠纷，其诉讼请求均为退还货款并赔偿十倍货款，本案所涉的网络购买行为也在此期间，诉讼请求也为退还货款并赔偿十倍货款，其购买行为不符合普通消费者正常消费习惯。结合刘甫上述诉讼情况，可以确定刘甫非为生活消费购买案涉商品“享硬玛卡浓缩片”，而是通过购买不符合标准的商品谋求惩罚性赔偿金，故刘甫要求孙元新按照支付价款十倍赔偿金 109500 元的诉讼请求，不符合《食品安全法》第一百四十八条的规定，不予支持。

三、一审裁判结果

（一）被告孙元新于判决生效后十日内返还原告刘甫货款 10950 元，并赔偿原告刘甫检测费 1600 元。

（二）驳回原告刘甫其他诉讼请求。

案件受理费 1355 元，由原告刘甫负担 1215 元，由被告孙元新负担 140 元。

【二审情况】

一、二审诉辩主张

刘甫不服一审判决，提起上诉，请求：（1）撤销一审判决，改判支持一审全部诉讼请求；（2）一审、二审诉讼费用均由被上诉人孙元新承担。

主要事实及理由：第一，一审认定以牟利为目的购买涉案商品“享硬玛卡浓缩片”，不具备消费者主体的身份，没有事实依据和法律依据。根据《消费者权益保护法》第二条、最高人民法院《食品药品司法解释》第三条的规定及《最高人民法院指导案例 23 号》确定的裁判规则，只要在市场交易中购买、使用商品或者接受服务不是为了生产经营活动或者职业活动需要的，就应当认定为“为生活消费需要”的消费者，属于《消费者权益保护法》调整的范围。刘甫在购买涉案商品“享硬玛卡浓缩片”前并不知道其含有“西地那非”，通过检测后才知晓。通过中国裁判文书网检索，有大量的刑事判决均认定涉案商品“享硬玛卡浓缩片”为假药，一审判决认定刘甫不具备消费者的主体身份错误。第二，根据《民法典》《药品管理法》《食品安全司法解释（一）》的相关规定，刘甫作为消费者主张“十倍赔偿”的诉求有理有据。

被上诉人孙元新辩称，一审判决事实认定清楚，证据充分，适用法律正确，请求二审法院予以维持。

二、二审裁判理由

二审判决认为：《食品安全法》第三十四条规定：“禁止生产经营下列食品、食品添加剂、食品相关产品：（一）用非食品原料生产的食品或者添加食品添加剂以外的化学物质和其他可能危害人体健康物质的食品，或者用回收食品作为原料生产的食品；……”刘甫从孙元新处购买案涉商品“享硬玛卡浓缩片”后，自行委托检测，确认检测样品中含有“西地那非”成分，可以确认案涉商品“享硬玛卡浓缩片”不符合食品安全标准。孙元新一审不申请重新鉴定，也未对一审判决的该认定提出上诉，一审法院判决孙元新退还货款、给付鉴定费正确，双方均未提出上诉，本院予以确认。

依据《食品安全法》第一百四十八条第二款的规定，经营明知是不符合食品安全标准的食品，消费者可以向经营者要求支付价款十倍的赔偿金。虽刘甫作为消费者购买案涉商品“享硬玛卡浓缩片”，但案涉商品“享硬玛卡浓缩片”添加的“西地那非”成分并未标明在成分表中，刘甫也未提供证据佐证孙元新明知其经营的商品含有该成分，因此。刘甫要求孙元新十倍赔偿依据不足，一审法院未予支持并无不当。同时，孙元新并未以药品名义销售案涉商品“享硬玛卡浓缩片”，刘甫以《药品管理法》等规定要求十倍赔偿也无事实依据，故不予支持。

三、二审裁判结果

驳回上诉，维持原判。

二审案件受理费 2710 元，由上诉人刘甫负担。

【评析】

本案虽然二审维持了一审裁判的结果，但裁判的说理仍值得评说。具体来说，包括以下三个问题：

一、关于消费者的定义问题

认为《消费者权益保护法》第二条是定义消费者概念是错误的。一审认为“《消费者权益保护法》第二条确定消费者系为生活消费需要购买、使用商品或者接受服务者”，但是，“消费者”的词语概念是相对于生产者、经营者产生的。那么，消费者非为生活消费需要而购买、使用商品或者接受服务受不受法律保护呢？其实答案就在该条里面。该条的原文是“消费者为生活消费需要购买、使用商品或者接受服务，其权益受本法保护；本法未作规定的，受其他有关法律、法规保护。”因此，将消费者的定义仅理解为“为生活消费需要购买、使用商品或者接受服务者”既不符合“消费者”的词语概念，又是对法律条文的误读。本案应当认定刘甫为消费者。

二、关于对《食品安全法》第一百四十八条的理解问题

《食品安全法》第一百四十八条第一款规定：“消费者因不符合食品安全标准的食品受到损害的，可以向经营者要求赔偿损失，也可以向生产者要求赔偿损失。接到消费者赔偿要求的生产经营者，应当实行首负责任制，先行赔付，不得推诿；属于生产者责任的，经营者赔偿后有权向生产者追偿；属于经营者责任的，生产者赔偿后有权向经营者追偿。”本款规定的损失赔偿即补偿性赔偿，其适用条件是“消费者因不符合食品安全标准的食品受到损害的”。本案事实是孙元新向刘甫销售的产品经检测是不符合食品安全标准的产品，不能食用。因此，刘甫所支付的货款及检测该产品所支出的检验费属于因不符合食品安全标准的食品而受到的损害。依据该款规定，孙元新应当依法承担赔偿责任，即退还货款 10950 元并赔偿刘甫检测费 1600 元。应当注意的是，销售者对供货商所供食品的检验审查，属于程序性的，即审查所供食品的标签标示内容是否符合相关规定，对供货商资格、产品说明、生产日期、保质期限等重要标示项目进行文字上的查核。本案判决认定孙元新作为销售者未对其销售的食品是否符合食品安全标准尽到必要的审查义务不符合客观事实。《食品安全法》第一百四十八条第二款规定："生产不符合食品安全标准的食品或者经营明知是不符合食品安全标准的食品，消费者除要求赔偿损失外，还可以向生产者或者经营者要求支付价款十倍或者损失三倍的赔偿金；增加赔偿的金额不足一千元的，为一千元。但是，食品的标签、说明书存在不影响食品安全且不会对消费者造成误导的瑕疵的除外。"由此可见，经营者承担惩罚性赔偿责任的条件是"经营明知是不符合食品安全标准的食品"，对于如何认定"明知"问题，最高人民法院在《食品安全司法解释（一）》第六条中作了列举式规定："食品经营者具有下列情形之一，消费者主张构成食品安全法第一百四十八条规定的'明知'的，人民法院应予支持：（一）已过食品标明的保质期但仍然销售的；（二）未能提供所售食品的合法进货来源的；（三）以明显不合理的低价进货且无合理原因的；（四）未依法履行进货查验义务的；（五）虚假标注、更改食品生产日期、批号的；（六）转移、隐匿、非法销毁食品进销货记录或者故意提供虚假信息的；（七）其他能够认定为明知的情形。"本案中，案涉商品"享硬玛卡浓缩片"添加的"西地那非"成分并未标明在成分表中，孙元新进货时履行程序性审查义务只能核对检查相关标签内容是否合法，是否符合规范要求，故其辩称进货时自己也不知道该产品含有"西地那非"成分具有合理性。

三、关于承担惩罚性赔偿责任承担的举证责任问题

根据《食品安全法》第一百四十八条第二款的规定，对于经营者，适用惩罚性"十倍赔偿"的前提是"经营明知是不符合食品安全标准的食品"，本案需要证明孙元新是明知所售食品是不符合食品安全标准的食品。而要证明孙元新是明知，其举证责任在原告刘甫。孙元新主张其"不明知"在诉讼规则上属于消极抗辩，而刘甫属于积极主张"明知"一方，依法负有证明孙元新"知道或者应当知道"其所售产品含有"西地那非"的举证责任。由于刘甫未能完成该证明责任，故根据该法条第二款的但书规定，其惩罚性"十倍赔偿"的事实依据缺乏。本案因刘甫不能完成证明孙元新"知道或者应当知道"所售产品不符合食品安全标准，其该项诉讼请求不能获得人民法院支持。

（评析人：陈敏）

不能证明经营者提供不符合食品安全标准的食品，消费者承担举证不能的责任

——张蕴诉上海星兴餐饮管理有限公司餐饮服务合同纠纷案

【裁判要点】

餐饮消费者依据《食品安全法》提起诉讼，负有证明经营者经营的餐饮食品不符合食品安全标准的举证责任；若因此受到损害，负有证明其损害与该餐饮食品之间存在因果关系。餐饮经营者提出抗辩主张的，对其抗辩事实负有举证责任。

【关键词】

食品安全标准　餐饮食品　举证不能　消费者　十倍赔偿

【案例来源】

中国裁判文书网

一审：上海市浦东新区人民法院民事判决书［(2019) 沪 0115 民初 25985 号］

二审：上海市第一中级人民法院民事判决书［(2019) 沪 01 民终 12187 号］

再审：上海市高级人民法院民事裁定书［(2020) 沪民申 188 号］

【简要案情】

张蕴原系丹佛斯液压传动有限公司（原名上海萨澳液压传动有限公司）（简称丹佛斯公司）员工，2017 年 2 月 9 日被丹佛斯公司解除劳动关系。丹佛斯公司曾与上海星兴餐饮管理有限公司（简称星兴餐饮公司）签订有《供餐合同》，2014 年 9 月 1 日至 2017 年 2 月 28 日期间，由星兴餐饮公司实际向丹佛斯公司供餐，餐费由丹佛斯公司承担。丹佛斯公司食堂刷卡消费记录显示，2015 年 1 月 1 日至 2017 年 2 月 9 日期间，张蕴的员工卡在丹佛斯公司食堂共计刷卡 680 次，每次餐费金额为 14 元。

星兴餐饮公司成立于 2009 年 4 月 2 日，经营范围为餐饮管理。星兴餐饮

公司确认，其提供餐饮服务需要获得相应的卫生许可。星兴餐饮公司提供发证日期为 2009 年 3 月 5 日的上海市食品卫生许可证复印件，以证明其曾经获得过食品卫生许可，但该证有效期至 2013 年 3 月 4 日。星兴餐饮公司表示上述许可证原件找不到了，另表示其曾在 2013 年取得过餐饮服务许可证，但也找不到了，且因目前公司不经营了，一直未补办。

一审中，张蕴提供 2015 年 10 月 18 日和 2016 年 10 月 13 日的体检报告，主张 2016 年体检新增的眼睑黄斑瘤系因长期食用星兴餐饮公司提供的餐食而引起；提供 2016 年 9 月 24 日神经内科医疗门（急）诊收费票据、2017 年 9 月 12 日就诊病历及医疗门（急）诊收费票据、2017 年 12 月 24 日、2018 年 2 月 14 日、2018 年 3 月 7 日就诊病历，主张其自 2016 年 9 月 24 日被确诊患有眩晕综合征，且该病征系因长期食用星兴餐饮公司提供的餐食而引起。

【一审情况】

一、一审诉辩主张

原告张蕴的诉讼请求为：（1）判令被告星兴餐饮公司退还张蕴 2015 年 1 月 1 日至 2017 年 2 月 9 日的刷卡消费款 9520 元（14 元/次 ×680 次）；（2）判令被告星兴餐饮公司赔偿张蕴刷卡消费款 10 倍的赔偿金 95200 元。

被告星兴餐饮公司辩称：原告诉请不成立。第一，本案系餐饮服务合同纠纷，原告与被告之间不存在任何服务合同，原告不是适格主体。第二，本案涉及的是食品安全法律关系，诉讼时效为一年，原告诉称相关食品安全问题发生于 2017 年 2 月 9 日之前，距今已经两年多，超过诉讼时效。第三，原告没有任何事实和法律依据证明其第一项诉请的主张，被告不清楚原告是否为实际的消费者。被告在提供服务的过程中没有收取原告的任何费用，是餐饮服务合同的相对单位向被告支付的相应款项，故原告没有理由要求退款。且原告也没有任何证据证明被告提供的食品或服务是不安全的。第四，法律规定“十倍赔偿”的前提是有实际的损害或其他理由，而原告并未产生任何损害，故不应获得“十倍赔偿”。

二、一审裁判理由

一审判决认为，首先，关于本案诉讼时效问题。原告以餐饮服务合同纠纷为由起诉，并主张以体检报告和就诊时间作为其就餐发病的时间。根据相关法律和司法解释规定，《民法总则》施行之日，诉讼时效期间尚未满《民法通则》规定的二年或者一年，当事人主张适用《民法总则》关于三年诉讼时效期间规定的，人民法院应予支持。故本案应适用三年诉讼时效期间的规定，原告起诉未超过诉讼时效。其次，当事人对自己提出的诉讼请求所依据的事实或者反驳对方诉讼请求所依据的事实，应当提供证据加以证明。在作出判决前，当事人未能提供证据或者证据不足以证明其事实主张的，由负有举证证明责任的当事人承担不利的后果。本案原告以被告提供的餐饮食品不符合食品安全标准导致其患眼睑黄斑瘤、眩晕综合征为由，诉请被告对其在工作期间发生的全部餐费进行“退一赔十”，但原告目前提供的证据不足以证明被告提供的餐饮食品不符合食品安全标准、原告的上述病征系食用了被告提供的餐食食品而引发，故其诉请缺乏相应事实依据，本院难以支持。

三、一审裁判结果

驳回原告张蕴的全部诉讼请求。

案件受理费 2394 元（已由原告张蕴预缴），减半收取计 1197 元，由原告张蕴负担。

【二审情况】

一、二审诉辩主张

张蕴不服一审判决，提起上诉，请求撤销一审判决，改判支持其一审全部诉请或将本案发回重审。上诉主要理由为：张蕴原为上海某公司的员工，星兴餐饮公司在该公司承包经营食堂，为该公司员工提供餐饮服务。因星兴餐饮公司未取得卫生许可，提供的食品不符合食品安全标准，导致其患眼睑黄斑瘤、眩晕综合征等疾病，依据《食品安全法》及相关司法解释，星兴餐饮公司应当承担惩罚性赔偿责任，退还其在工作期间的全部餐费并十倍赔偿。

被上诉人星兴餐饮公司辩称，其在为上诉人张蕴所称的上海某公司提供餐饮服务的过程中从未出现任何食品安全问题，且张蕴也未证明其实际损害。一审判决认定事实清楚，适用法律正确，本案应当驳回上诉，维持原判。

二、二审裁判理由

二审判决认为，根据《食品安全法》第一百四十八条的规定，生产不符合食品安全标准的食品或经营明知是不符合食品安全标准的食品，消费者除要求赔偿外，还可以向生产者或经营者要求支付价款十倍或损失三倍的赔偿金。上诉人张蕴并未提供证据证明星兴餐饮公司存在前述情形，本案争议不存在适用惩罚性赔偿的事实依据和法定条件。至于星兴餐饮公司在案涉上海某公司承包经营食堂期间是否属无证经营，非人民法院民事案件审理范围，张蕴可就此问题与食品安全部门进行沟通。综上所述，张蕴的上诉理由不能成立，其上诉请求应予驳回。一审判决认定事实清楚，适用法律正确，应予维持。

三、二审裁判结果

驳回上诉，维持原判。

二审案件受理费 2394 元，由上诉人张蕴负担。

【再审情况】

一、再审诉辩主张

张蕴不服二审判决，申请再审称：星兴餐饮公司未获餐饮卫生许可，提供的食品不符合食品安全标准。原审判决认定事实不清，适用法律错误。本案争议具有适用惩罚性赔偿的事实依据和法定条件，申请再审。

二、再审裁判理由

再审裁定认为，张蕴主张本案争议具有适用惩罚性赔偿的事实依据和法定条件，但其未提供充分证据予以佐证，本院对其主张不予支持。原审法院认定事实清楚，适用法律正确。张蕴的再审申请不符合法定条件。

三、再审裁判结果

驳回张蕴的再审申请。

【评析】

民事诉讼举证责任分配原则是“谁主张，谁举证”，法律另有规定的除外。消费者维权诉讼的举证责任分配具有其特殊性，消费者作为相对弱势的一方，法律在举证责任分配原则上存在一定的保护性倾斜：证明消费关系的成立、生产者或经营者存在违法违规或欺诈行为、因消费行为遭受损失、损失的大小等由消费者承担举证责任；经营者或生产者负有证明自己的行为符合法律法规规定、生产或销售的产品符合质量标准的举证责任。对于涉及食品、药品的诉讼纠纷，最高人民法院的司法解释作出了明确的举证责任分配原则：存在购买关系、标的物不符合合同约定，或者不符合安全标准、因食用或者使用标的物受到损害、损害与食用，或者使用标的物存在因果关系等由消费者承担举证责任；标的物符合质量标准、损害与标的物质量不存在因果关系、损害不是因标的物不符合质量标准造成等，由生产者、销售者承担举证责任。

通常情况下，经营者或生产者完成其举证责任是为对抗消费者起诉主张而举示反驳证据。因此，在消费者作为原告尚不能完成其举证责任时，一般情况下，举证责任的分配是不须倒置的。

根据《食品安全法》第一百四十八条的规定，消费者主张补偿性赔偿和惩罚性赔偿，其负有证明案涉食品“不符合食品安全标准”或“明知不符合食品安全标准”，以及证明自己因此遭受了损害的举证责任。本案张蕴作为原告，其诉讼请求是“退还原告2015年1月1日至2017年2月9日的刷卡消费款9520元”和“赔偿原告刷卡消费款十倍的赔偿金95200元”。因此，首先就需要举证证明被告星兴餐饮公司提供了不符合食品安全标准食品的相关证据，完成了这一举证责任后对所遭受的损失及因果关系举证才有实际意义。

然而，张蕴虽然举示了体检报告、神经内科医疗门（急）诊收费票据、就诊病历及医疗门（急）诊收费票据等诊疗证据，但缺乏其与“被告提供不符合食品安全标准的食物”主张存在关联性的证据，既未完成证明星兴餐饮公司提供不符合食品安全标准的餐饮食物的举证责任，也未完成证明自己的病征与星兴餐饮公司提供的餐饮食品具有关联性的举证责任。所以，法庭判决驳回其诉讼请求，张蕴承担的是举证不能的法律后果。

（评析人：陈敏）

促销“赠品”不符合安全标准主张惩罚性赔偿，不适用惩罚性赔偿

——代兴伟诉滨州市瑞丰医药连锁经营有限责任公司六店、滨州市瑞丰医药连锁经营有限责任公司产品销售者责任纠纷案

【裁判要点】

食品、药品的销售者提供给购买者的赠品不符合食品、药品安全标准的，不以该赠品是否支付对价为责任承担的前提条件，而以该赠品是否给购买者造成了实际损害为前提条件。未造成损害的，不支持购买者的索赔主张。

【关键词】 食品安全标准促销赠品　惩罚性赔偿

【案例来源】

中国裁判文书网

一审：山东省滨州市滨城区人民法院民事判决书［（2018）鲁 1602 民初 2837 号］

二审：山东省滨州市中级人民法院民事判决书［（2020）鲁 16 民终 186 号］

再审：山东省高级人民法院民事裁定书［（2021）鲁民申 1953 号］

【简要案情】

2018 年 4 月 28 日，代兴伟在滨州市瑞丰医药连锁经营有限责任公司六店（以下简称瑞丰六店）购买了山东福牌阿胶一盒，价款为 1290 元，瑞丰六店免费赠送给代兴伟辅料包一袋。该福牌阿胶包装显示阿胶生产日期为 2016 年 11 月 19 日，有效期至 2020 年 10 月，辅料包上显示生产日期为 2017 年 3 月 1 日，保质期 12 个月，在代兴伟购买案涉福牌阿胶时该赠品辅料包已超过辅料包所标明的保质期。代兴伟就瑞丰六店销售福牌阿胶时免费赠送的辅料包超过保质期，向滨州市滨城区食品药品监督管理局投诉举报，要求调查处理。

2018 年 6 月 5 日，该局向代兴伟作出《关于举报瑞丰大药房六店经营超

过保质期的食品处理情况的回复》，内容为："……经查，滨州市瑞丰医药连锁经营有限责任公司六店于 2018 年 4 月 28 日销售药品阿胶（生产企业：山东福牌阿胶股份有限公司，规格：每盒装 250 克；产品批号：1611052；有效期至：2020/10）1 盒，销售价格为 1290 元/盒，并将举报涉及食品辅料包（制造商：济南芝麻开花食品有限公司；生产日期 20170301；保质期：12 个月）1 袋作为药品阿胶促销的赠品免费赠送，销售时该食品辅料包已超过保质期。滨州市瑞丰医药连锁经营有限责任公司六店经营超过保质期的食品的行为违反了《中华人民共和国食品安全法》……的规定，我局于 2018 年 6 月 1 日送达《行政处罚决定书》，依据《中华人民共和国食品安全法》第一百二十四条第一款第（五）项的规定，进行处罚。"

代兴伟认为，瑞丰六店销售的山东福牌阿胶及附随赠品辅料系一个整体产品，该产品不符合食品安全标准，违反国家食品安全法规定，提起诉讼。

【一审情况】

一、一审诉辩主张

原告代兴伟的诉讼请求为：（1）判令被告瑞丰六店、被告滨州市瑞丰医药连锁经营有限责任公司（以下简称瑞丰公司）立即连带向代兴伟返还购物款 1290 元、赔偿十倍损失 12900 元，共计 14190 元；（2）本案诉讼费、保全费等全部由瑞丰六店、瑞丰公司承担。

二、一审裁判理由

一审判决认为，代兴伟在瑞丰六店购买案涉福牌阿胶食品，瑞丰六店收取价款后向代兴伟开具销售单，双方之间形成合法有效的买卖关系。食品生产经营者应当依照法律、法规和食品安全标准从事生产经营活动，保证食品安全，禁止销售超过保质期的食品。《食品药品司法解释》第四条规定："食品、药品生产者、销售者提供给消费者的食品或者药品的赠品发生质量安全问题，造成消费者损害，消费者主张权利，生产者、销售者以消费者未对赠品支付对价为由进行免责抗辩的，人民法院不予支持。"食品药品生产者、销售者提供给消费者的食品或药品的赠品，消费者虽未对赠品支付对价，但食品生产经营者也应保证赠品符合食品安全标准。本案中，瑞丰六店销售给代兴伟的福牌阿胶本身虽未超过保质期，但其附随的赠品辅料包已超过保质期，系不符合食品安全标准的食品，故代兴伟要求瑞丰六店退还货款的诉讼请求，符合法律规定，应予支持。

关于代兴伟提出要求瑞丰六店、瑞丰公司进行十倍赔偿的诉讼请求，因代兴伟购买案涉产品福牌阿胶后，对于过期的赠品并未拆包使用，代兴伟对于过期赠品对其造成损害后果未提供证据予以证明，且代兴伟对于过期的赠品并未实际支付对价，故对于代兴伟基于超过保质期的赠品要求瑞丰六店、瑞丰公司进行十倍赔偿的诉讼请求，不予支持。

三、一审裁判结果

（一）原告代兴伟于本判决生效之日起十日内将所购山东福牌阿胶一盒返还被告瑞丰六店，同时被告瑞丰六店退还代兴伟货款 1290 元；

（二）驳回原告代兴伟的其他诉讼请求。

案件受理费减半收取 77.38 元，由被告瑞丰六店负担 38.69 元，由代兴伟负担 38.69 元。

【二审情况】

一、二审诉辩主张

代兴伟不服一审判决，提起上诉，请求：1. 撤销一审判决第二项，改判支持代兴伟“十倍赔偿”的诉讼请求；2. 一、二审诉讼费由瑞丰六店、瑞丰公司承担。

被上诉人瑞丰六店、瑞丰公司辩称，一审判决认定事实清楚、适用法律正确，代兴伟的上诉理由不成立，应予驳回。

二、二审裁判理由

二审判决认为，本案存在质量问题的产品系赠品辅料包，该赠品辅料包上诉人代兴伟并未使用，未造成伤害，代兴伟主张被上诉人赔偿损失，不能成立。上诉人主张被上诉人支付价款十倍的赔偿金，经审查，存在质量问题的辅料包系赠品，价款为零，上诉人主张以阿胶价格 1290 元作为赔偿基数，不能成立。

三、二审裁判结果

驳回上诉，维持原判。

二审案件受理费 154.76 元，由上诉人代兴伟负担。

【评析】

现实生活中，经常见到经营者为提高销售量向消费者免费赠送一些小商品、小礼品，这是一种常见的商业促销手段。本案就是因销售产品的赠品已过保质期引发的诉讼纠纷。

通常情况下，食品、药品的促销赠品不是组成其销售产品的必需成分，且非必须共同食用才能完成产品功能。否则，虽然被称为“赠品”，其实是所销售产品必不可缺少的组成部分，其价格已计入该产品的成本，将其另作为

“赠品”搞促销的行为是一种不诚信行为。

对于销售食品、药品时的赠品，虽然购买者不支付对价，但促销经营者仍然必须对受赠者食用该赠品的安全性负责。最高人民法院《食品药品司法解释》第四条规定：“食品、药品生产者、销售者提供给消费者的食品或药品的赠品发生质量安全问题，造成消费者损害，消费者主张权利，生产者、销售者以消费者未对赠品支付对价为由进行免责抗辩的，人民法院不予支持。”根据该规定，销售者对其提供的赠品的安全性负责，该责任与是否支付对价无关。其责任前提是：因赠品造成消费者损害，即其损害与赠品之间存在因果关系。

对于赠品不符合食品、药品安全标准的法律后果问题，由于销售者提供的赠品不属于捆绑销售，消费者有是否接受赠与的自由。无论消费者是否接受其赠品，销售者都必须对该赠品的安全性承担责任。根据前述条款规定，消费者享有的是主张损害赔偿的权利。即消费者有权要求销售者对因其赠品所遭受的损害进行赔偿，该赔偿的性质属于补偿性赔偿，以实际损失为限。

由于《食品安全法》规定的惩罚性“十倍赔偿”对经营者而言是“明知并销售”，而赠与产品同销售产品存在本质的区别，其不具有等价交换属性，并且适用惩罚性赔偿，必须根据法律的明文规定。《食品安全法》第一百八十四条第二款规定的惩罚性“十倍赔偿”责任，是针对明知销售食品不符合食品安全标准而销售；《消费者权益保护法》第五十五条第一款规定的惩罚性“三倍赔偿”是针对经营者的合同欺诈行为。目前，国家的法律、行政法规、司法解释对赠与的食品、药品不符合安全标准尚无惩罚性赔偿规定，仅有最高人民法院《食品药品司法解释》第四条规定的赠与食品、药品造成消费者损害的侵权赔偿责任。因此，消费者主张要求对购买产品的赠品不符合安全标准承担十倍赔偿责任，于法无据。

（评析人：陈敏）

销售无专用标识及检疫证明的野生动物及制品，适用惩罚性赔偿

——王栋诉吉林省岁古科技有限公司网络购物合同纠纷案

【裁判要点】

销售国家重点保护的野生动物及制品，无专用标识和检疫证明，属于销售不符合食品安全标准的食品，依照《食品安全法》规定，销售者应承担法律责任。购买者主张惩罚性“十倍赔偿”的，予以支持。

【关键词】

野生动物及制品　食品安全　专用标识　消费者　十倍赔偿

【案例来源】

中国裁判文书网

一审：陕西省铜川市王益区人民法院民事判决书［(2020) 陕 0202 民初 338 号］

二审：陕西省铜川市中级人民法院民事判决书［(2021) 陕 02 民终 50 号］

【简要案情】

2020 年 4 月 22 日，王栋购买了吉林省岁古科技有限公司（简称岁古公司）在天猫商城岁古旗舰店销售的“鹿茸片全蜡片”4 盒，订单编号为 957593568276032355，实付款 1872 元。该商品网店描述为“鹿茸片全蜡片含血足营养丰富￥468.00 源自吉林长春鹿茸整枝切”，商品外包装描述为“岁古鹿茸·源自东北鹿场”。王栋与卖家的聊天记录记载：卖家称“自家养殖，不是野生”“自家鹿场直销”。

王栋认为，岁古公司出售的梅花鹿鹿茸商品，不能提供专用野生动物标识，其鹿茸可能携带传染病菌，本人买到有缺陷的、不符合食品安全标准的、非法的鹿茸，不能食用，合法权益受损，提起诉讼。

法院查明，梅花鹿系第一批《人工繁育国家重点保护陆生野生动物名录》列明的动物，是国家重点保护野生动物，其制品凭专用标识出售和利用。岁古公司对本案出售的鹿茸片未提供取得专用标识及动物防疫检疫合格证的相关证据。

【一审情况】

一、一审诉辩主张

原告王栋的诉讼请求是：（1）判令被告岁古公司退还原告王栋涉案鹿茸片全蜡片（以下简称鹿茸片）款项 1872 元，并赔偿涉案货款的十倍 18720 元，合计 20592 元；（2）判令被告岁古公司承担本案诉讼费用。

被告岁古公司辩称，王栋所购商品在网店详情页已标明鹿茸片为新西兰鹿茸片，与梅花鹿无关；吉林省畜牧业管理局等相关部门已于 2020 年 4 月 9 日发布公告梅花鹿为畜禽，参照普通畜种管理，允许吉林梅花鹿及产品生产销售，不需要提供鹿茸标识。另外，此种鹿茸片被告岁古公司可提供合法证明及供货渠道，原告王栋的诉讼请求应予驳回。

二、一审裁判理由

一审判决认为，根据《野生动物保护法》第二十七条的规定，梅花鹿系国家重点保护的野生动物，依法列入人工繁育国家重点保护野生动物名录的野生动物及制品，可以凭人工繁育许可证，按照省、自治区、直辖市人民政府野生动物保护主管部门核验的年度生产数量直接取得专用标识，凭专用标识出售和利用，保证可追溯。本案中，案涉商品为鹿茸片，符合食品的特征，岁古公司作为经营者对其销售的鹿茸片未提供专用标识及检疫证明。应当承担举证不能的法律后果，应认定案涉鹿茸片为不符合食品安全标准。同时，根据《食品安全法》第一百四十八条第二款和《食品药品司法解释》的相关规定，原告王栋请求被告岁古公司退还货款并支付货款十倍赔偿金的诉讼请求合法有据，予以支持。被告辩称原告所购商品在网店详情页已标明鹿茸片为新西兰鹿茸片，但与其商品外包装描述为“岁古鹿茸·源自东北鹿场”不一致，以及其他辩称意见不符合上述法律规定，不予采信。

三、一审裁判结果

（一）被告岁古公司于本判决生效之日起三日内向原告王栋退还货款 1872 元，并支付货款十倍的赔偿金 18720 元，合计 20592 元。

（二）案件受理费 315 元，由被告岁古公司负担。

【二审情况】

一、二审诉辩主张

岁古公司不服一审判决，提起上诉，请求：（1）撤销一审判决；（2）依法改判驳回王栋的诉讼请求；（3）一、二审诉讼费由王栋承担。

事实与理由：

1. 一审认定梅花鹿为野生动物及认定鹿茸为食品错误，适用与野生动物及食品相关法律规定、司法解释错误。2020 年 4 月 9 日，吉林省发布了《吉林省牧业管理局、吉林省市场监督管理厅、吉林省林业和草原局关于允许吉林梅花鹿及产品生产销售的公告》，梅花鹿、马鹿参照普通禽畜管理。岁古公司出售梅花鹿及相关产品鹿茸完全符合吉林省的上述规定。2020 年 5 月 29 日，农业部发布了 303 号公告，公告明确将梅花鹿列为禽畜的名录，并明确了梅花鹿应当参照普通禽畜管理，而非野生动物保护。因此，按照《野生动物保护法》认定梅花鹿是野生动物应属错误认定，要求岁古公司提供专用标识及检疫证明也属错误。2015 年 12 月 8 日国家食品药品管理总局通过的《食用农产品市场销售质量安全监督管理办法》第五十七条规定，食用农产品，是指农业活动中获得的供人食用的植物、动物、微生物及其产品。《食用农产品市场销售质量安全监督管理办法》和长春市食品安全委员会长食安办〔2016〕9 号文件规定，鹿茸、鹿角、鹿胎、鹿骨经分拣、干燥、粉碎、清洗、切割、冷冻等加工，但未改变其基本自然性状和化学性质的，按照食用农产品进行管理。梅花鹿鹿茸、鹿角、鹿骨等单独列明，鹿茸并非是肉类或者肉类制品，王栋要求案涉产品鹿茸片提供检疫证明没有法律依据。王栋并未提交证据证明涉案的鹿茸产品存在质量问题，要求退还货款并主张十倍赔偿缺乏事实及法律依据。

2. 一审法院分配举证责任错误，未要求原告王栋履行举证义务，致使判决错误。本案中，岁古公司所销售的鹿茸是否符合安全标准的举证责任在原告王栋，但一审未要求王栋提供证据证明，径直适用最高人民法院《食品药品司法解释》第十五条规定，属于举证责任分配错误。同时，一审判决未查明案件事实，未查明梅花鹿是否属于野生动物的情况下，要求岁古公司提供鹿茸片专用标识及检疫证明，并判定岁古公司承担举证不能的不利后果，属认定案件相关事实错误导致的举证责任分配错误。

被上诉人王栋辩称：首先，农业部发布的 303 号公告生效日期在 2020 年 5 月 27 日，双方发生交易日期在 4 月，在生效之前梅花鹿还是野生动物。其次，地方性法规不能违背国家法律。即使梅花鹿归为禽畜管理，根据《畜牧法》第四十四条规定还是要进行防疫检验的。动物防疫检测范围的规定说明鹿茸属于防疫检测范围。最高人民法院《食品药品司法解释》第六条明确规定，对于食品安全举证责任由销售方承担。请求维持一审判决。

二、二审裁判理由

二审判决认为，关于王栋购买的鹿茸片是否需要专用标识、检疫证明问题。虽然农业农村部第303号公告明确将梅花鹿列为禽畜的名录，而非保护野生动物，但是由于双方交易时该公告尚未发布实施。根据《立法法》第九十三条规定，法律、规章等不具有溯及既往的效力，本案一审依据当时的法律规定，认定梅花鹿是野生动物，进而认定经营者对其销售的鹿茸片应提供专用标识及检疫证明并无不当。

关于涉案产品是否符合食品安全标准及举证责任的分配问题。根据《野生动物保护法》的规定，梅花鹿系国家重点保护野生动物，无论出售或经营利用都应当按照国家规定取得特许经营许可证及专用标识，保证可追溯，并须提供检疫证明。涉案商品未使用专用标识，且没有检疫证明，一审依据以上事实认定涉案产品鹿茸片不符合食品安全标准正确。最高人民法院《食品药品司法解释》第六条规定，食品的生产者与销售者应当对于食品符合质量标准承担举证责任。上诉人岁古公司若对此有异议，应由其举证证明。岁古公司未提供其销售的涉案产品符合质量标准，应承担举证不能的法律后果。

三、二审裁判结果

驳回上诉，维持原判。

二审案件受理费315元，由上诉人岁古公司负担。

【评析】

本案涉及的三个问题，也是消费者维权经常可能遇到的问题。

其一，关于野生动物及制品的经营销售特别规定。根据《野生动物保护法》的相关规定，凡经营出售野生动物及其制品必须取得专用标识和检疫证明。本案所交易的“鹿茸片”是在2020年5月29日农业农村部第303号公告发布的执行日之前，虽然该公告将梅花鹿、马鹿、驯鹿均调整列为特种禽畜的名录，但根据《立法法》第九十三条“法律、行政法规、地方性法规、自治条例和单行条例、规章不溯及既往，但为了更好地保护公民、法人和其他组织的权利和利益而作的特别规定除外”的规定，该第303号公告名录对本案“鹿茸片”不具有溯及力。

其二，关于销售涉及农产品的商品是否受《食品安全法》调整问题。岁古公司在答辩中根据《农产品质量安全法》第一条、第二条规定，主张按照

《食用农产品市场销售质量安全监督管理办法》和长春市食品安全委员会长食安办〔2016〕9号文件规定，鹿茸、鹿角、鹿胎、鹿骨经分拣、干燥、粉碎、清洗、切割、冷冻等加工，但未改变其基本自然性状和化学性质的，按照食用农产品进行管理。但是，根据《食品安全法》和《农产品质量安全法》的规定，食用农产品的质量管理适用《农产品质量安全法》，农产品的食用市场销售质量安全标准等适用《食品安全法》调整。故因农产品销售发生的食品安全纠纷，应当适用《食品安全法》调整。本案依照《食品安全法》第一百四十八条的规定判决岁古公司承担惩罚性“十倍赔偿”，适用法律正确。

其三，关于安全食品的举证责任分配问题。民事诉讼的举证责任原则是“谁主张，谁举证”，在符合法律规定的前提下，实行“举证责任倒置”。消费者维权诉讼，消费者作为原告通常是以否定的形式提出主张，即所主张的是消极事实，如产品质量不合格、不符合食品安全标准等。根据传统证据学理论，积极事实的主张者应当承担证明责任，而消极事实的主张者一般不承担举证责任。但消极事实的主张者要想否定积极事实主张者的主张，就有义务承担举证责任以证明自己的反驳主张。因此，根据食品维权诉讼的特殊性，《食品药品司法解释》第六条中规定：“食品的生产者与销售者应当对于食品符合质量标准承担举证责任。”若主张积极事实的销售者一方完成了举证责任，则否定积极事实主张的举证责任转移到主张消极事实的购买者一方，若无证据否定对方证据，则本方将承担举证不能的法律后果。本案主张积极事实的一方岁古公司不能完成其负有证明具有案涉鹿茸的“专用标识”及“检疫证明”的举证责任，证明其销售的鹿茸产品符合食品安全标准，承担的是举证不能的法律责任，即法院依法支持主张消极事实的一方即原告王栋的诉讼请求。

（评析人：陈敏）

允许他人使用营业执照，他人销售不符合安全标准的食品，营业执照持有人承担惩罚性赔偿责任

——倪映红诉保定京粮酒业有限公司、北京城京粮酒业有限公司网络购物合同纠纷案

【裁判要点】

为他人开办网店提供自己的营业执照、经营许可证等合法经营证照，允许他人使用自己的营业证照经营食品，他人销售不符合安全标准的食品的，消费者有权起诉合法经营证照的持有人，经营证照的持有人依法应当承担赔偿金责任。

【关键词】

允许他人使用营业执照　食品安全标准　执照持有人　消费者　十倍赔偿

【案例来源】

中国裁判文书网

一审：湖南省衡阳市雁峰区人民法院民事判决书［（2020）湘0406民初1020号］

二审：湖南省衡阳市中级人民法院民事判决书［（2021）湘04民终432号］

【简要案情】

徐德岭使用保定京粮酒业有限公司（以下简称保定京粮公司）、北京城京粮酒业有限公司（以下简称北京京粮公司）的营业执照和食品经营许可证在网络购物平台“一亩田”开设了网络店铺“京粮酒业有限公司”。

2020年8月6日，倪映红在上述网络店铺购买了100件“贵州茅台内供酒酱香53°”，价格为275元/件，总计27500元。“京粮酒业有限公司”通过安能物流将100件茅台内供酒邮寄给了倪映红。该酒的外包装显示为“茅台

内供酒、职工专用酒、贵州茅台股份有限公司”。倪映红收到货后怀疑是假酒，遂向仁怀市市场监督管理局投诉。

2020年9月4日，该局向倪映红出具《关于倪映红投诉贵州茅台酒股份有限公司的回函》称：“经我局核查，贵州茅台酒股份有限公司从未生产过茅台内供酒，也从未委托、授权第三方生产、销售茅台内供酒。为此，建议你向当地网络平台监管等部门投诉。”

倪映红收到酒后饮用了一瓶，身体无明显不适反应。

倪映红认为，案涉“内供酒”产品的外包装做工很粗糙，连基本的产品条形码都没有，经向茅台酒厂所属市场监督管理局投诉，得知茅台酒股份有限公司从未生产过该酒。保定京粮公司、北京京粮公司的经营行为严重侵害了倪映红的合法权益，应当承担赔偿责任，倪映红提起诉讼。

【一审情况】

一、一审诉辩主张

原告倪映红的诉讼请求：（1）判令被告保定京粮公司、被告北京京粮公司退还货款27500元，十倍赔偿金275000元，合计302500元；（2）判令被告保定京粮公司、被告北京京粮公司支付涉案产品检测费用1050元；（3）本案诉讼费用由被告保定京粮公司、被告北京京粮公司承担。

被告保定京粮公司、被告北京京粮公司辩称：

1. 案涉白酒既不是两被告所生产，也不是由两被告所销售。被告是具有合法资质的白酒生产企业，有自己的白酒产品，只销售自己生产的白酒，被告也不是商贸公司，不以任何形式对外销售自己公司自行生产的白酒以外的任何酒类产品，故两被告不是本案适格被告。

2. 在“一亩田”网络平台注册的“京粮酒业有限公司”的实际控制人是山东省临清县的徐德岭，该人骗取被告公司业务员马静的信任后，谎称给公司销售白酒要使用公司营业执照、生产许可证等证件，由马静将上述证件照片通过网络传给徐德岭。徐德岭网上注册“京粮酒业有限公司”的事情被告并不知情，被告只是让徐德岭销售本公司生产的白酒产品，没授权徐德岭销售其他商品。经调查，案涉白酒的最终销售者是王崇海，徐德岭私下在网上联系了王崇海，由王崇海供货，徐德岭中间转手，又转卖给原告倪映红，是三方连环买卖，案涉白酒也是由王崇海直接交付给了倪映红，整个过程与两被告无任何关联。因为只有王崇海才能提供生产者信息，请求追加王崇海为本案被告。

3. 原告倪映红一次性购买100件同样白酒，不能被认为是消费者。如此大量一次性购买同一种白酒，与正常的消费者买酒自己喝的情理不符，不属于消费行为，更像是商业行为。众所周知，茅台酒是最高端的白酒，价格每瓶都在千元以上，270 元买一箱茅台酒，是不可能有的事情。原告倪映红有知假买假的嫌疑，更不像是普通消费者，不能适用惩罚性赔偿的法律条款。请求驳回原告倪映红的诉讼请求。

二、一审裁判理由

一审判决认为，倪映红通过网络购物平台“一亩田”店铺“京粮酒业有限公司”购买案涉产品，双方当事人之间的网络购物合同关系成立。

保定京粮公司、北京京粮公司认为其不是本案适格被告，理由为案涉白酒既不是其所生产，也不是其所销售。“一亩地”网络平台上注册的“京粮酒业有限公司”的实际控制人是徐德岭，徐德岭是骗取保定京粮公司、北京京粮公司业务员马静的信任，将公司的营业执照、生产许可证等证件后注册的“京粮酒业有限公司”。因在“一亩田”网络平台注册的“京粮酒业有限公司”所使用的营业执照和食品经营许可证，是被告保定京粮公司和北京京粮公司的，根据《消费者权益保护法》第四十二条“使用他人营业执照的违法经营者提供商品或者服务，损害消费者合法权益的，消费者可以向其要求赔偿，也可以向营业执照的持有人要求赔偿”的规定，现原告倪映红明确只要求保定京粮公司、北京京粮公司承担赔偿责任，故保定京粮公司、北京京粮公司是本案的适格被告。对保定京粮公司、北京京粮公司要求追加王崇海为被告的申请，因原告倪映红明确表示不追加王崇海为本案被告，本院不予准许。

涉案“茅台内供酒”已经经过仁怀市市场监督管理局确认为假冒产品，该“茅台内供酒”的实际生产厂家、适用的执行标准、是否取得生产许可证均无法查证。根据最高人民法院《食品药品司法解释》第六条规定，食品的生产者与销售者应当对食品符合质量标准承担举证责任。被告保定京粮公司、被告北京京粮公司未举证证明其销售的产品符合质量标准，故应当认定涉案的“茅台内供酒”属不符合食品安全标准的食品。

关于原告倪映红退还货款并十倍赔偿的诉讼请求。根据《食品安全法》第一百四十八条第二款的规定，原告倪映红的主张于法有据，本院予以支持。对原告倪映红要求两被告承担检测费用 1050 元的诉讼请求，因该鉴定系原告倪映红在提起本案诉讼后单方委托的，本院不予支持。对被告保定京粮公司、被告北京京粮公司认为原告倪映红有知假买假的嫌疑，不像是普通消费者，不能适用惩罚性赔偿的法律条款的抗辩意见，因《食品安全法》惩罚性赔偿制度的实施并不因消费者购买目的的不同而有所差别，本院不予支持。

三、一审裁判结果

（一）被告保定京粮公司、被告北京京粮公司应于本判决发生法律效力之日起10日内向原告倪映红退还货款27500元，同时原告倪映红向被告保定京粮公司、被告北京京粮公司退还相对应的涉案产品，如届时不能退回，则按实际购买价格折抵应退货款；

（二）被告保定京粮公司、被告北京京粮公司应于本判决发生法律效力之日起10日内向原告倪映红支付赔偿金275000元；

（三）驳回原告倪映红的其他诉讼请求。

本案受理费5838元，减半收取2919元，财产保全费2033元，合计4952元，由被告保定京粮公司、被告北京京粮公司负担。

【二审情况】

一、二审诉辩主张

保定京粮公司、北京京粮公司不服一审判决，提起上诉，请求：撤销一审判决，改判驳回倪映红的诉讼请求。

事实和理由：

1. 案涉白酒的销售方是王崇海，“一亩田”网络平台注册的“京粮酒业有限公司”实际控制人是徐德岭，其也只是中间倒卖，向倪映红直接交付案涉白酒的经营人是王崇海，王崇海与保定京粮公司、北京京粮公司无任何关系。上诉人未向被上诉人倪映红交付任何东西，双方不存在合同关系，无法相互返还。

2. 《食品安全法》有召回制度，倪映红对不合格产品应通知生产者召回。

3. 上诉人已告知倪映红案涉白酒生产者是王某，上诉人在一审要求通知王崇海、徐德岭参加本案诉讼，但倪映红不同意，一审法院未依职权追加被告不当。

4. 倪映红不是消费者，属于知假买假，案涉买卖合同属于无效合同，一审判决支付十倍赔偿金错误。

被上诉人倪映红辩称：

1. 一审法院事实认定正确，倪映红有权要求两上诉人承担赔偿责任。（1）案涉网络店铺实名信息为保定京粮公司、北京京粮公司两上诉人，倪映红系基于对两上诉人的信任才会购买，对案涉店铺具体由谁负责运营、向谁进货并不了解。上诉人主张案涉店铺实际控制人为徐某、供货商为王某，未提供证据予以证明。根据《消费者权益保护法》第四十二条之规定，倪映红有权要求作为营业证照持有人的两上诉人承担赔偿责任。（2）上诉人已自认案涉店铺是其授权徐某开设，但仅授权徐某销售上诉人自产的产品。倪映红在购物时对上诉人内部的授权代理关系并不清楚，根据《民法典》第一百七十二条规定，无论案涉店铺实际经营者有无取得案涉产品的销售代理权，该代理行为仍然有效。

2. 倪映红属于消费者，《食品安全法》惩罚性赔偿制度并不以消费者购买目的的不同而有所差别，一审判决对上诉人主张倪映红知假买假的观点不予支持正确。另外，生产者、销售者以购买者明知食品、药品存在问题仍然购买为由进行抗辩的，法院依法应不予支持。即使知假买假也不属于无效合同。

二、二审裁判理由

二审判决认为，本案系信息网络买卖合同纠纷。

首先，关于二上诉人是否系本案适格被告的问题。上诉人主张系案外人徐德岭超越二上诉人的授权范围，自行在“一亩田”网络平台注册店铺并销售案外人王崇海所有的白酒，该两案外人才是案涉网络购物合同相对人，而非二上诉人。经查，“一亩田”网络平台上的网络店铺“京粮酒业有限公司”系经该平台进行审查后实名认证的企业店铺，其使用的营业执照和食品经营许可证系二上诉人的，倪映红根据该网络平台的资质认证，有理由相信案涉买卖合同的行为人取得了二上诉人的合法授权。而二上诉人在本案一、二审诉讼中，既未提供上述证照系案外人徐德岭未经二上诉人许可使用的依据，也未提供其仅授权徐德岭销售二上诉人自产白酒的证据，更无证据证实购买方倪映红明知该网络店铺实为徐德岭个人经营且已超出授权销售白酒，对此应承担举证不能的责任。一审法院据此驳回二上诉人追加当事人的申请并无不当，应予维持。

其次，关于被上诉人倪映红是否系知假买假，案涉合同是否合法有效的问题。最高人民法院《食品药品司法解释》第三条规定：“因食品、药品质量问题发生纠纷，购买者向生产者、销售者主张权利，生产者、销售者以购买者明知食品、药品存在质量问题而仍然购买为由进行抗辩的，人民法院不予支持。”从该条规定来看，“知假买假”行为不影响消费者维护自身权益，同时，该条规定也未排除职业打假人对权利的主张。该条规定对于打击不良商家，维护市场秩序，尤其是对于事关人民生命安全的食品、药品质量具有重要意义。且《食品安全法》惩罚性赔偿制度的实施也不因消费者购买目的的不同而有所差别。二上诉人以倪映红知假买假为由主张合同无效，于法无据，不予支持。

最后，案涉“茅台内供酒”已被确认为假冒产品，二上诉人于二审补充提供的证据仍无法证明案涉“茅台内供酒”符合质量标准。故倪映红要求二上诉人支付价款十倍赔偿金的诉请合法有据，应予支持。

三、二审裁判结果

驳回上诉，维持原判。

二审案件受理费5838元，由上诉人保定京粮公司、上诉人北京京粮公司负担。

【评析】

本案依照《消费者权益保护法》第四十二条“使用他人营业执照的违法经营者提供商品或者服务，损害消费者合法权益的，消费者可以向其要求赔偿，也可以向营业执照的持有人要求赔偿”的规定，判决保定京粮公司、北京京粮公司承担赔偿责任，事实清楚，法律依据充分。

值得一提的是，保定京粮公司、北京京粮公司案涉经营模式存在相当的经营风险，作为提供营业执照的公司，必须加强管控，确保使用公司营业执照的主体依法合规经营，否则，无论从哪个方面讲提供营业执照的公司必须承担法律责任。

首先，《消费者权益保护法》第四十二条有明确规定，对于消费者维权诉讼而言属于特别法，理应适用。本案比较典型。

其次，从代理的角度讲，被代理人也应当对代理人的经营行为承担民事责任。《民法典》第一百六十二条规定：“代理人在代理权限内，以被代理人名义实施的民事法律行为，对被代理人发生效力。”第一百六十七条进一步规定：“代理人知道或者应当知道代理事项违法仍然实施代理行为，或者被代理人知道或者应当知道代理人的代理行为违法未作反对表示的，被代理人和代理人应当承担连带责任。”本案被告授权徐德岭在网络购物平台“一亩田”开设了网络店铺“京粮酒业有限公司”销售被告公司生产的白酒产品，双方之间建立了代理法律关系。即便被告没有授权徐德岭销售其他商品，但是徐德岭以被告开办的“京粮酒业有限公司”名义在网店上销售假冒茅台酒，作为网店的开办单位，应当知道：其一，徐德岭没有按照其代理授权经营被告生产的白酒；其二，徐德岭以“京粮酒业有限公司”名义在网络上销售“贵州茅台内供酒酱香53°”价格为275元/件，作为白酒生产商应当知道并能够判断出该酒的真伪。但是，被告却既不进行过问，也不表示反对，放任徐德岭以“京粮酒业有限公司”的名义出售假冒产品的行为。依照《民法典》的上述规定，被告也应当对徐德岭的销售行为承担连带民事责任。至于被告公司与徐德岭代理法律关系中的权利保护，则属于另一法律关系，不属于本案消费者维权诉讼审理的范围，被告公司可另行解决。

关于原告购买案涉产品是否属于消费者，是否应当享有“十倍赔偿”的权利问题。第一，消费者的概念只与商品的生产者、经营者有关，仅排斥继续转手流通交易行为。第二，《消费者权益保护法》第二条“消费者为生活消费需要购买、使用商品或者接受服务，其权益受本法保护；本法未作规定的，受其他有关法律、法规保护”的规定，不是法律对消费者概念的定义。第三，《消费者权益保护法》《食品安全法》规定了消费者享有惩罚性赔偿权利，同时，最高人民法院《食品药品司法解释》第三条规定：“因食品、药品质量问题发生纠纷，购买者向生产者、销售者主张权利，生产者、销售者以购买者明知食品、药品存在质量问题而仍然购买为由进行抗辩的，人民法院不予支持。”因此，在关于食品、药品的维权诉讼中，其惩罚性赔偿的权利并不因为当事人购买目的的不同而不同。其立法在于严格保护人民的生命权和健康权，维护市场秩序，打击不良经营者，保证市场流通领域的食品、药品质量。故本案适用《食品安全法》第一百四十八条的规定完全正确。

（评析人：陈敏）

美容服务违背诚实信用原则构成欺诈行为,适用惩罚性赔偿

——吉丽良诉郑州华领医疗美容医院有限公司医疗服务合同纠纷案

【裁判要点】

要约和承诺构成合同的权利义务内容。当事人在履行过程中应当遵守诚实信用的基本民事行为原则。服务合同履行过程中，服务方违背承诺义务，既是违约行为，也构成欺诈行为。接受服务一方按照《消费者权益保护法》选择惩罚性赔偿主张权利符合法律规定。

【关键词】

美容服务　诚实信用　欺诈行为　消费者　惩罚性赔偿

【案例来源】

中国裁判文书网

一审：河南省郑州市金水区人民法院民事判决书［（2020）豫 0105 民初 9539 号］

二审：河南省郑州市中级人民法院民事判决书［（2020）豫 01 民终 12291 号］

【简要案情】

2019 年 3 月，吉丽良与郑州华领医疗美容医院有限公司（以下简称华领美容医院）约定，吉丽良接受华领美容医院提供“膨体 + 半肋鼻综合术”美容服务。2019 年 3 月 8 日，吉丽良到华领美容医院住院接受“膨体 + 半肋鼻综合术”服务。2019 年 3 月 10 日出院。2020 年 5 月 12 日，郑州市卫生计生监督局作出的《关于郑州华领医疗美容医院举报调查结果的回复》，该回复显示：“……隆鼻术所使用的硅胶鼻部假体，取得国家药监局医疗器械注册证……”。华领美容医院给吉丽良提供的是“硅胶鼻部假体”，且未告知吉

丽良。

吉丽良认为，华领美容医院在提供隆鼻整形美容服务时，隐瞒植入硅胶假体的事实，未如实告知作为消费者的原告，存在明显的欺诈行为。其欺诈行为造成吉丽良鼻子的假体偏斜、活动度大、属于隆鼻失败，需要重新手术，也给吉丽良的工作、生活造成了严重影响。导致吉丽良失去自信，不敢出门，吉丽良的身体和精神遭受双重严重伤害。依据《消费者权益保护法》《最高人民法院关于确定民事侵权精神损害赔偿责任若干问题的解释》的相关规定，提起诉讼。

【一审情况】

一、一审诉辩主张

原告吉丽良的诉讼请求为：（1）判令被告华领美容医院返还原告吉丽良的整形费用33176元；（2）判令被告华领美容医院赔偿原告吉丽良整形费用的三倍即99528元；（3）判令华领美容医院赔偿原告吉丽良精神损害抚慰金10000元；（4）本案诉讼费用由被告华领美容医院承担。

被告华领美容医院辩称：（1）华领美容医院在与原告吉丽良提供医疗服务时，是严格按照医疗规范操作，并没有过错过失，不应当承担吉丽良的各项损失；（2）原告吉丽良诉称"被告隐瞒植入硅胶假体的事实，主观上存在以硅胶假体冒充膨体的欺骗故意，有违诚实信用原则"与事实严重不符。华领美容医院给吉丽良注入的就是膨体，吉丽良没有合法有效的证据证明其主张；（3）吉丽良要求精神抚慰金10000元，缺乏事实根据和法律依据。综上所述，请求法院依法驳回原告吉丽良的诉讼请求。

二、一审裁判理由

一审判决认为，被告对原告进行隆鼻术，原告向被告交纳治疗费，双方之间形成了医疗美容服务法律关系。《消费者权益保护法》第五十五条第一款规定："经营者提供商品或者服务有欺诈行为的，应当按照消费者的要求增加赔偿其受到的损失，增加赔偿的金额为消费者购买商品的价款或者接受服务的费用的三倍；增加赔偿的金额不足五百元的，为五百元。法律另有规定的，依照其规定。"原、被告双方约定进行"膨体+半肋鼻综合术"，但郑州市卫生计生监督局作出回复称被告使用的是硅胶而非膨体。被告辩称，为原告植入的是约定的膨体而非硅胶，证据不足，不予采信。被告的行为有违诚实信用原则，其在为原告实施隆鼻手术过程中存在欺诈行为，依法应当向原告赔偿其已收取隆鼻术费用33176元的三倍即99528元。原告要求被告返还手术费33176元及赔偿精神损害抚慰金10000元，证据不足，不予支持。

三、一审裁判结果

（一）被告华领美容医院于本判决生效后十日内赔偿原告吉丽良99528元；

（二）驳回原告吉丽良其他的诉讼请求。

案件受理费已减半收取1577元，由原告吉丽良负担477元，由被告华领美容医院负担1100元。

【二审情况】

一、二审诉辩主张

华领美容医院不服一审判决，提起上诉，请求：（1）撤销一审判决，发回重审或依法改判；（2）本案上诉费用由被上诉人吉丽良承担。

事实与理由：

1. 一审判决认定事实有误。2020年7月6日，郑州市卫生计生监督局对原《关于郑州华领医疗美容医院举报调查结果的回复》出具书面更正说明，将原本的“隆鼻术所使用的硅胶鼻部假体”更正为“隆鼻术所使用的膨体聚四氟乙烯面部植入物”。

2. 一审判决适用法律有误。华领美容医院严格按照约定提供医疗美容服务，为吉丽良使用膨体隆鼻，严格履行了合同义务，不存在消费欺诈，不适用《消费者权益保护法》第五十五条第一款的规定。

被上诉人吉丽良辩称，一审法院认定事实清楚，适用法律正确，二审法院应依法驳回上诉，维持原判。

二、二审裁判理由

二审判决认为，吉丽良于2019年3月8日至10日入住华领美容医院进行手术，手术名称为：膨体+半肋鼻综合术，2020年5月12日，郑州市卫生计生监督局作出“关于郑州华领医疗美容院举报调查结果的回复”，显示“……隆鼻术所使用的硅胶鼻部假体，取得国家药监局医疗器械注册证……”。一审法院依据卫生计生部门调查回复，认定上诉人华领美容医院的行为有违诚实信用原则，其在为对方实施手术过程中存在欺诈行为，并判决上诉人承担三倍的赔偿责任，该判决结果并无不当，应予以维持。华领美容医院上诉称，一审法院认定事实错误、不存在欺诈行为，并提交了郑州市卫生计生监督局《关于郑州华领医疗美容医院〈复核申请〉的回复》，用以证明原回复中存在笔误，并于2020年7月6日作出“更正的声明”。因该声明华领美容医院在一审时已向法庭提交，但未提交原件，吉丽良对该证据的真实性及证明目的均有异议，同时华领美容医院在一审时也未向法庭提交调取证据的申请，应视其对权利的放弃。故华领美容医院的上诉理由不能成立。

三、二审裁判结果

驳回上诉，维持原判。

二审案件受理费 3154 元，由上诉人华领美容医院负担。

【评析】

本案是服务合同纠纷，华领美容医院在履行为吉丽良提供“膨体 + 半肋鼻综合术”的服务合同过程中，违反合同双方约定，其为吉丽良植入物实际使用的为价格相对便宜的“硅胶”，且对消费者吉丽良隐瞒事实真相。该行为既是违约行为，也是欺诈消费者的行为。根据《合同法》第一百一十三条第二款“经营者对消费者提供商品或者服务有欺诈行为的，依照《中华人民共和国消费者权益保护法》的规定承担损害赔偿责任”的规定，接受服务的一方作为消费者，依法享有要求提供服务一方承担赔偿实际发生的损害，并承担惩罚性赔偿责任。

根据《消费者权益保护法》第二十三条第二款、第五十五条有关“经营者以广告、产品说明、实物样品或者其他方式表明商品或者服务的质量状况的，应当保证其提供的商品或者服务的实际质量与表明的质量状况相符”“经营者提供商品或者服务有欺诈行为的，应当按照消费者的要求增加赔偿其受到的损失”的规定，本案原告吉丽良依法享有请求权。原告吉丽良的诉讼请求是：（1）判令被告华领美容医院返还原告吉丽良的整形费用 33176 元；（2）判令被告华领美容医院赔偿原告吉丽良整形费用的三倍即 99528 元；（3）判令华领美容医院赔偿原告吉丽良精神损害抚慰金 10000 元；（4）本案诉讼费用由被告华领美容医院承担。

应当说，对照《消费者权益保护法》吉丽良的每一条诉请均符合法律规定。笔者认为，虽然一审判决仅支持了“三倍赔偿”诉请，驳回了吉丽良的其他诉讼请求，吉丽良没有提起上诉，应视为放弃部分实体权益。但对本案的法律适用，仍有进一步分析研究的必要。

首先，关于“返还吉丽良的整形费用 33176 元”诉请。《消费者权益保护法》第五十五条第一款中的规定是“按照消费者的要求增加赔偿其受到的损失，增加赔偿的金额为消费者购买商品的价款或者接受服务的费用的三倍”，因此，该条规定的是“增加赔偿其受到的损失”，吉丽良支付服务费用 33176 元，由于华领美容医院的欺诈行为致使其合同目的未能实现，所支付的服务费用即为所发生的损失。因此，该 33176 元为法律规定增加赔偿数额之外的赔偿数额，是吉丽良实际发生的损失，所谓“增加赔偿”显然是指在原损失赔偿的基础上再行惩罚性赔偿。故吉丽良的该项诉请是具有法律依据的，依法华领美容医院应当进行赔偿。

其次，关于“赔偿吉丽良精神损害抚慰金 10000 元”诉请。由于华领美容医院的欺诈行为，使案涉服务合同的主体吉丽良的整容目的不仅没有达到，反而其面容还受到了伤害，构成了违约行为与侵权行为的竞合。吉丽良接受华领美容医院整容服务时，时年 25 岁，正是花季年华，若该次隆鼻失败造成毁容伤残，则属于侵权伤害严重，且致人精神损害。

《最高人民法院关于确定民事侵权精神损害赔偿责任若干问题的解释》（法释〔2001〕7 号）第八条第二款、第十条中明确规定：“因侵权致人精神损害，造成严重后果的，人民法院除判令侵权人承担停止侵害、恢复名誉、消除影响、赔礼道歉等民事责任外，可以根据受害人一方的请求判令其赔偿相应的精神损害抚慰金。”“精神损害的赔偿数额根据以下因素确定：（一）侵权人的过错程度，法律另有规定的除外；（二）侵害的手段、场合、行为方式等具体情节；（三）侵权行为所造成的后果；（四）侵权人的获利情况；（五）侵权人承担责任的经济能力；（六）受诉法院所在地平均生活水平。法律、行政法规对残疾赔偿金、死亡赔偿金等有明确规定的，适用法律、行政法规的规定。”因此，造成人身伤害的侵害行为存在构成承担精神损害赔偿责任的可能性。本案由于吉丽良未能够完成面部伤害程度的举证责任，故其请求精神损害赔偿尚缺乏充分的事实依据。

（评析人：陈敏）

展示商品虚假优惠价“误导消费者”构成欺诈，适用惩罚性赔偿规定

——宋怡诉青岛十八家家悦超市有限公司辽宁路店产品销售者责任纠纷案

【裁判要点】

消费者购物前用手机拍照即使是为后续维权取证也无可指责。国家保护消费者合法权益不受侵犯，鼓励、支持一切组织和个人对损害消费者合法权益的行为进行社会监督，故消费者有权对损害自身和他人合法权益的行为实施监督和维权，应予支持。虚假优惠价展示商品促销活动，误导消费者，经营者构成欺诈行为，适用惩罚性赔偿规定。

【关键词】

消费误导　虚假优惠　欺诈行为　消费者　惩罚性赔偿

【案例来源】

中国裁判文书网

一审：山东省青岛市市北区人民法院民事判决书［（2019）鲁 0203 民初 121 号］

二审：山东省青岛市中级人民法院民事判决书［（2020）鲁 02 民终 333 号］

【简要案情】

2018 年 10 月 14 日，宋怡在青岛十八家家悦超市有限公司辽宁路店（简称家家悦超市辽宁路店）购买了 12 瓶三星白兰地酒，当时商场正在搞促销活动，摆放了“买一赠一”的标识牌，结账时宋怡发现价格是按照 12 瓶计算的，共计 357.60 元。比促销价格多收了 1 倍。宋怡以家家悦超市辽宁路店采取虚假优惠价展示商品，进行欺骗性消费误导，侵犯了消费者的知情权，也违背了法律规定和法律精神，构成事实上的欺诈行为为由，提起诉讼。

【一审情况】

一、一审诉辩主张

原告宋怡的诉讼请求为：（1）判令被告家家悦超市辽宁路店退还货款35760元；（2）判令被告家家悦超市辽宁路店赔偿货款的三倍107280元；（3）判令被告家家悦超市辽宁路店承担本案全部诉讼费用。

被告家家悦超市辽宁路店辩称：（1）本案诉讼主体不适格，挑选涉案商品，拍照结账以及投诉等环节均非本案原告宋怡，宋怡并未参与整个过程，不是适格主体，应依法驳回原告的起诉。（2）原告母亲也不是消费者，而是有预谋地捏造事实，伪造证据，捏造了一个虚假的所谓“优惠价”展示销售商品的行为，视频证据可以看到原告母亲先扶起标签拍照，后又将标签放倒的行为，超出一个真正购物者的正常行为。涉案商品从未开展过“买一赠一”的活动，原告母亲故意将标签竖起来拍照的行为，具有明显恶意。（3）原告母亲非真正消费者，曾多次在被告处购物，并因价格与被告产生纠纷，并非对价格有误解，而是职业索赔行为，不适用《消费者权益保护法》。（4）被告的行为也并非欺诈行为，不符合欺诈的要件。

二、一审裁判理由

一审判决认为，根据本案事实，原告能够提交的购物小票等证据，应视为其具有诉讼主体资格，对被告主张原告主体不适格抗辩理由，不予采纳。原告之母在购买之前即对被告商场内“买一赠一”的标识进行拍照，并存在摆放标识牌的行为。且原告购买后也未直接就诉争商品价格与被告进行沟通，原告提交的行政处罚决定书也无法证明被告所受处罚与诉争商品之间存在关联性，故其现以被告商场存在欺诈行为为由要求被告三倍赔偿于法无据，不予支持。基于公平原则，被告家家悦超市辽宁路店可在原告宋怡退还商品时返还货款357.60元。

三、一审裁判结果

（一）原告宋怡于本判决生效后十日内将白兰地酒退还被告家家悦超市辽宁路店，同时家家悦超市辽宁路店返还原告宋怡货款357.60元。

（二）驳回原告宋怡的其他诉讼请求。

案件受理费50元，由被告家家悦超市辽宁路店负担。

【二审情况】

一、二审诉辩主张

上诉人宋怡不服一审判决，提起上诉。请求：撤销一审判决，支持宋怡的诉讼请求。事实和理由：一审判决认定事实不清，证据审查不严。上诉人购买白兰地酒后第一时间与被上诉人在服务台就退货问题进行沟通，因对方拒绝退货才产生后续纠纷。“买一赠一”标签一直摆放在货架上，并非上诉人母亲从别处拿来放上的，上诉人母亲向被上诉人售货员确认是否有买一赠一活动，该售货员点头确认。上诉人并非具有恶意。

被上诉人家家悦超市辽宁路店辩称，一审认定事实准确。被上诉人并没有欺诈行为，“欺诈”是由上诉人母亲蓄意制造。上诉人不是真正的消费者而是职业打假人，一审法院适用法律错误，本案产品不存在质量问题，不应判决退货退款，请求撤销原判依法改判，驳回上诉人的诉讼请求。

二、二审裁判理由

二审判决认为，上诉人购物前用手机拍照有多种原因，即使是为后续维权取证也无可指责。国家保护消费者合法权益不受侵犯，鼓励、支持一切组织和个人对损害消费者合法权益的行为进行社会监督。消费者也有权对损害自身和他人合法权益的行为实施监督和维权，任何人不能动辄就将消费者的监督行为和维权行为说成是职业打假人的行为。把维权的消费者说成是职业打假人是对职业打假人的污名化，也是对维权行为的不当指责。上诉人已经多次发现被上诉人的不当标价行为，本案上诉人购物前对相关证据拍照可以理解。上诉人在本案购物后首先到服务台与被上诉人沟通，向有关部门反映，因不满意才向一审法院提起诉讼，后又向媒体反映，上诉人不是职业打假人。维权的消费者即便是职业打假人，只要打的真是欺诈行为，真是不安全食品，真是缺陷产品，人民法院也应当支持，因为法律面前人人平等。

标价 62.9 元的两瓶干红礼盒，如果真如被上诉人所言“买一瓶送一瓶”的话，那确实是每盒 62.9 元。但价格基础标签已经是 62.9 元，没有必要在价格基础标签上再叠加一个标签以画蛇添足。该礼盒的基本单位是盒，“买一赠一”的含义毫无争议是“买一盒赠一盒”。实际上，被上诉人如果不是给消费者“挖坑”的话，真应该感谢有上诉人这样的消费者，可以倒逼企业管理、提高经营水平，从而赢得消费者的信任和光顾，而不是让消费者委屈、失望而避之不及。

本案白兰地酒购买前上诉人母亲拍照“买一赠一”标签，并非像被上诉人一审主张的将该标签插入透明挡板处，而是把倒在货架上的标签扶起前放在透明的玻璃挡板上。在同一位置，标签躺着与站立没有本质区别，该行为不是造假行为。如果真是造假行为，造假人就会把该标签插入透明挡板处并叠加在价格基础标签之上。而该标签倒在白兰地酒的货架之上与价格基础标签有约 10 厘米的距离，正是此点让上诉人母亲疑惑是否真是搞优惠活动，在向路过的被上诉人工作人员落实并得到肯定的答复后才放心推车离去。

本案产品货架上摆放着“买一赠一”的标签，足以引起部分消费者的误解，被上诉人称该标签不是叠插在价格基础标签之上不会误导消费者的辩解不能成立，因为在被上诉人的酒架处，销售人员将“买一赠一”的标签与价格基础标签分离单独放在打折商品前的行为是正常行为。只要部分消费者而不是全部消费者对标签寄予合理信赖，被上诉人就应当对标签作出合理的解释。

被上诉人不能合理解释本案“买一赠一”的标签为什么被摆放在白兰地酒的货架上。一审中被上诉人主张该标签是上诉人母亲从别处拿来摆放，因其掌握超市各个方位的监控视频，在白兰地酒货架旁边就有摄像头，但其没有提交上诉人母亲或其他消费者摆放标签的影像资料，毫无证据的指控是对消费者精神的又一次伤害，二审其改口主张是标签自行脱落掉在白兰地酒的货架上，证据不足，本院不予采信。显然，本案“买一赠一”标签是被上诉人诱导消费者误认优惠的故意行为。综上所述，上诉人主张被上诉人欺诈，事实清楚，证据确凿。一审判决认定事实不清，适用法律错误，应予撤销。

三、二审裁判结果

（一）撤销青岛市市北区人民法院（2019）鲁 0203 民初 121 号民事判决；

（二）家家悦超市辽宁路店于本判决生效之日起十日内返还宋怡货款 357.60 元，支付宋怡惩罚性赔偿金 1072.80 元，同时宋怡返还家家悦超市辽宁路店本案白兰地酒 12 瓶，如果不足 12 瓶，按每瓶 29.8 元抵扣货款。

一审案件受理费 50 元，二审案件受理费 50 元，均由被上诉人家家悦超市辽宁路店负担。

【评析】

经营者为了促进和提升商品销量，经常采用赠送小礼品、适当降价、买赠结合等促销手段，薄利多销，互利双赢，无可厚非。但是，以虚假促销手段做宣传，误导消费者购买商品，在结账清单输出后才告知消费者该项产品没有优惠，使消费者骑虎难下。这种欺诈消费者的情形仍然存在，本案具有典型性。

作为经营者应当诚信经营，明码实价，商品货牌应当明白无误，摆放有序，避免消费者发生错误理解，导致消费纠纷。作为经营者，只要消费者购物时尚未离开商店，在商品完好的情况下，应当准许消费者退货或调换商品。否则，无异于欺行霸市，强制购物。完全违背“文明”“和谐”“自由”“平等”“公正”“诚信”“友善”的社会主义核心价值观内容。也与“诚实信用、公平交易、买卖自由”的商品交易秩序背道而驰。本案终审判决对被告家家悦超市辽宁路店就案涉商品“买一赠一”是否属于欺诈，依据双方当事人提供的现场音像资料进行分析与认定，事实清楚，逻辑严谨。

本案另一个问题也是消费者维权诉讼常见的问题，即如何确定购物同行人员中，谁是争议商品的购买者，进而涉及维权诉讼的主体认定问题。本案中，音像证据显示：挑选涉案商品、向路过的工作人员核实促销商品、拍照、结账等购买环节者是宋怡的母亲在实施，并非宋怡本人实施。就商品而言，它是针对不特定消费者的，其买卖民事关系可以代理或委托，因此，进入商店选取商品、支付价款等具体行为的实施者存在不是该商品购买者的可能性。对于普通的商品买卖而言，收款票据即具有合同效力，出示收款票据及商品实物的一方，即为买卖合同的相对方。本案中，进店选购案涉商品的是宋怡的母亲，作为家人宋怡与其母亲共同进店分别选购不同种类商品，无可指责。发生纠纷后，宋怡持有购货原始交款凭证，据此提起诉讼，足以证明其符合诉讼原告主体身份。

（评析人：陈敏）

销售进口食品违反标签规定，适用惩罚性赔偿

——谷捷诉牟平区亚润食品店网络购物合同纠纷案

【裁判要点】

我国对进口食品实行强制安全执行标准，未经国家检验检疫部门检验合格、未注明加工企业名称和地址及注册号、未注明境内代理商的名称及地址及联系方式等最基本的食品安全信息的食品，不得进口，不能在中国境内销售。否则，属于销售不符合食品安全标准的食品，适用《食品安全法》惩罚性“十倍赔偿”规定。

【关键词】

网络购物　进口食品　食品标签　食品安全标准　职业打假人　十倍赔偿

【案例来源】　中国裁判文书网

一审：四川省成都市青羊区人民法院民事判决书［（2019）川0105民初5222号］

二审：四川省成都市中级人民法院民事判决书［（2019）川01民终21179号］

再审：四川省高级人民法院民事裁定书［（2020）川民申4007号］

【简要案情】

2019年1月26日，谷捷在牟平区亚润食品店（以下简称亚润食品店）以淘宝ID“adamna123”开办的淘宝店铺“泰国正品燕窝”购买了“亚当娜燕盏”5盒，总价11750元。宝贝详情页面载明：“请您在下单前……仔细阅读以下内容：本店所售全部燕窝均从泰国普吉岛直邮发回国内仓库，有时会碰到海关延误查验等不可抗力因素……”。亚润食品店通过顺丰向谷捷送货。上述产品没有合法标签，未经入境检验检疫并许可进口。其外包装上用中文标

明：一级燕盏；原产地：泰国；生产日期：2019 年 1 月。

谷捷认为，该产品存在多处违法，不但没有合法标签，更是未经入境检验检疫并许可进口的违法食品，属于不符合食品安全标准的食品，违反《食品安全法》的禁止性规定，提起诉讼。

一审法院查明：2018 年 1 月 18 日，亚润食品店以案外人玉隆阁文化传播（上海）有限公司名义申请广东出入境检验检疫局检验检疫技术中心对“亚当娜燕盏”进行检测，其检测报告载明：检测结果符合“食用燕窝亚硝酸盐临时管理限量值”的规定。2018 年 12 月 31 日，亚润食品店从亚当娜普吉岛有限合伙公司购买了总价 190000 泰铢的燕窝。

【一审情况】

一、一审诉辩主张

原告谷捷的诉讼请求为：（1）判令被告亚润食品店退回购货款 11750 元；（2）判令被告亚润食品店赔偿 117500 元。

被告亚润食品店辩称：案涉商品不存在食品安全问题，原告谷捷没有证据证明涉案商品存在质量问题或因涉案商品标识的瑕疵可能带来的安全隐患，故要求“十倍赔偿”的诉讼请求不成立。请求驳回原告谷捷的诉讼请求。

二、一审裁判理由

一审判决认为，被告销售的案涉燕窝食品属于进口产品，其没有合法标签确实不符合食品安全标准，原告要求退还货款 11750 元，被告对此也无异议，故对原告该项请求予以支持。根据《食品安全法》的规定，案涉产品虽没有合法标签也非经入境检疫，但从该品牌燕窝的检测报告及被告提供的进货凭证来看，案涉燕窝不存在食品安全问题，原告购买后并未食用，其也未举证证明案涉食品对其造成了人身、财产或其他损害，故对原告关于案涉食品违反《食品安全法》要求“十倍赔偿”的主张不予支持。另外，案涉产品的购买页面详情标明了案涉食品来源，页面介绍的产品产地也标注了泰国，即谷捷购买时也知晓案涉产品系进口产品且系由泰国普吉岛直邮发回国内仓库，该事实不会对其购买行为产生误导。

三、一审裁判结果

（一）被告亚润食品店于本判决发生法律效力之日起十日内向原告谷捷退还所付价款 11750 元；

（二）原告谷捷于本判决发生法律效力之日起十日内向被告亚润食品店退还亚当娜燕盏 5 盒；

（三）驳回原告谷捷的其余诉讼请求。

案件受理费减半收取1442.5元，由谷捷负担1311.5元，亚润食品店负担131元。

【二审情况】

一、二审诉辩主张

谷捷不服一审判决，提起上诉，请求：撤销一审判决第二项和第三项，依法改判被上诉人亚润食品店支付惩罚性赔偿金117500元。其上诉的主要理由为：第一，一审判决认定事实错误。1. 亚润食品店提交的票据、翻译单仅能证明其曾从泰国购买燕窝，不能证明案涉燕窝具有合法来源。亚润食品店主张案涉燕窝系从泰国进口，应当提交进货凭证和入境手续。2. “检测报告”不能证明案涉燕窝符合国家食品安全标准。第二，一审判决适用法律错误。亚润食品店销售的案涉燕窝是具有疫情风险、国家禁止进口的动物源性食品，违反《食品安全法》的规定，应当承担价款十倍惩罚性赔偿。

二审中，谷捷提交了玉隆阁文化传播（上海）有限公司的《企业信用信息报告》，拟证明案涉检测报告的不合法性。经质证，二审法院认证：玉隆阁文化传播（上海）有限公司已于2016年10月25日注销，案涉“检测报告”申请人为玉隆阁文化传播（上海）有限公司，样品接收日期为2018年1月18日，明显晚于公司注销时间，故检测报告真实性存疑，且不能证明系案涉燕窝的检测报告。

被上诉人亚润食品店辩称：第一，依据国家质监总局发布的《关于进口泰国燕窝产品检验检疫要求的公告》可知，燕窝不属于国家禁止进口的动物源性食品。第二，案涉燕窝无检验标签，并非等同于存在食品安全问题，且被上诉人已经提交了“检验报告”，证明案涉燕窝符合国家标准。第三，上诉人不属于消费者，系职业打假人，不适用“十倍赔偿”规定，其上诉请求应予驳回。

二、二审裁判理由

（一）关于谷捷是否系消费者的问题。根据最高人民法院《食品药品司法解释》第三条规定，虽然谷捷对涉及食品的法律法规的熟悉程度以及甄别食品安全的能力高于一般消费者，但并不能基于此而否认谷捷消费者的身份，而对其合法权益不予保护。

（二）关于案涉燕窝是否符合国家食品安全标准的问题。根据《食品安全法》第九十七条和国家质量监督检验检疫总局《关于进口泰国燕窝产品检验检疫要求的公告》（2017年第66号）规定，泰国输华预包装燕窝产品标签应当符合中国法律法规和相关标准的要求。案涉燕窝在网站销售时标注为泰国燕窝，外包装载明燕窝的原产地亦为泰国，但未注明加工企业名称、地址及注册号、未注明境内代理商的名称、地址及联系方式等信息，违反上述有关进口食品标签规定，属于不得进口的食品，应当认定该燕窝为不符合食品安全标准的食品。此外，根据《食品安全法》和《食品药品司法解释》第六条有关“食品的生产者与销售者应当对于食品符合质量标准承担举证责任”的规定，被上诉人销售产地为泰国的燕窝，应当举证证明该进口食品系经过检验检疫部门检验合格的合法入境食品。虽然亚润食品店提交有“检测报告”、亚当娜普吉岛合伙有限公司出具的燕窝收据，拟证明案涉燕窝来源于泰国，且经过了进口检验检疫，来源合法。但经查证，该“检测报告”真实性存疑，无法证明系对案涉燕窝进行的检测，不能达到证明案涉燕窝经过进口检验检疫的目的。亚当娜普吉岛合伙有限公司出具的燕窝收据载明的燕窝购买日期为2018年12月31日，而案涉燕窝中文标签上标注的生产日期为2019年1月，购买时间早于生产时间，明显不符合逻辑，该燕窝收据也不能证明系购买的案涉燕窝。故现有证据不能证明案涉燕窝经过了进口检验检疫，亚润食品店也未提供其对供货商许可资质及食品合格证明文件已尽到查验义务的相关证据材料，因此，亚润食品店销售案涉燕窝的行为属于销售明知是不符合食品安全标准食品的行为。依据《食品安全法》的规定，上诉人要求被上诉人退还货款并支付价款十倍赔偿符合法律规定，应予以支持。

三、二审裁判结果

（一）撤销成都市青羊区人民法院（2019）川0105民初5222号民事判决；

（二）谷捷于本判决生效之日起十日内向亚润食品店退还其购买的亚当娜燕盏5盒，同时亚润食品店向谷捷退还所付价款11750元，并向谷捷支付赔偿款117500元。

一审案件受理费1442.5元，由亚润食品店负担；二审案件受理费2623元，由亚润食品店负担。

【再审情况】

一、再审诉辩主张

亚润食品店申请再审称：

1. 原审判决认定案涉燕窝系不符合食品安全标准的食品，判决申请人亚润食品店向被申请人谷捷货款十倍赔偿，属于认定事实和适用法律错误。案涉燕窝虽未经入境检疫，但不能直接认定其不符合食品安全标准，原审判决认定事实错误。案涉燕窝违反有关进口食品标签规定属于标签瑕疵，却不影响食品安全，不会对被申请人产生食品安全隐患并造成误导。被申请人并未食用案涉燕窝，不应当适用惩罚十倍赔偿金；

2．二审审限严重超期，程序严重错误。根据2017年《民事诉讼法》第二百条第二项、第六项之规定，申请再审。

二、再审裁判理由

（一）关于案涉燕窝是否符合国家食品安全标准的问题。《食品安全法》第九十二条、第九十七条的规定是我国有关进口食品安全标准的强制执行的标准，在中华人民共和国境内从事经营销售进口食品均应遵守该规定，否则即为不符合食品安全标准的食品，不得进口，不能在中国境内销售。亚润食品店销售的案涉燕窝产地标注为泰国，则其首先应当举证证明该进口燕窝是经检验检疫部门检验合格的合法入境食品。但是，亚润食品店提交的案涉"检测报告"的申请检测人为玉隆阁文化传播（上海）有限公司，检测样品接收日期为2018年1月18日，明显晚于该申请检测公司注销时间，故案涉"检测报告"真实性存疑，不能证明是案涉燕窝的检测报告。由此，亚润食品店提交的证据不能证明案涉燕窝经过了进口检验检疫，是检验合格的进口食品。其次，案涉燕窝属于进口预包装食品，外包装载明燕窝的原产地为泰国，但却未注明加工企业名称、地址及注册号、未注明境内代理商的名称、地址及联系方式等信息，不符合上述有关进口食品标签的规定，属于不得进口的食品。综上可见，案涉燕窝既不是经进口检验检疫的合格进口食品，也没有符合规定的进口食品标签，缺乏最基本的食品安全信息，应属于不符合食品安全标准的食品，原审法院对此认定并无不当。

（二）关于本案能否适用惩罚性赔偿金的问题。首先，亚润食品店既不能提交证据证明案涉燕窝经过了进口检验检疫，也未提供其对供货商许可资质及食品合格证明文件已尽到查验义务的相关证据材料。因此，亚润食品店销售案涉燕窝的行为属于销售明知是不符合食品安全标准食品的行为。其次，作为进口预包装食品，其食品标签、说明书及随附的合格证明材料均是向公众披露以使不特定的消费者用以知晓该食品的生产加工者、境内代理商、成分含量、产品标准等有关食品安全的信息，并最终以此判断食品的安全性、可食用性及是否决定购买。同时，食品标签、说明书及随附的合格证明材料也便于食品安全监督管理部门对食品安全的全程监控、问题追溯及风险管控。所以，食品标签、说明书及随附的合格证明材料是食品安全的信息源，是食品进入市场销售的通行证，不是可有可无或信息可以随意缺失的。也基于此，进口的预包装食品才要求必须有中文标签、说明书及随附合格证明材料，否则，普通中国消费者无从判断其安全性。无符合法律规定的食品标签、说明书及随附合格证明材料的食品即为来路不明，食用安全无保障的食品，不得入市销售。本案亚润食品店一直主张案涉燕窝本身是安全的，但其却不能提交有效的证据加以证明。案涉燕窝本身或许有可能是无毒、无害的，但在其没有符合规定的食品标签、说明书及随附合格证明材料的情况下，则其安全性就不具有确定性，而对其安全性的判断又不是一个普通消费者能轻易作出的。购买食品是我们任何一个人最为频繁的消费行为，若让每个消费者都需要委托专门机构检测才能确定所购买食品的安全性显然既不切实际，也不合理。因此，如若容许案涉燕窝这样无符合法律规定的食品标签、说明书及随附合格证明材料的食品进入市场合法销售，显然会扰乱食品安全秩序，危害公众食品安全，增加食品安全监督管理成本，耗费更多的社会资源，不符合效益原则。据此，从保障公众身体健康和生命安全的立法本意出发，对食品安全作出相关强制执行标准的规定，以此规制使入市销售的食品符合食品安全标准。综上所述，本案亚润食品店销售的案涉燕窝违反进口食品标签的规定，食品标签缺失必要的食品安全信息，不属于《食品安全法》第一百四十八条第二款规定中的但书情形。本案查明的事实符合惩罚性赔偿金适用的条件，原审法院对被申请人谷捷主张支付价款十倍赔偿金的要求予以支持，适用法律并无不当。再审申请人亚润食品店认为被申请人并未食用案涉燕窝，不应当适用十倍赔偿金的主张也不成立。

（三）关于本案二审审限是否超期，是否违反法定程序的问题。经调阅二审电子卷宗，本案二审于 2019 年 12 月 3 日立案，2020 年 6 月 30 日结案，因法定原因扣除审限 136 天后，实际审理天数并未超法定审限。

综上所述，亚润食品店的再审申请不符合《民事诉讼法》第二百条第二项、第六项规定应当再审的情形，其再审申请事由均不成立。

三、再审裁判结果

驳回亚润食品店的再审申请。

【评析】

本案涉及以下三个问题具有指引价值，值得进一步剖析。

一、经营销售进口食品的法律准许问题

食品安全涉及生命权、健康权保护问题，生命权、健康权是对世权，是绝对权利。其义务主体是权利主体之外的一切不特定对象，其他任何主体均负有不得侵犯、妨害权利主体生命权、健康权的义务。我国《民法典》第一千零二条、第一千零四条及《食品安全法》第九十二条、第九十七条都对此作了强制性规定，若经营销售进口食品必须符合这些规定，否则，即为危害食品安全的行为。本案中，亚润食品店所举证据均不能证明其经营的案涉燕窝符合上述法律规定，故法院认定其经营明知是不符合食品安全标准的食品，事实清楚，证据充分。

二、进口食品标签缺失与标签瑕疵的法律后果归属问题

进口食品的标签缺失及标签瑕疵问题，是消费者维权纠纷中常见的普遍问题，诉讼中，往往涉及是否“生产不符合食品安全标准的食品”或者“经营明知是不符合食品安全标准的食品”的认定，从而进一步涉及是否支持惩罚性“十倍赔偿”的法律适用问题。

案涉燕窝产地标注为泰国，就外包装而言，其未注明加工企业名称、地址及注册号，未注明境内代理商的名称、地址及联系方式等信息。这些法律规定的进口食品基本信息缺失，不符合进口食品标签内容的强制性规定，缺失最基本的食品安全信息，属于不符合食品安全标准的食品，法律明令禁止销售。诉讼中，亚润食品店认为，其违反有关进口食品标签规定属于标签瑕疵，不影响食品安全，不会产生食品安全隐患并造成误导。通常意义上，“缺失”的概念是根本就没有；而“瑕疵”的概念则是在有的基础上的不完全。案涉进口燕窝按照法律要求外包装须注明：加工企业名称、地址及注册号、境内代理商的名称、地址及联系方式等食品安全强制信息，而其根本就没有，故不属于存在“瑕疵”问题。

根据《食品安全法》第一百四十八条第二款的规定，免除销售者惩罚性赔偿责任的条件是“存在不影响食品安全且不会对消费者造成误导的瑕疵”。这种“误导”，应当理解为仅指关于食品安全消费误导。因为一般消费误导属于《消费者权益保护法》调整范畴，而《食品安全法》是规范调整食品安全法律关系的特别法。因此，凡属于“生产不符合食品安全标准的食品”“经营明知是不符合食品安全标准的食品”的情形发生，都将可能承担相应的补偿性赔偿责任（损失赔偿责任）和惩罚性赔偿责任，或者行政处罚责任，甚至刑事惩罚责任。

三、关于适用惩罚性“十倍赔偿”的行为模式问题

关于惩罚性“十倍赔偿”的法律依据，最基础的来源是《食品安全法》第一百四十八条第二款规定，即：“生产不符合食品安全标准的食品或者经营明知是不符合食品安全标准的食品，消费者除要求赔偿损失外，还可以向生产者或者经营者要求支付价款十倍或者损失三倍的赔偿金；增加赔偿的金额不足一千元的，为一千元。但是，食品的标签、说明书存在不影响食品安全且不会对消费者造成误导的瑕疵的除外。”该条给出的行为模式是：生产者“生产不符合食品安全标准的食品”；经营者“经营明知是不符合食品安全标准的食品”。该行为模式的核心关键词是：“不符合食品安全标准的食品。”

对于“食品安全标准”，《食品安全法》第三章作了专门规定，涉及食品安全国家标准的制定、管理、监督，食品安全地方标准制定、报备、废止，食品安全企业标准的制定、适用、报备，以及这些食品安全标准在省级以上人民政府卫生行政部门的官网上公布、查阅、下载等方面。对于经营者而言，识别该模式较生产者相对复杂一些。实践中，主要是对“明知”的认识不易把握。为此，《食品安全司法解释（一）》对《食品安全法》规定的“明知”解释为：“食品经营者具有下列情形之一，消费者主张构成食品安全法第一百四十八条规定的‘明知’的，人民法院应予支持：（一）已过食品标明的保质期但仍然销售的；（二）未能提供所售食品的合法进货来源的；（三）以明显不合理的低价进货且无合理原因的；（四）未依法履行进货查验义务的；（五）虚假标注、更改食品生产日期、批号的；（六）转移、隐匿、非法销毁食品进销货记录或者故意提供虚假信息的；（七）其他能够认定为明知的情形。”本案中，亚润食品店销售的燕窝，不能提供合法进货来源和未依法履行进货查验义务，符合该解释的第二项和第四项规定的情形。故亚润食品店向谷捷销售的案涉燕窝，符合“经营明知是不符合食品安全标准的食品”的行为模式。据此，二审改判亚润食品店承担惩罚性“十倍赔偿”，再审驳回亚润食品店的再审申请，均事实清楚，于法有据。

（评析人：陈敏）

消费者“投诉”生产、经营不符合食品安全标准食品得到确认，不构成名誉侵权

——青岛金大洋乳业有限公司诉魏宏名誉权纠纷案

【裁判要点】

消费者向市场监管部门举报投诉生产、经营销售不符合食品安全标准的食品，以及通过诉讼方式维权，其主张的事实得到市场监管部门或人民法院的确认，对生产者、经营者不构成名誉侵权。

【关键词】

举报投诉　维权诉讼　食品安全标准　消费者　名誉侵权

【案例来源】

中国裁判文书网

一审：山东省青岛市黄岛区人民法院民事判决书［(2020）鲁 0211 民初 8749 号］

二审：山东省青岛市中级人民法院民事判决书［(2021）鲁 02 民终 608 号］

附 1：四川省成都市青羊区人民法院民事判决书［(2019）川 0105 民初 10776 号］

附 2：四川省成都市中级人民法院民事判决书［(2020）川 01 民终 1737 号］

【简要案情】

2019 年 7 月 28 日，青岛市黄岛区市场监督管理局作出《关于反映青岛金大洋乳业有限公司生产超范围添加食品营养强化剂食品调查情况的回复》，对魏宏投诉青岛金大洋乳业有限公司（以下简称金大洋公司）“违法生产超范围添加食品营养强化剂食品”的调查情况进行了书面回复：“……一、基本情况：2019 年 5 月 23 日，你因生活所需在广汉市……购买了金大洋公司生产的……氨基酸配方粉 14 罐，单价 328 元/罐，共计 4592 元……小孩食用后啼

哭身体不舒服，请教他人发现以下问题：1. 购买的产品超范围添加食品营养强化剂……不符合《食品安全国家标准食品营养强化剂使用标准》。诉求：1. 对被投诉举报人的违法行为及时进行查处，并书面告知投诉举报人……2. 责令被举报人按照《食品安全法》《食品召回管理办法》对被举报的食品予以召回；3. 依照……对举报人予以法定的最高奖励。二、调查情况：1. 现场检查未发现你投诉的某某……氨基酸配方粉……；2. 根据该企业提供的情况说明，企业是依据《食品安全国家标准食品添加剂使用标准》（GB 2760—2014），将 L－赖氨酸……作为香料在食品中使用；3. 经查，对 L－赖氨酸目前国家没有食品检测标准。企业提供的产品配方及情况说明也未添加 L－色氨酸……4. 对该企业产品标签涉嫌违法违规的行为，我局已经立案调查，目前正在调查中。5. 我局已向该企业下达《责令改正通知书》，要求企业召回标签不符合《食品安全法》规定的产品。6. 关于举报奖励的问题，根据……的规定，你反映问题的行为属于投诉，不是举报，不属于举报奖励范围……”

四川省成都市中级人民法院于 2020 年 6 月 10 日作出的（2020）川 01 民终 1737 号民事判决，确认四川省成都市青羊区人民法院（2019）川 0105 民初 10776 号民事判决书内容，并对其判决结果予以维持。

该判决书载明以下与本案有关的内容：

1. 魏宏于 2019 年以青岛金大洋乳业有限公司和青羊区泽坪母婴用品店为共同被告，向成都市中级人民法院提起产品责任民事诉讼，请求两被告连带退回魏宏购物款 4264 元；连带赔偿十倍货款 42640 元等。

2. 该院经审理认定以下事实：“2019 年 5 月 21 日，魏宏在青羊区泽坪母婴用品店购买‘金大洋贝儿康特能舒安 TM 多种食物蛋白过敏期氨基酸配方粉’13 罐，共支付价款 4264 元。该产品标注为‘多种食物蛋白过敏人群营养支持固体饮料’，其中配料含葡萄糖浆、植物脂肪粉……”

3. 该院认为，生产者、销售者均应当向消费者提供符合国家食品安全标准的产品。本案案涉争议产品系固体饮料，属于食品类，食品生产经营应当符合食品安全标准，应当按照食品安全国家标准使用食品添加剂。卫生部发布的《食品安全国家标准食品营养强化剂使用标准》（GB 14880—2012）属于国家强制执行标准。而本案案涉争议产品系固体饮料，并非特殊膳食用食品，根据其配料表的记载，该产品含有 L－赖氨酸、L－蛋氨酸、L－色氨酸、L－酪氨酸，不属于可以添加 L－赖氨酸的制品范围。案涉争议产品的生产已构成违规使用营养强化剂，青岛金大洋乳业有限公司作为生产企业，生产不符合食品安全标准的食品，青羊区泽坪母婴用品店销售不符合食品安全标准的食品，根据《中华人民共和国食品安全法》第一百四十八条之规定，魏宏有权要求退还货款并支付惩罚性十倍赔偿。但根据前述规定，生产者与销售者所承担的责任并非连带责任，本案系青岛金大洋乳业有限公司生产不符合食品安全标准的食品，属于生产者的责任，应由其承担向魏宏支付十倍赔偿的责任。

4. 该院对案件判决如下：一、青羊区泽坪母婴用品店于本判决发生法律效力之日起十日内退还魏宏价款 4264 元；二、青岛金大洋乳业有限公司于本判决发生法律效力之日起十日内向魏宏支付赔偿金 42640 元。

金大洋公司认为，魏宏在 2019 年 5 月 21 日在成都市购买 13 罐案涉产品，后又在 2019 年 5 月 23 日到广汉市购买 14 罐案涉产品，魏宏家中无适龄儿童使用案涉产品却大量购买，其购买案涉产品后一方面进行诉讼索赔；另一方面向青岛市黄岛区市场监管局投诉并索要奖励。魏宏的恶意诉讼和恶意投诉，并大肆宣传，造成金大洋公司产品在四川地区中止销售，给金大洋公司在四川市场造成名誉损害和巨大损失，其拒不道歉。为此，提起诉讼。

【一审情况】

一、一审诉辩主张

原告金大洋公司的诉讼请求为：（1）判令被告魏宏停止侵害金大洋公司名誉行为；（2）判令被告魏宏立即在四川省各地市登报向金大洋公司赔礼道歉、消除影响、恢复名誉；（3）判令被告魏宏赔偿金大洋公司经济损失 100 万元；（4）诉讼费由被告魏宏负担。

被告魏宏经合法传唤，无正当理由未到庭参加诉讼，系其对自己诉讼权利的处分，本案依法缺席审理。

二、一审裁判理由

一审判决认为，当事人对自己主张的事实，应提供确实充分的证据予以证明。从青岛市黄岛区市场监督管理局书面回复和成都市中级人民法院民事判决书载明的内容看，被告魏宏系作为消费者购买金大洋公司生产的产品，后以发现质量问题为由向有关监管部门举报投诉，得到回复后又提起民事诉讼，经法院审理，依法判决部分支持了魏宏的诉讼请求。从查明的上述事实看，魏宏的行为未违法侵害原告金大洋公司的名誉权。金大洋公司对其所主张的魏宏侵害其名誉权并要求被告魏宏赔偿损失 100 万元等请求，未提供确实充分的证据证明，按照“谁主张，谁举证”的原则，对金大洋公司的诉讼请求，依法不予支持。

三、一审判决结果

驳回原告金大洋公司的诉讼请求。

案件受理费 5500 元，减半收取 2750 元，由原告金大洋公司负担。

【二审情况】

一、二审诉辩主张

金大洋公司不服一审判决，提起上诉，请求：1. 撤销原判，依法判决；2. 判令魏宏支付金大洋公司为此案支出的一切费用，包括但不限于诉讼费、律师费及其他费用和经济损失。3. 判令魏宏承担本案全部诉讼费。

事实与理由：魏宏系团伙职业打假人，在四川成都、广汉，重庆等地多次购买金大洋公司生产的案涉固体饮料，并进行恶意投诉，恶意诉讼，造成金大洋公司名誉损害和巨大经济损失。

被上诉人魏宏未答辩。

二、二审裁判理由

二审判决认为，本案系名誉权纠纷，争议的焦点为被上诉人魏宏是否侵害上诉人金大洋公司名誉权。《最高人民法院关于适用〈中华人民共和国民事诉讼法〉的解释》(2015 年) 第九十条规定："当事人对自己提出的诉讼请求所依据的事实或者反驳对方诉讼请求所依据的事实，应当提供证据加以证明，但法律另有规定的除外。在作出判决前，当事人未能提供证据或者证据不足以证明其事实主张的，由负有举证证明责任的当事人承担不利的后果。"根据青岛市黄岛区市场监督管理局书面回复和成都市中级人民法院民事判决书载明的内容，魏宏系作为消费者发现质量问题向有关监管部门举报投诉，后又提起民事诉讼，经法院审理支持了魏宏的诉讼请求，魏宏的行为没有过错，不构成侵害上诉人名誉权。一审法院据此判决驳回上诉人金大洋公司的诉讼请求正确。

三、二审判决结果

驳回上诉，维持原判。

二审案件受理费 5500 元，由上诉人金大洋公司负担。

【评析】

关于名誉权问题，名誉权的客体是名誉，通说认为名誉是一种客观社会评价，《民法典》第一千零二十四条规定："民事主体享有名誉权。任何组织或者个人不得以侮辱、诽谤等方式侵害他人的名誉权。名誉是对民事主体的品德、声望、才能、信用等的社会评价。"

名誉权指民事主体对自身名誉享有不受他人侵犯的权利。构成侵害名誉权的行为有三大特征：第一，具有侮辱、诽谤等毁损名誉性；第二，具有特定指向性；第三，具有他人知悉性。侮辱、诽谤是侵害民事主体名誉权的基本方式。侮辱是指故意以暴力或其他方式贬损其他民事主体的人格，毁损其名誉。对法人或非法人组织的诋毁行为包括当众焚烧法人或非法人组织的牌匾、污损法人的标志等。诽谤是指捏造虚假事实丑化其他民事主体的人格，损害其他民事主体名誉，降低其他民事主体的社会评价。

本案中，判断原告魏宏所实施的行为是否构成侵害被告金大洋公司名誉权，关键的待证事实是魏宏所实施的行为是否属于侮辱、诽谤行为。金大洋公司作为原告，负有证明其主张成立的举证责任。不但其未能完成证明自己主张的举证责任，反而在案证据能够证明被告魏宏投诉其“生产超范围添加食品营养强化剂食品”、经营销售不符合食品安全标准食品的事实客观存在，通过诉讼程序也得到了人民法院的确认，并判决支持魏宏的惩罚性赔偿索赔请求。

因此，无论是市场监管部门，还是人民法院均确认魏宏所实施的行为并不属于侮辱、诽谤金大洋公司的行为。故魏宏的行为不符合侵害名誉权行为的构成要件，金大洋公司主张魏宏侵害其名誉权缺乏事实和法律依据，其诉讼请求不成立。

（评析人：陈敏）

侵害消费领域社会公共利益违背社会主义核心价值观，应承担惩罚性赔偿责任

——九江市人民检察院诉刘龙献、程鹏、刘少莹、邹理林消费民事公益诉讼案

【裁判要点】

通过隐瞒真相、提供虚假的资质证明和生产合格证照片等方式误导、欺骗消费者，获取非法利益，侵害不特定消费者合法权益和社会公共利益，违背社会主义核心价值观中的诚信行为准则，属于侵害社会公共利益的侵权行为，除依法承担刑事责任外，还必须承担法律以私法机制实现本应由公法担当的惩罚与威慑为目的的特殊惩罚——民事惩罚性赔偿金。

【关键词】

民事公益诉讼　公共卫生安全　社会公共利益　不特定消费者　惩罚性赔偿

【案例来源】

中国裁判文书网

一审：江西省九江市中级人民法院［(2020）赣04民初187号］

附：江西省德安县人民法院刑事判决书［(2020）赣0426刑初170号］

【简要案情】

2020年1月下旬，全国新冠肺炎疫情蔓延，社会公众对防病毒口罩的需求量激增，国内防病毒口罩严重短缺。刘龙献、程鹏、刘少莹三人为谋取非法利益，于2020年1月26日前往湖北省仙桃市寻找口罩货源时结识了赵某，通过赵某分两批次从湖北省仙桃市小作坊购买到71万只无生产日期、无质量合格证、无生产者名称的“三无”产品口罩，第一批50万只，第二批21万只。刘龙献、程鹏联系到广东省的大买主后，先后雇用两辆货车将71万只口罩直接销售至广东省深圳市、揭阳市两地。

刘龙献、程鹏、刘少莹在销售出第一批50万只口罩之后，刘龙献邀请邹理林合伙销售口罩，四人共同商定了利润分配比例和分工：刘龙献占股40%，负责出资并管理资金、进货、销售；程鹏占股30%，负责进货、销售、管理账目；刘少莹占股20%，负责发货；邹理林占股10%，协助刘少莹发货。

2020年2月1日至2月2日，刘龙献、程鹏通过杨某等人又先后两次从湖北省仙桃市小作坊购进“三无”产品口罩约20万只、10.4万只，通过网络对外销售，并宣称所销售的是具有防病毒功能的一次性使用医用口罩。刘少莹、邹理林等人分别在江西省共青城市、德安县通过顺丰快递向贵州省、广东省、浙江省、北京市、内蒙古自治区等多个省、市、自治区的刘某三、刘某二、戴某二等人发货。其间，刘龙献邀请案外人陈某前来帮忙，承诺向其支付一定的工资作为报酬，并按成本价向其提供口罩。陈某随即到德安县协助刘少莹、邹理林通过顺丰快递向全国多个省份邮寄口罩10万余只。

刘某三、刘某二购买的部分口罩由当地公安机关寄回德安县公安局，德安县公安局委托江西省医疗器械检测中心对口罩细菌过滤效率进行检测，结论为被检样品细菌过滤效率检验项目不符合一次性使用医用口罩YY/T0969—2013的技术要求。经南昌鼎金会计师事务所专项审计，刘龙献、程鹏、刘少莹、邹理林等人销售口罩金额为人民币1736011元。

江西省德安县人民法院2020年12月30日作出（2020）赣0426刑初170号刑事判决书，以销售伪劣产品罪判处刘龙献有期徒刑4年，并处罚金20万元；以销售伪劣产品罪判处程鹏有期徒刑4年，并处罚金20万元；以销售伪劣产品罪判处刘少莹有期徒刑3年6个月，并处罚金20万元；以销售伪劣产品罪判处邹理林有期徒刑1年6个月，并处罚金10万元。

江西省九江市人民检察院认为，刘龙献、程鹏、刘少莹、邹理林四人销售伪劣口罩行为损害社会公共利益，依照法定程序提起民事公益诉讼。

【一审情况】

一、一审诉辩主张

江西省九江市人民检察院的公益诉讼请求为：（1）判令被告刘龙献、程鹏、刘少莹三人共同支付所销售的不符合国家标准的口罩价款三倍的赔偿金，共计5208033元，被告邹理林在2639969元赔偿金范围内与刘龙献、程鹏、刘少莹连带承担赔偿责任；（2）判令被告刘龙献、程鹏、刘少莹、邹理林在全国发行的新闻媒体上公开赔礼道歉；（3）判令被告刘龙献、程鹏、刘少莹、邹理林共同承担本案的会计审计费29999.97元。

被告刘龙献答辩称：（1）在向消费者宣传时并未宣传售卖的口罩是医用

口罩；（2）联系的口罩货源不是来自小作坊，他们是有口罩生产资质的；（3）公益诉讼起诉人审计的销售金额不完全正确，案涉第四批次口罩即2020年2月4日查货的31.7万个口罩并没有实际销售，其对应的数量与金额不应纳入销售金额。

被告程鹏辩称：（1）程鹏在销售过程中没有宣传销售的口罩是医用口罩；（2）《审计报告》认定的销售金额与实际销售的金额不符。

被告刘少莹答辩意见与程鹏答辩意见一致。

被告邹理林答辩意见与程鹏答辩意见一致。

二、一审裁判理由

一审判决认为，诚信作为社会主义核心价值观个人层面的价值准则，不仅仅是一种理念，更是一种体现在社会生活中的实践行为。诚信作为一个公序良俗的社会基本准则，应该作为社会主义社会公民生活实践的基本准则。社会主义核心价值观是社会主义法治建设的灵魂，诚信是社会主义核心价值观的主要内容之一，是每个社会成员都应该遵守的价值原则。本案四被告明知所销售口罩为"三无"普通防尘口罩，仍通过隐瞒真相、提供虚假的资质证明和生产合格证照片等方式误导、欺骗消费者，假冒一次性使用医用口罩进行销售以获取利益，明显违背了社会主义核心价值观中的诚信行为准则。

关于刘龙献、程鹏、刘少莹、邹理林是否实施了侵害不特定消费者合法权益和社会公共利益的侵权行为问题，审理如下。

刘龙献、程鹏、刘少莹、邹理林在新冠肺炎疫情暴发期间销售伪劣口罩，侵害了众多不特定消费者合法权益。刘龙献、程鹏、刘少莹、邹理林在新冠肺炎疫情暴发期间做虚假宣传、销售伪劣口罩，明知所销售的口罩属于"三无"普通防尘口罩，不具有防病毒功能，却对外宣称具有病毒防护功能并进行销售，其行为不仅误导、欺骗消费者，更足以危及消费者人身健康安全，其销售伪劣口罩的行为构成对消费者的侵权，对消费领域的社会公共利益造成侵害。

刘龙献、程鹏、刘少莹、邹理林在新冠肺炎疫情暴发期间销售伪劣口罩，侵害了其他社会公众的公共卫生安全。根据《中华人民共和国传染病防治法》第二十九条、第七十七条的规定，用于传染病防治的消毒产品，应当符合国家卫生标准和卫生规范，否则，导致传染病传播、流行，给他人人身、财产造成损害的，应当依法承担民事责任。

公益诉讼起诉人要求四被告就其侵害行为，在已流向市场的伪劣口罩数额范围内承担三倍惩罚性赔偿责任，符合法律规定。

被告刘龙献、程鹏、刘少莹、邹理林以隐瞒真相、误导消费者等欺诈方式通过互联网向不特定的消费者销售“三无”普通防尘口罩，严重违反相关法律法规，其行为是对全社会每一个个体身体健康和生命安全的漠视和亵渎，已构成对社会消费者整体共同的安全权、健康权、知情权、自主选择权等人身权益的侵害，依法应承担赔礼道歉的民事责任。因本案的购买者涉及多个省市，公益诉讼起诉人要求四被告就其侵权行为在全国发行的新闻媒体上公开赔礼道歉，符合法律规定，依法予以支持。

三、一审裁判结果

（一）被告刘龙献、程鹏、刘少莹于本判决生效之日起十日内共同支付侵害社会公共利益的惩罚性赔偿金 5208033 元；

（二）被告邹理林在 2639969 元赔偿金范围内与被告刘龙献、程鹏、刘少莹连带承担赔偿责任；

（三）被告刘龙献、程鹏、刘少莹、邹理林于本判决生效之日起十日内，在全国发行的新闻媒体上向社会公众刊发赔礼道歉声明（道歉声明的内容须经本院审定），相关费用由被告刘龙献、程鹏、刘少莹、邹理林负担；

（四）被告刘龙献、程鹏、刘少莹、邹理林于本判决生效之日起十日内向九江市人民检察院支付会计审计费 29999.97 元。

案件受理费 48466.23 元，由被告刘龙献、程鹏、刘少莹负担，被告邹理林在 24567.53 元范围与被告刘龙献、程鹏、刘少莹共同负担。

本案一审判决后，在法定期间控辩双方均未上诉，本判决已经发生法律效力。

【评析】

本案是通过公益诉讼保护不特定社会消费者权益及公共卫生安全的案例。

公共卫生安全关系到国家公共卫生状况、疾病控防等方方面面。本案四被告销售不符合国家标准的“三无”口罩，既对购买、使用口罩的特定消费者造成私益权利的侵害，也对不特定的消费者群体构成健康和生命威胁，直接损害社会公共利益、侵害社会公共秩序。社会成员的健康权和生命权，是广泛排他的绝对权利，国家也通过民事公益诉讼赔偿制度立法来保护社会公共利益和公共秩序。本案判决参照适用《消费者权益保护法》对经营者欺诈行为惩罚上限，即“三倍惩罚性赔偿”的规定，判决四被告承担惩罚性赔偿金责任，并在全国发行的新闻媒体上向社会公众公开赔礼道歉，既体现了对行为人的严厉惩罚，又彰显了对违法犯意的震慑。

关于公益诉讼，2017 年《民事诉讼法》第五十五条第一款规定：“对污染环境、侵害众多消费者合法权益等损害社会公共利益的行为，法律规定的机关和有关组织可以向人民法院提起诉讼。”2015年的最高人民法院关于适用民事诉讼法的司法解释第二百八十四条进一步明确规定了公益诉讼的受理条件：“（一）有明确的被告；（二）有具体的诉讼请求；（三）有社会公共利益受到损害的初步证据；（四）属于人民法院受理民事诉讼的范围和受诉人民法院管辖。”

本案中，被告刘龙献、程鹏、刘少莹、邹理林明知其销售的口罩不符合疫情防护标准，仍以隐瞒真相、提供虚假的资质证明和生产合格证照片等方式，对外宣传其口罩为具有病毒防护功能的一次性使用医用口罩，损害众多不特定消费者合法权益，侵害口罩卫生用品经营消费市场公共秩序，对消费领域的社会公共利益造成损害，危害社会公共卫生安全，构成对消费领域社会公共利益的侵害。九江市人民检察院提起公益诉讼，九江市中级人民法院作出裁判于法有据。

关于公益诉讼，2015年的最高人民法院适用民事诉讼法的司法解释第二百八十七条规定：“人民法院受理公益诉讼案件后，依法可以提起诉讼的其他机关和有关组织，可以在开庭前向人民法院申请参加诉讼。人民法院准许参加诉讼的，列为共同原告。”第二百八十八条规定：“人民法院受理公益诉讼案件，不影响同一侵权行为的受害人根据民事诉讼法第一百一十九条规定提起诉讼。”由此可见，消费领域的特定消费者与公益诉讼原告在权益保护上法律规定不重合，即公益诉讼的请求内容与私益诉讼的请求内容，即使在事实上存在包含关系，但在请求权上法律规定为分别独立。也就是说，即使公益诉讼就同一行为判决行为人承担责任，包括支付惩罚性赔偿金，也不影响该行为的私益受害者依据《消费者权益保护法》或《食品安全法》等法律提起私益诉讼，即消费者权益纠纷赔偿诉讼，包括消费者主张的补偿性赔偿和惩罚性赔偿请求。

（评析人：陈敏）

第二章　刑事案例评析

“知假买假”索赔金额在法定范围内且索赔方法为法律允许，不构成犯罪

——国某某、赵某某被控敲诈勒索罪宣告无罪案

【裁判要点】

“知假买假”并不影响其向销售者主张权利。如果索要的赔偿金额未超出法律保护的范围，使用的也是若不赔偿就向相关部门投诉或向法院起诉等法律允许的索赔手段，其行为虽然不当，但社会危害性低于制假售假行为，不符合敲诈勒索罪的构成要件，不具备应受刑罚处罚性。

【关键词】

知假买假　索赔金额　敲诈勒索　宣告无罪　驳回抗诉

【案例来源】

中国裁判文书网

一审：呼和浩特市回民区人民法院刑事判决书［（2019）内 0103 刑初 313 号］

二审：呼和浩特市中级人民法院刑事裁定书［（2019）内 01 刑终 312 号］

【简要案情】

2019 年 1 月 9 日，国某某与赵某某在黄某经营的位于呼和浩特市回民区海拉尔西路的金海烟酒店花费 1.908 万元，陆续购买了 20 瓶五粮液及软中华香烟，之后以黄某所卖的酒是假酒为由向其索要赔偿。经协商，黄某向赵某某退款 1.8 万元。

2019 年 1 月 10 日，国某某与赵某某在张某某经营的位于呼和浩特市新城

区赛马场北路的宏宝烟酒店内花费 1.08 万元，购买 6 瓶茅台，之后以张某某所卖的酒是假酒为由向其索要赔偿款 2 万元。因张某某不同意给付，赵某某 2019 年 1 月 15 日向呼和浩特市消费者协会投诉。2019 年 1 月 25 日，贵州茅台酒股份有限公司通过外观辨认，认定赵某某送检的 4 瓶茅台属假冒注册商标的产品。

2019 年 1 月 13 日，国某某与赵某某在孟某某经营的位于呼和浩特市赛罕区东影南路的金都烟酒店花费 6.36 万元，陆续购买 4 箱茅台、4 箱五粮液及香烟。2019 年 1 月 19 日，二人以孟某某所卖的酒是假酒为由向其索要赔偿。经协商，孟某某除退款 6.36 万元以外，还额外赔偿 2.64 万元。

2019 年 1 月 13 日、14 日，国某某与赵某某在李某经营的位于呼和浩特市赛罕区大学东路的巨海烟酒店花费 5.61 万元，陆续购买 3 箱五粮液、4 箱茅台和香烟，之后以李某所卖的酒是假酒为由向其索要赔偿。

2018 年 6 月 6 日至 8 日，国某某在芦某某经营的位于二连浩特市团结路的鸿运超市花费 5.04 万元，购买 24 瓶茅台、3 箱五粮液后，以芦某某出售假酒为由向其索要赔偿 3.6 万元。因协商不成，国某某向二连浩特市食品药品监察科投诉。经贵州茅台酒股份有限公司鉴定，国某某送检的 12 瓶茅台酒属假冒注册商标的产品。

【一审情况】

一、一审诉辩主张

呼和浩特市回民区人民检察院以国某某、赵某某的行为构成敲诈勒索罪，向呼和浩特市回民区人民法院提起公诉。

国某某、赵某某及其辩护人以二被告人的行为不构成犯罪为由，作无罪辩护。

二、一审裁判理由

一审判决认为，首先，依照《食品药品司法解释》，国某某、赵某某购买的白酒属于食品，从保护人民群众生命健康权出发，在食品、药品消费领域，购买者是否以消费为目的不影响其自身权益，而且二人索要金额未超出法律保护范围；其次，国某某、赵某某二人在索赔过程中提出如不赔偿将向消费者协会投诉或向法院起诉的手段并未超出必要限度，未达到敲诈勒索犯罪要求的胁迫程度；最后，国某某、赵某某二人的行为虽然不当，但尚不构成犯罪，不具备应受刑法处罚性。

三、一审裁判结果

（一）被告人国某某无罪；

（二）被告人赵某某无罪。

【二审情况】

一、二审诉辩主张

呼和浩特市回民区人民检察院抗诉称，被告人国某某和赵某某以非法占有为目的，对被害人多次实施要挟，强行索要财物，应当以敲诈勒索罪定罪处罚，一审判决适用法律错误，依据《最高人民法院办公厅对十二届全国人大五次会议第5990号建议的答复意见》，只有当知假买假者通过诉讼索赔时，客观上起到了净化市场的作用，才能够获得赔偿，但二被告人以报警、曝光等威胁手段提出赔偿要求，并以要挟手段非法占有他人款项，且在取得款项后将假酒退还商家，其行为无助于净化市场环境，不具备合法性，应当受到刑罚处罚。

呼和浩特市人民检察院支持抗诉称：

1. 国某某、赵某某购买假酒就是为了实施敲诈勒索，而不是以消费为目的，故二人不是消费者，无权依据《消费者权益保护法》或《食品安全法》获得赔偿，其索要的金额系敲诈勒索犯罪数额，二人行为构成敲诈勒索罪；

2. 国家对食品、药品领域制假、售假打击力度相对较大，国某某、赵某某以控告、举报相威胁，已经对售假者造成最有效、最直接的威胁，足以给售假者造成极大心理压力和恐慌，二人的行为已经达到了敲诈勒索罪构成要件中的胁迫程度。二人的行为构成敲诈勒索罪，请二审法院依法改判。

二、二审裁判理由

二审裁定认为，《答复意见》对于《食品药品司法解释》中有关“因食品、药品质量问题发生纠纷，购买者向生产者、销售者主张权利，生产者、销售者以购买者明知食品、药品存在质量问题而仍然购买为理由而进行抗辩的，人民法院不予支持”的规定，明确为“该条规定从保护人民群众生命健康权出发，明确了在食品、药品领域，消费者即使明知商品为假冒伪劣仍然购买，并以此诉讼索赔时，人民法院不能以其知假买假为由不予支持……因此，考虑食药安全问题的特殊性及现有司法解释和司法实践的具体情况，我们认为目前可以考虑在除购买食品、药品之外的情形，逐步限制职业打假人的牟利性打假行为”。本案中，虽然原审被告人国某某、赵某某在明知销售者出售的白酒系假酒的情况下，仍然继续购买，其目的是索要赔偿进而牟利，但涉案销售者所销售的白酒确属假冒注册商标的商品，白酒也属于食品范畴，根据上述答复意见，原审被告人国某某、赵某某“知假买假”的行为并不影响其向销售者主张权利，且二原审被告人索要的赔偿金额并未超出法律保护的范围，使用的也是若不赔偿就向相关部门投诉或向法院起诉等法律允许的正常索赔手段，故二原审被告人的行为虽然不当，但社会危害性低于制假售假行为，也不符合敲诈勒索罪的构成要件，不具备应受刑罚处罚性，呼和浩特市回民区人民检察院提出的抗诉理由及呼和浩特市人民检察院提出的支持抗诉意见均不能成立，本院不予采纳。

三、二审裁判结果

驳回抗诉，维持原判。

【评析】

本案在一审判决宣告二被告人无罪之后因为检察院的抗诉而引发的二审程序中，无论是检察院认为一审判决“适用法律错误”还是二审法院认为“抗诉不能成立”的理由中，都引用了一个相同的司法文件——最高人民法院的《答复意见》——只是得出的结论截然相反：

回民区检察院抗诉认为，被告人国某某和赵某某以非法占有为目的，对被害人多次实施要挟，强行索要财物，应当以敲诈勒索罪定罪处罚，一审判决适用法律错误，依据《答复意见》及《食品药品司法解释》第三条，即只有当知假买假者通过诉讼索赔时，客观上起到了净化市场的作用，才能够获得赔偿，但二被告人以报警、曝光等威胁手段提出赔偿要求，并以要挟手段非法占有他人款项，且在取得款项后将假酒退还商家，其行为无助于净化市场环境，不具备合法性，应当受到刑罚处罚。

呼和浩特市检察院在支持抗诉的意见中进一步认为，因为国家对食品、药品领域制假、售假打击力度相对较大，原审被告人国某某、赵某某以控告、举报相威胁，已经对售假者造成最有效、最直接的威胁，足以给售假者造成极大心理压力和恐慌，二人的行为已经达到了敲诈勒索罪构成要件中的胁迫程度。故二被告人的行为构成敲诈勒索罪，应当依法改判。

二审裁定则认为，《答复意见》明确，考虑食药安全问题的特殊性及现有司法解释和司法实践的具体情况，目前可以考虑在除购买食品、药品之外的情形，逐步限制职业打假人的牟利性打假行为。因此，国某某、赵某某“知假买假”的行为并不影响其向销售者主张权利，且二原审被告人索要的赔偿金额并未超出法律保护的范围，使用的也是如不赔偿就向相关部门投诉或向法院起诉等法律允许的正常索赔手段，故二原审被告人的行为虽然不当，但社会危害性低于制假、售假行为，也不符合敲诈勒索罪的构成要件，不具备应受刑罚处罚性。

必须看到，司法实践中，对“知假买假”这一“类案”所作的司法裁判中，“同案不同判”的情形时有发生，而且不少“同案不同判”的裁判理由中都适用了这同一个《答复意见》，只是作出了不同的解读，这种司法裁判标准不一的问题已经严重影响对法律的统一实施。

笔者认为，姑且不论《答复意见》这种文本是否具有普遍适用的司法效力，但它毕竟是作为国家最高审判机关公开发布的司法公文，自然属于规范性文件的范畴。当这类司法公文在司法机关办理有关“知假买假索赔”案件如何适用法律发生冲突时，在对“知假买假索赔”行为到底是应当予以支持、不予支持甚至定罪判刑存在重大争议的情况下，理应由该文件的制作者主动对此文件的法律效力和适用范围作出明确的回应，以确保国家法律的统一实施和“类案检索”制度的顺利推行。

（评析人：罗书平）

“结石宝宝”父亲维权中赔偿数额与生产销售方发生争议，不构成犯罪

——郭某被控敲诈勒索罪再审宣告无罪案

【裁判要点】

在伪劣商品生产销售方有再次赔偿的意思表示或者与消费者双方皆有再次商谈意愿的前提下，消费者就赔偿数额提出要求，符合民事纠纷协商解决的特征。虽然消费者已获得的和再次要求的赔偿数额超出了当时有关部门处理的标准，但在被害人人身受损害程度没有评估鉴定、生产者也未与消费者联系继续协商的情况下，不宜以消费者提出新的索赔数额认定非法占有。

监督产品质量是消费者的合法权利。消费者可选择通过媒体对产品质量进行舆论监督的维权方式，其索赔行为不违反法律规定。

【关键词】

刑民交叉　民事索赔　敲诈勒索　宣告无罪　再审　国家赔偿

【案例来源】

中国裁判文书网

一审：广东省潮安县人民法院刑事判决书［（2009）安刑初字第492号］

二审：广东省潮州市中级人民法院刑事裁定书［（2010）潮中法刑一终字第17号］

再审（指令）：广东省潮州市中级人民法院刑事裁定书［（2010）潮中法刑终再字第1号］

再审（提审）：广东省高级人民法院刑事判决书［（2015）粤高法审监刑再字第19号］

【简要案情】

郭某之女郭某某于2006年2月出生后，曾食用施恩公司生产的“施恩”牌奶粉。2008年9月，政府有关部门检查后确认部分批次“施恩”牌奶粉含

有三聚氰胺，并向社会公布。郭某带女儿郭某某到医院检查，检出其“双肾中央集合系统内可见数个点状强回声”。之后，郭某将家中剩下和新购买的部分“施恩”牌婴幼儿奶粉送检，检出两个批次奶粉中三聚氰胺含量较高。2009年4月，郭某多次找销售商和施恩公司索赔，并向媒体反映“施恩”牌奶粉存在的问题及其女儿食用后造成的危害后果，媒体对相关情况进行了报道。

2009年6月13日，施恩公司派员与郭某协商，双方达成和解协议，施恩公司补偿郭某人民币40万元，并于当日将该款汇入郭某的银行账户。同日，郭某出具书面材料表示，基于问题已妥善解决，不再追诉并放弃赔偿要求。

2009年6月25日，北京电视台播出了题为《一个男人，如何使“施恩”奶粉低头》的视频，内容主要是郭某向该台反映“施恩”奶粉问题。同年6月29日，施恩公司及其控股股东雅士利公司派员主动与郭某取得联系。在双方沟通的过程中，郭某提出，其家人对上述赔偿问题不满意，其妻高某因此流产及患精神疾病，要求施恩公司赔偿其误工费和女儿医疗费等共人民币300万元。郭某还表示，如不满足其要求，将通过国内外媒体对上述两家公司进行负面报道。雅士利公司报案，郭某于2009年7月23日被羁押。

【一审情况】

一、一审诉辩主张

广东省潮安县人民检察院指控：被告人郭某以非法占有为目的，采用要挟手段，勒索公私财物，数额巨大，其行为应当以敲诈勒索罪追究刑事责任。被告人郭某犯罪未遂。

郭某辩解称：其索赔300万元的行为是维权行为，其已取得的40万元只是部分赔偿款；其并没有要挟对方，双方一直在协商解决问题。

二、一审裁判理由

一审判决认为，（1）郭某的犯意并非是在施恩公司段某某一方的引诱下产生的。郭某与施恩公司达成和解协议后，在与施恩公司段某某再次联系之前，主观上已有向施恩公司索取300万元的意图，并为此做了准备。被害单位与郭某联系，只是为郭某提出索要300万元提供了机会，并没有制造其犯意。（2）郭某具有非法占有他人财物的目的。理由：郭某与施恩公司达成并履行和解协议，该协议的内容足以涵盖郭某一方的各项赔偿请求权。郭某再次提出300万元赔偿款不存在合法的请求权，且郭某虚构其亲属对赔偿不满意和其妻因此流产、有精神病等事实。郭某还向并非“施恩”奶粉生产厂家的雅士利公司索要赔偿。（3）郭某对被害单位实施了具有刑法意义的要挟行为。郭某在与施恩公司的和解协议达成并履行后，仍向被害单位索要300万元赔偿；提出如不满足其要求，将通过媒体对两家公司进行负面报道、配合国外调查等，使两家企业破产。以上手段足以损害两家公司的市场信誉，影响两家企业的正常经营，引起两家公司的惧怕。

综上所述，被告人郭某在没有合法请求权的前提下，以非法占有为目的，采用要挟手段勒索财物，数额巨大，其行为已构成敲诈勒索罪。郭某在敲诈勒索过程中，因意志以外的原因而未得逞，系犯罪未遂，予以从轻处罚。

三、一审裁判结果

被告人郭某犯敲诈勒索罪，判处有期徒刑五年。

【二审情况】

一、二审诉辩主张

郭某上诉提出，原判认定事实不清，证据不足，其行为不构成敲诈勒索罪。

二、二审裁判理由

潮州市中级人民法院二审认为，原判认定事实清楚，定罪和适用法律正确，量刑适当，审判程序合法。

三、二审裁判结果

驳回上诉，维持原判。

【指令再审情况】

2010年5月31日，广东省高级人民法院审查认为本案在程序上存在不符合《刑事诉讼法》规定的情形，确有错误，作出再审决定，指令潮州市中级人民法院对本案进行再审。

广东省潮州市中级人民法院再审确认了原一、二审认定的事实，认为原审裁判认定郭某犯敲诈勒索罪的事实清楚，证据确实、充分，定罪和适用法律正确，审判程序合法，量刑并无不当，裁定维持原一、二审裁判。

【提审情况】

郭某仍不服，继续申诉。其申诉理由主要有：自己作为一个消费者始终都在与施恩公司代表平等商谈，无犯罪动机和行为，不构成敲诈勒索罪。

广东省高级人民法院经审查，决定提审本案。

在广东省高级人民法院开庭审理中，广东省人民检察院出庭检察员发表意见认为：（1）现有证据不足以证实郭某主观上具有非法占有的目的。郭某在本案中的索赔行为有法律依据，具有目的正当性。郭某索取300万元赔偿，是行使民事权利的一种方式，不属于“以非法占有为目的”。（2）郭某的行为不符合敲诈勒索罪的客观要件。郭某作为消费者，在索赔过程中，向媒体曝光手段行为合法合理，不符合敲诈勒索罪的客观行为要件。综上所述，郭某的行为不符合敲诈勒索罪的主客观要件，其行为不构成敲诈勒索罪，潮州中级人民法院刑事裁定对郭某的定罪量刑错误。

广东省高级人民法院再审判决认为：

（一）从本案发生、发展的过程来看，尚不能认定郭某的行为性质超出民事纠纷的范畴。

首先，本案是因施恩公司一方主动与郭某联系而引发。在涉案 40 万元赔偿协议履行后，郭某接受采访的视频在电视台播出，施恩公司一方主动找到郭某商谈有关事宜。

其次，现有证据不能证明是郭某首先提议“再次赔偿”。在施恩公司一方有再次赔偿的意思表示或双方皆有再次就赔偿问题进行商谈意愿的前提下，郭某就赔偿数额提出要求，符合民事纠纷协商解决的特征。

最后，施恩公司一方在报案后仍与郭某就“再次赔偿”事宜多次联系、商谈，并让郭某出具了索赔的书面材料。

（二）争议双方的分歧主要是赔偿数额，现有证据不足以证明郭某具有非法占有他人财物的目的。

首先，郭某在本案中有权提出民事赔偿。郭某因其女儿食用涉案问题奶粉身体健康受到侵害而找到奶粉的生产厂家施恩公司索赔，施恩公司对其生产的奶粉质量不合格及造成相关人身损害事实没有不同意见，并自愿赔偿了 40 万元。

其次，郭某之女因涉案问题奶粉受损害的情况不清。虽然郭某已获得和再次要求的赔偿数额超出了当时有关部门处理问题奶粉事件的最高赔偿标准，但在其女儿人身受损害程度没有评估鉴定和施恩公司一方主动联系郭某继续协商处理双方纠纷的情况下，不宜以郭某提出新的索赔数额超出以上标准而认定非法占有。

（三）现有证据不足以证明郭某实施了敲诈勒索行为。

敲诈勒索罪的客观方面表现为实施威胁、要挟的方法，迫使被害人交出数额较大财物的行为。

首先，监督产品质量是消费者的合法权利，消费者可选择通过媒体对产品质量进行舆论监督的维权方式。

其次，郭某不具备实施有关要挟行为的条件。郭某在向施恩公司一方提出 300 万元索赔之前，政府部门及媒体已经向社会公布曝光了相关奶粉的质量问题。

再次，郭某在本案中享有一定的民事权利，其索赔行为不违反法律规定。

最后，郭某虚构其妻子因故流产、患精神病等事实，不足以引发施恩公司一方产生恐惧、害怕等精神上的强制效应，该行为不足以认定构成威胁、要挟。

综上所述，根据现有的事实和证据，不能认定原审被告人郭某构成敲诈勒索罪。申诉人郭某（原审被告人）关于郭某不构成敲诈勒索罪的意见及广东省人民检察院出庭检察员意见成立，本院予以采纳。原审裁判认定原审被告人郭某以非法占有为目的，使用威胁、要挟的方法，强行索取财物行为的事实不清，证据不足。根据现有证据证明的事实评判，郭某的行为性质未超出民事纠纷的范畴，不能认定郭某构成敲诈勒索罪。原公诉机关指控原审被告人郭某构成敲诈勒素罪及原审裁判认定原审被告人郭某构成敲诈勒索罪不能成立。申诉人郭某（原审被告人）关于郭某不构成敲诈勒索罪的意见及广东省人民检察院出庭检察员意见成立，本院予以采纳。

为此，广东省高级人民法院作出再审判决：

（一）撤销广东省潮州市中级人民法院（2010）潮中法刑一终字第 17 号、（2010）潮中法刑终再字第 1 号刑事裁定和广东省潮安县人民法院（2009）安刑初字第 492 号刑事判决。

（二）原审被告人郭某无罪。

【评析】

笔者特别注意到，“结石娃娃”父亲郭某因本案被刑事拘留的日期是 2009 年 7 月 23 日，刑满释放的日期是 2014 年 7 月 22 日。也就是说，整整服刑了五年没有减刑，郭某一直不认罪，一直在申诉，放弃了减刑机会，坐满了全部刑期，正如 2016 年 8 月他在接受财新记者采访时所言：“我偏执了八年，就是想要一个公正的判决结果。”

其实，按照郭某在服刑期间正在适用的最高人民法院关于办理减刑、假释案件的司法解释的规定——对罪犯在刑罚执行期间提出申诉的，要依法保护其申诉权利，对罪犯申诉不应不加分析地认为是不认罪悔罪——郭某在服刑期间依法行使申诉权是不影响其获得减刑的，但郭某仍坚持选择“拒不认罪”，因为他始终坚信自己是无罪的。

当然，广东省高级人民法院再审判决宣告郭某无罪的理由为原定罪判刑的判决“事实不清，证据不足”，理论上属于“存疑无罪”，而不是“绝对无罪”。尽管随着郭某的国家赔偿申请已经获得了司法确认，这个“存疑无罪”

的判决留下的会不会存在“根据新的事实、证据重新起诉”[①] 的可能性应该说不复存在，但类似因“民事索赔”而引发“刑事案件”是否就不会再度发生，至少在目前“统一法律适用”机制尚未落到实处、“同案不同判”的问题尚未得到根本解决的情况下，还不能过于乐观，人们寄希望于让“民事的归民事、刑事的归刑事”的法治目标还有待继续努力！

因此，当务之急是需要通过立法或者司法解释的形式明确这样的规则：作为消费者在维权过程中，可以选择（并不限于）通过媒体等对产品质量进行舆论监督的方式维权，只要其索赔行为不违反法律规定，该行为不足以认定构成威胁、要挟，就应当予以支持，至少不能以此为由追究行为人的刑事责任。

（评析人：罗书平）

---

① 《最高人民法院关于适用〈中华人民共和国刑事诉讼法〉的解释》（2021 年 1 月 26 日，法释〔2021〕1 号）第二百一十九条规定：

“人民法院对提起公诉的案件审查后，应当按照下列情形分别处理：

（一）不属于本院管辖的，应当退回人民检察院；

（二）属于刑事诉讼法第十六条第二项至第六项规定情形的，应当退回人民检察院；属于告诉才处理的案件，应当同时告知被害人有权提起自诉；

（三）被告人不在案的，应当退回人民检察院；但是，对人民检察院按照缺席审判程序提起公诉的，应当依照本解释第二十四章的规定作出处理；

（四）不符合前条第二项至第九项规定之一，需要补充材料的，应当通知人民检察院在三日以内补送；

（五）依照刑事诉讼法第二百条第三项规定宣告被告人无罪后，人民检察院根据新的事实、证据重新起诉的，应当依法受理；

（六）依照本解释第二百九十六条规定裁定准许撤诉的案件，没有新的影响定罪量刑的事实、证据，重新起诉的，应当退回人民检察院；

（七）被告人真实身份不明，但符合刑事诉讼法第一百六十条第二款规定的，应当依法受理。

对公诉案件是否受理，应当在七日以内审查完毕。”

第二百九十八条规定：“对依照本解释第二百一十九条第一款第五项规定受理的案件，人民法院应当在判决中写明被告人曾被人民检察院提起公诉，因证据不足，指控的犯罪不能成立，被人民法院依法判决宣告无罪的情况；前案依照刑事诉讼法第二百条第三项规定作出的判决不予撤销。”

销售假冒“贵州茅台”品牌白酒数额巨大，构成犯罪

——谢某某销售假冒注册商标案

【裁判要点】

行为人具有销售假冒注册商标的商品的主观故意，客观上实施了销售假冒注册商标的商品的行为，销售金额数额巨大，构成销售假冒注册商标的商品罪。

公安机关从行为人处查获大量假冒“贵州茅台”品牌的白酒，数量明显超出自用范围，且查获的假冒“贵州茅台”品牌的白酒与其销售的系同一种假冒注册商标的商品，属于已经着手实行犯罪，由于其意志以外的原因而未得逞，系犯罪未遂。

【关键词】

刑事犯罪　注册商标　销售假冒注册商标的商品罪　茅台酒　犯罪未遂

【案例来源】

中国裁判文书网

一审：上海市杨浦区人民法院刑事判决书［（2020）沪 0110 刑初 539 号］

二审：上海市第三中级人民法院刑事裁定书［（2020）沪 03 刑终 64 号］

【简要案情】

谢某某为牟取非法利益，从他人处收购假冒“贵州茅台”品牌白酒若干，存放于自己位于本市浦东新区浦东大道 2742 弄 1 号 301 室的办公室内。

2017 年 12 月至 2018 年 11 月期间，谢某某多次向郑某某销售假冒茅台酒，销售金额为人民币 868200 元；2019 年 8—9 月期间，谢某某以每瓶 1499 元的价格向陈某某销售假冒茅台酒 120 瓶，共计销售金额为 179880 元。

2019 年 9 月 24 日，民警至本市浦东新区浦东大道 2742 弄 1 号 301 室检查，现场查获并扣押“贵州茅台”品牌白酒共计 358 瓶，并将谢某某口头传

唤至公安机关接受调查。经鉴定，在谢某某办公室内及陈某某处被查获的共计 442 瓶茅台酒及从郑某某处调取的 18 瓶茅台酒均系假冒注册商标的产品。经审核，依法被查扣的 358 瓶假冒茅台酒的货值金额共计 429600 元。

【一审情况】

一、一审诉辩主张

上海市宝山区人民检察院指控谢某某犯销售假冒注册商标的商品罪。

谢某某被抓获到案后拒不供认其犯罪事实。

二、一审裁判理由

一审判决认为，谢某某销售明知是假冒注册商标的商品，销售金额数额巨大，未销售的货值数额亦巨大，其行为已构成销售假冒注册商标的商品罪。对于未销售部分，谢某某已经着手实行犯罪，由于其意志以外的原因而未得逞，系犯罪未遂。谢某某销售金额数额巨大，未销售的货值数额亦巨大，应在同一量刑幅度内酌情从重处罚。

三、一审裁判结果

谢某某犯销售假冒注册商标的商品罪，判处谢某某有期徒刑四年，罚金 75 万元；没收被告人谢某某违法所得；查获的假冒注册商标的酒类商品、犯罪工具手机均予以没收。

【二审情况】

一、二审诉辩主张

谢某某上诉提出：（1）上海市人民检察院第三分院于 2020 年 3 月 12 日指定上海市宝山区人民检察院管辖此案，但实际宝山检察院在此之前已经行使权力批捕、羁押及取证，缺乏法律依据；（2）原判所列证据不能证明其卖酒是以营利为目的；（3）其系在 2014 年通过茅台酒厂老总袁仁国认识的“裴来峰”处购买大批量茅台酒，当时买进价 819 元/瓶，市面价 850～860 元/瓶，其他少量茅台酒是通过朋友或者到酒厂买的，原判认定其具有销假的主观故意证据不足；（4）郑某某的证言前后矛盾，王 1、范某某是其司机和办公室主任，他们之间具有利害关系，原判根据微信聊天记录截图、银行转账记录认定其向郑某某销售茅台酒 86 万余元证据不足。

谢某某的辩护人认为：（1）上诉人不具有犯罪主观明知。理由：一是原判认为谢某某自述具有较高品鉴酒品的能力，故应当具有较于一般人更高的鉴别能力及注意义务，与客观事实不符；二是原判认定谢某某以低于市场价购入的事实缺乏证据支持；三是谢某某与王 2 的微信聊天记录只能表明其有卖酒行为，不能证明其系明知假酒。(2) 商标权利人不具备刑事鉴定的当然资格，其作出的《产品辨认（鉴定）表》不满足证据“三性”的要求，不能作为定案依据。(3) 郑某某的证言真实性存疑，该证言前后矛盾，不能作为定案依据。(4) 上海市公安局宝山分局没有侦查权，且在没有获得管辖权的情况下取得的证据不能采信。(5) 原判根据现有证据证明谢某某销售给郑某某的酒都是茅台酒以及陈某某已经消费掉的酒都是假冒商品的证据不足，且从谢某某办公室查获的酒都是为了自饮需求和社交需要，不应该计入犯罪数额，故原判认定犯罪数额错误。综上，请求法院认定谢某某无罪。即使认为其有罪，应当将其向郑某某销售的86万余元、陈某某的17万余元、上诉人自用及预期消费部分从犯罪总额中扣除，并结合其坦白等情节对其从轻或减轻处罚。为证实上述观点，辩护人当庭出示了证人杜庆喜、马万钧、姜浩的《证明》等证据，证明谢某某具有白酒消费习惯。

上海市人民检察院第三分院认为，原判认定上诉人谢某某犯销售假冒注册商标的商品罪的事实清楚，证据确实充分，定性准确，量刑适当，审判程序合法。上诉人谢某某及其辩护人的上诉理由及辩护意见，与事实和法律不符，不能成立，建议驳回上诉，维持原判。

二、二审裁判理由

经二审审理查明的事实和证据与原判相同。现根据已查明的事实和证据，本院对各方意见综合评判如下：

关于上海市公安局宝山分局对本案是否具有管辖权及据此取得的证据是否可采信的问题。根据上海市公安局出具的《上海市公安局指定管辖决定书》、上海市人民检察院第三分院、上海市第三中级人民法院分别出具的《关于谢某某销售假冒注册商标的商品案指定管辖的批复》，证实上海市公安局根据《公安机关办理刑事案件程序规定》的有关规定，对谢某某销售假冒注册商标的商品一案的管辖问题进行审查，决定由宝山公安分局管辖；上海市人民检察院第三分院、上海市第三中级人民法院根据《刑事诉讼法》的有关规定，经审查分别指定本案由上海市杨浦区人民检察院审查起诉，由上海市杨浦区人民法院审理。在庭审过程中，宝山公安分局收集、调取的证据均经公诉机关当庭出示，并经控辩双方辨认、质证，合法有效，本院予以确认。谢某某及其辩护人提出的相关上诉理由及辩护意见于法无据，本院不予采纳。

关于《产品辨认（鉴定）表》是否可以作为定案依据的问题。经查，根据《中华人民共和国商标法实施条例》的有关规定，商标权利人对涉案商品具有鉴别资质。《商标注册证》《注册商标变更证明》《核准续展注册证明》《商标续展注册证明》《核准商标转让证明》《营业执照》《证明》等证据证实，“贵州茅台”商标系茅台酒厂依法核准登记注册的商标，茅台酒厂依法授权贵州茅台酒股份有限公司使用，并委托其对所使用商标的商品进行真伪鉴定并出具鉴定报告。贵州茅台酒股份有限公司依法接受宝山公安分局的委托，对查获的涉嫌假冒注册商标的“贵州茅台”品牌白酒进行真伪鉴别，并出具书面的《产品辨认（鉴定）表》，形式合法，内容客观。一审庭审时，茅台酒厂委托诉讼代理人出庭就涉案被查获及调取的“贵州茅台”品牌白酒的鉴定方法及内容作进一步说明。谢某某及其辩护人亦无相关证据推翻该鉴定结论。综合全案证据，贵州茅台酒股份有限公司出具的《产品辨认（鉴定）表》可以作为定案依据，辩护人提出的相关辩护意见于法无据，本院不予采纳。

关于谢某某是否具有销售假冒注册商标的商品主观故意的问题。经查，公安机关出具的《搜查笔录》《扣押决定书》《扣押清单》《扣押笔录》《调取证据通知书》及相关刑事摄影照片证实，公安机关从谢某某办公室及证人陈某某、郑某某处查获、调取涉案“贵州茅台”品牌白酒共计 460 瓶，其中生产日期包括 2009 年、2012 年和 2013 年。茅台酒厂出具的《证明》《授权委托书》及贵州茅台酒股份有限公司出具的《产品辨认（鉴定）表》证实，涉案“贵州茅台”品牌白酒均系假冒注册商标的商品。另案处理人员陈某某多次供称，2019 年中秋节期间谢某某让其帮忙购买了 10 箱 2013 年、5 箱 2009 年生产的假冒茅台酒，共计 90 瓶。证人郑某某、陈某某的证言及茅台酒厂出具的《价格证明》证实，谢某某以明显低于市场价向郑某某、陈某某销售茅台酒。上述证据相互印证，足以证实谢某某主观上具有销售假冒注册商标的商品的主观故意。谢某某关于涉案绝大部分茅台酒均系其于 2014 年从茅台酒厂老总袁仁国安排的一个叫“裴来峰”处购买的供述无证据支撑，且其亦无法说明购买上述大批量茅台酒的资金支付情况。故谢某某及其辩护人的相关上诉理由及辩护意见与事实不符，本院不予采纳。

关于原判认定谢某某犯罪金额的证据是否充分的问题。经查，证人陈某某的证言与银行转账记录证实，其以明显低于市场价的价格分别于 2019 年 8 月 31 日和 9 月 10 日两次向谢某某购买茅台酒 120 瓶，共计 179880 元。证人郑某某的证言证实，2017 年 12 月至 2018 年 11 月期间，因为价格太便宜，所以郑某某先后 4 次以 1100～1200 元的价格向谢某某购买茅台酒，并通过转账方式支付货款，其中，2017 年 12 月 21 日郑某某向谢某某转账 120000 元；2018 年 2 月 8 日转账 33000 元；2018 年 7 月 2 日转账 283200 元；2018 年 11 月 16 日转账 432000 元，其没有向谢买过其他品牌的酒。上述证言能够与郑某某、谢某某的微信聊天记录以及银行转账记录等证据相互印证。证人王 1、范某某的证言相互印证，证实王1、范某某根据郑某某的指示多次至谢某某处拿酒，从外包装看均是茅台酒，没有拿过其他品牌酒。

综上所述，在案证据足以证实谢某某向郑某某、陈某某销售“贵州茅台”品牌白酒共计100余万元的犯罪事实。上诉人谢某某及其辩护人的相关上诉理由和辩护意见，与查明的事实不符，不予采纳。

谢某某具有销售假冒注册商标的商品主观故意，客观上实施了销售假冒注册商标的商品的行为，销售金额数额巨大，构成销售假冒注册商标的商品罪。公安机关从谢某某办公室查获大量假冒“贵州茅台”品牌的白酒，数量明显超出自用范围，且查获的假冒“贵州茅台”品牌的白酒与谢某某向郑某某、陈某某销售的系同一种假冒注册商标的商品，辩护人提供的《证明》等证据，无法排除其具有对外销售的可能，故该部分查获的数量不应当予以扣除，应当以销售假冒注册商标的商品罪（未遂）定罪量刑。辩护人的相关辩护意见，于法无据，本院不予采纳。

上诉人谢某某销售明知是假冒注册商标的商品，销售金额数额巨大，未销售的货值数额亦巨大，其行为已构成销售假冒注册商标的商品罪，依法应予惩处。对于未销售部分，上诉人谢某某已经着手实行犯罪，由于其意志以外的原因而未得逞，系犯罪未遂。原判认定谢某某犯销售假冒注册商标的商品罪的事实清楚，证据确实、充分，适用法律正确，量刑适当，审判程序合法。上海市人民检察院第三分院建议本院驳回上诉、维持原判的意见正确，应予支持。上诉人谢某某及其辩护人的上诉理由及辩护意见均不能成立，本院不予采纳。

三、二审裁判结果

驳回上诉，维持原判。

【评析】

“贵州茅台”是中国贵州茅台酒厂（集团）有限责任公司依法登记注册的酒类商品商标。经权利人鉴定，涉案茅台酒并非该公司生产，属于假冒注册商标的商品。茅台酒在市场上有较高的知名度，上诉人谢某某以明显低于市场价的金额购入，然后销售给他人，这一行为不仅严重侵害涉案商标权利人的合法权益，而且对消费者造成较大的食品安全隐患，侵害消费者利益。因此，本案的处理，既有效地打击了侵犯知识产权犯罪，维护了注册商标权利人的合法权益，也维护了消费者的利益。

笔者注意到，本案自案发后、审理中直到终审结束，被告人（上诉人）谢某某自始至终均不认罪认罚，特别是在二审中提出了具体的上诉理由，其辩护律师也发表了详细的辩护意见。为此，二审法院将其归纳为四个方面进行综合审查，分别围绕关于上海市公安局宝山分局对本案是否具有管辖权及据此取得的证据是否可采信的问题、关于《产品辨认（鉴定）表》是否可以作为定案依据的问题、关于谢某某是否具有销售假冒注册商标的商品主观故意的问题、关于原判认定谢某某犯罪金额的证据是否充分的问题，根据审理查明的案件事实和法律适用规范，进行了全面的分析论述，最终作出“驳回上诉，维持原判”的终审裁定。

应当说，这样的裁判是符合“以事实为根据，以法律为准绳”的司法原则和《刑事诉讼法》第五十五条确立的“证明规则”的，即“对一切案件的判处都要重证据，重调查研究，不轻信口供。只有被告人供述，没有其他证据的，不能认定被告人有罪和处以刑罚；没有被告人供述，证据确实、充分的，可以认定被告人有罪和处以刑罚”。

（评析人：罗书平）

知假买假顶格索赔：一审“认罪认罚”定罪判刑，二审改判不构成犯罪

——孟某某被控敲诈勒索罪二审宣告无罪案

【裁判要点】

食药品领域中知假买假或职业打假行为并不为法律所禁止。知假买假后索赔是为了牟利，但在法律上不影响其作为食品购买者的权利，故不宜认定具有非法占有他人财物的犯罪故意。行为人在索赔过程中称如不赔偿就向市场监管部门举报或向法院起诉，其索赔方式虽有不当但并不违反法律规定，不符合敲诈勒索罪的犯罪构成，不构成犯罪。

【关键词】

知假买假　索赔金额　敲诈勒索　二审程序　检察监督　宣告无罪

【案例来源】

中国裁判文书网

一审：天津市西青区人民法院刑事判决书［（2019）津0111刑初834号］

二审：天津市第一中级人民法院刑事判决书［（2020）津01刑终78号］

【简要案情】

2017年10月至2019年4月，孟某某与李晶、刘娇、曹明等人，采取由专人分工负责的方式，在天津市人人乐超市大寺店、永旺超市大寺店、永旺超市中北店、永辉超市双街店、永辉超市北辰集贤店、家乐福超市海光寺店等多家大中型超市寻找过期食品并分单购买后，以孟某某为主，持购物小票、过期食品与超市谈判，要求超市按照每单1000元给予赔偿，并声称不赔偿将向市场监督管理部门举报或向法院起诉，以此获取赔偿款共计人民币33200元。其中，2017年10月中旬，在人人乐超市大寺店分单购买17单火腿和橄榄油，超市赔偿其8500元；2019年3月至4月，在永旺超市中北店购买爆米花、饼干、巧克力等物，超市赔偿其4500元；2017年11月至2018年12月，

在永旺超市大寺店多次购买方便面、爆米花、饼干、花生米、鳕鱼条等食品，超市赔偿其15000元；2019年3月8日，在家乐福超市海光寺店购买5袋单价9.5元的珍珠梅，超市赔偿其2000元；2019年4月16日，在永辉超市双街店购买单价29.9元的3包百乐芬华夫饼干，超市赔偿其1200元；2019年4月20日，在永辉超市北辰集贤店分单购买单价6元的8袋东来顺特制碗调料，超市赔偿其2000元。

【一审情况】

一、一审诉辩主张

在检察机关审查起诉阶段，三名被告人均与公诉机关签署了认罪认罚具结书。

天津市西青区人民检察院指控被告人李晶、刘娇、曹明犯敲诈勒索罪，向区人民法院提起公诉。

二、一审裁判理由

一审判决认为，被告人孟某某、李晶、刘娇、曹明以非法占有为目的，多次勒索他人财物，且数额较大，其行为均已构成敲诈勒索罪。被告人孟某某在缓刑考验期限内又犯新罪，应当撤销缓刑，实行数罪并罚。在共同犯罪中，被告人孟某某起主要作用，系主犯；被告人李晶、刘娇、曹明起次要作用，均系从犯，依法应当从轻处罚。被告人李晶、刘娇、曹明到案后如实供述自己的罪行，依法可以从轻处罚。鉴于本案对被告人李晶、刘娇、曹明适用认罪认罚从宽程序，依法可从宽处罚。

三、一审裁判结果

（一）被告人孟某某犯敲诈勒索罪，判处有期徒刑一年六个月，并处罚金人民币5万元；原判有期徒刑三年，缓刑三年，并处罚金人民币3万元（已缴纳），撤销缓刑，实行数罪并罚，决定执行有期徒刑四年，并处罚金人民币5万元。

被告人李晶犯敲诈勒索罪，判处有期徒刑七个月，并处罚金人民币1万元。被告人刘娇犯敲诈勒索罪，判处有期徒刑六个月，并处罚金人民币1万元。

被告人曹明犯敲诈勒索罪，判处有期徒刑六个月，并处罚金人民币1万元。

（二）责令被告人孟某某退赔被害人永旺商业有限公司天津大寺镇分公司12000元；退赔被害人天津市人人乐商业有限公司西青大寺购物广场8500元；退赔被害人永旺商业有限公司天津中北镇分公司3000元；退赔被害人家乐福

超市海光寺店2000元。

（三）责令被告人孟某某、李晶退赔被害人永旺商业有限公司天津大寺镇分公司3000元。

（四）责令被告人孟某某、李晶、刘娇、曹明退赔被害人永旺商业有限公司天津中北镇分公司1500元；退赔被害人天津永辉超市有限公司双街分公司1200元；退赔被害人天津永辉超市有限公司北辰分公司2000元。

【二审情况】

一、二审诉辩主张

原审被告人孟某某不服一审判决，以其行为不构成犯罪为由提出上诉。

其辩护人也认为孟某某的行为不构成犯罪，理由如下：（1）消费者向市场监管部门举报过期食品或向法院起诉维权，是《消费者权益保护法》赋予的法定权利，知假买假的打假人也是消费者，在《消费者权益保护法》规定的法定十倍或者每一单最高1000元幅度内索赔应当得到支持，不应评价为敲诈勒索的犯罪手段；（2）孟某某等人购买过期食品是职业打假“知假买假”的消费行为，不具有任何违法性，其向食品药品监管部门、工商管理部门投诉、与经营者协商也不属于敲诈勒索罪中的威胁或要挟行为；（3）我国法律没有明确禁止食品领域不可以职业打假，也没有明确规定打假索赔构成刑事犯罪。

天津市人民检察院第一分院的出庭意见为：原审判决认定的孟某某伙同原审被告人李晶、刘娇、曹明在本市部分超市共同多次实施购买过期食品，向超市索赔，不赔偿便“威胁”向市场监管部门举报或向法院起诉，实现对超市钱款的占有，合计获取超市赔偿款3万余元的事实清楚，证据确实、充分；但孟某某实施的索赔方式系法律所规定且索赔要求及内容均在法律框架之内，由此认定孟某某对他人财物占有手段的“胁迫性”乃至主观“恶性”不足，从而导致其行为的刑事违法性缺失，依法不应认定其构成敲诈勒索罪，一审定性错误，建议二审法院依法改判。

二、二审裁判理由

二审判决认为，孟某某等人的行为不符合敲诈勒索罪的犯罪构成，不应认定为敲诈勒索罪。主要理由是：

不仅《消费者权益保护法》《食品安全法》未禁止食品领域以牟利为目的的知假买假行为，而且《食品药品司法解释》明确规定：“因食品、药品质量问题发生纠纷，购买者向生产者、销售者主张权利，生产者、销售者以购买者明知食品、药品存在质量问题而仍然购买为理由进行抗辩的，人民法院不予支持。"《最高人民法院办公厅对十二届全国人大五次会议第5990号建议的答复意见》关于"对知假买假行为如何处理，知假买假者是否具有消费者身份的问题"中也进一步明确"考虑食药安全问题的特殊性及现有司法解释和司法实践的具体情况，我们认为目前可以考虑在除购买食品、药品之外的情况，逐步限制职业打假人的牟利性打假行为"。可见，现阶段食药品领域中知假买假或职业打假行为并不为法律所禁止。

孟某某等人购买的方便面、爆米花、饼干、花生米等商品均属于食品，从卷中证据来看上述食品系从相关超市购买且已过期，没有证据证实孟某某等人存在调包或藏匿过期食品而进行恶意索赔的情况。另外，孟某某等人以每单1000元向超市索赔，未超出《食品安全法》规定的惩罚性赔偿范围。孟某某等人知假买假后向超市索要赔偿是为了牟利，其行为虽有不当之处，但在法律上不影响其作为食品购买者向销售者进行索赔的权利，故不宜认定孟某某等人具有非法占有他人财物的犯罪故意。

孟某某等人在向超市索赔的过程中，称超市如不赔偿就向市场监管部门举报或向法院起诉，其索赔的方式符合《消费者权益保护法》规定的关于消费者与经营者争议解决的途径，并不违反法律规定。除上述行为外，现有证据不能证实其对超市经营者实施了恐吓、威胁或要挟等造成心理恐惧或强制的行为。故根据现有证据不能认定孟某某等人实施了敲诈勒索行为。

据此，上诉人孟某某及原审被告人李晶、刘娇、曹明以牟利为目的，知假买假后向超市索要赔偿，其行为不符合敲诈勒索罪的犯罪构成，虽有不当，但不能认定为犯罪。原审判决认定孟某某及李晶、刘娇、曹明知假买假后从超市获取赔偿的事实清楚，审判程序合法，但适用法律错误，本院依法予以纠正。对上诉人孟某某的上诉理由、辩护人的辩护意见及天津市人民检察院第一分院的出庭意见，予以采纳。

三、二审裁判结果

（一）撤销天津市西青区人民法院（2019）津0111刑初834号刑事判决；

（二）上诉人孟某某及原审被告人李晶、刘娇、曹明无罪。

【评析】

本案是一起典型的因为职业打假人知假买假索赔引发的刑事案件，两级法院对被告人作出了截然相反的判决：一审定罪判刑，二审宣告无罪。

显然，二审法院作出的对被告人（上诉人）改判无罪的判决不仅于法有据，而且体现了公平正义，符合社会主义核心价值观——食品药品领域中知假买假或职业打假行为并不为法律所禁止；知假买假后索要赔偿是为了牟利，但不宜认定具有非法占有他人财物的犯罪故意；索赔中称如不赔偿就向市场监管部门举报或向法院起诉，其索赔方式虽有不当但并不违反法律规定，不符合敲诈勒索罪的犯罪构成，不能认定为犯罪——这些裁判要点，理应成为此后人民法院审理类似案件的“参考依据”。

同时，值得肯定的是，检察机关在二审程序中全面履行法律监督职能，没有按照惯例简单地支持下级检察院的指控和公诉，更没有在一审法院作出支持检察院指控事项的判决后仅仅在二审程序中“走程序”，而是对一审判决的法律适用进行全方位的审查，郑重提出行为人实施的索赔方式于法有据，且索赔内容在法律框架之内，故一审判决认定孟某某对他人财物占有手段的“胁迫性”乃至主观“恶性”不足，从而导致其行为的刑事违法性缺失，依法不应认定其构成敲诈勒索罪。因此，一审定性错误，建议二审法院依法改判的出庭意见，为二审法院及时纠正确有错误的一审判决奠定了基础。

（评析人：罗书平）

明知虚假宣传"医药广告"购买数百种药品巨额索赔，构成敲诈勒索罪

——黄勇被控敲诈勒索罪不服定罪判刑裁判最高人民法院驳回申诉案

【裁判要点】

任何公民不得以揭发、检举他人的隐私、违法行为、犯罪行为或其他不愿意为公众所知晓的情形进行威胁，以满足自己个人的不法目的。行为人并非电视台医疗、医药类广告中产品的消费者，却利用各地电视台播放夸大疗效的医药、医疗类广告，假借消费者索赔的名义，采取检举、揭发相威胁的手段，直接与各地电视台或广告代理人讨价还价，索要财物，主观上具有非法占有他人财物的故意，客观上实施了以威胁手段勒索财物的行为，符合敲诈勒索罪的犯罪构成。

【关键词】

敲诈勒索　知假买假索赔　职业打假　虚假医药广告　驳回申诉

【案例来源】

中国裁判文书网

一审：重庆市万州区人民法院刑事判决书［(2011) 万法刑初字第00703号］

二审：重庆市第二中级人民法院刑事裁定书［(2012) 渝二中法刑终字第7号］

申诉：最高人民法院驳回申诉通知书［(2019) 最高法刑申435号］

【简要案情】

2008年6月，黄勇（又名刘江）发现全国各地许多电视台播放的医药类广告存在夸大疗效等行为，相继于同年6月至2010年5月先后招募胡某、莫某、颜某（另案处理）分别到其指定的省市，收看当地电视台播出的医药类广告，并将广告录制成光盘，然后购买一份广告中播出的产品，将产品批号

等信息用手机短信发给黄勇。黄勇收到这些信息后，即在自己开设的“刘江说法网”上制作针对该电视台播放违法广告的举报材料，由胡某、莫某、颜某分别将这些举报材料打印出来并邮寄给当地党委、政府、工商、药监等主管部门。

电视台因害怕受到处罚或在受到相关处罚后，即与黄勇在举报材料中留有的联系方式进行联系，黄勇就以将继续向上级部门甚至中央举报为要挟，向电视台索要钱财“私了”。在收到电视台给付的金钱后，黄勇即在“刘江说法网”上将举报该电视台的内容删除，制作声明函发给当地有关部门，表示不再追究该电视台的法律责任；如果被举报的电视台不予理睬，黄勇就会安排员工不断向其本地主管部门的上级甚至中央相关部门举报，直至电视台“赔偿”为止。

黄勇等人利用此种手段，先后向河南、四川、江西、安徽、湖北、贵州、云南、江苏、福建及重庆等省市的309家各级电视台索取资金共计200多万元，涉案多达309起。

2011年8月19日，黄勇因涉嫌敲诈勒索被重庆万州警方刑事拘留。

【一审情况】

一、一审控辩主张

重庆市万州区人民检察院以黄勇的行为已构成敲诈勒索罪，向万州区法院提起公诉。

黄勇及其辩护人均认为黄勇的行为不构成犯罪。其辩护律师提出了如下辩护意见：

对于300余家电视台播的虚假广告，检察机关没有异议，说明被告人黄勇打假不是无中生有。他所得收益，大多是有关单位给的劳务费、举报奖励等，不具有敲诈勒索性质。

敲诈勒索罪的客观要件是行为人以威胁或要挟等方法给予被害人精神压力，迫使被害人对其财物作出有利于行为人的处分。本案中，各电视台是在受到相关处罚后才与被告人联系，双方商谈的是对被告人购买的伪劣药品成本及被告人为维权产生的费用（如差旅费、光碟制作费等）进行赔偿，被告人黄勇“不是在索赔过程中以举报相威胁，达到多赔偿之目的，而是在提出索赔前就已经实施了举报行为”。

被告人黄勇要求电视台赔偿是有事实依据和法律依据的，被告人在举报前购买了违法广告推销的产品，在酒店住宿时收看了电视台的违法广告，均形成消费和服务关系，是消费者。

二、一审裁判理由

一审判决认为，被告人黄勇、胡某、莫某以非法占有为目的，采取威胁手段强行索取钱财，数额巨大，其行为已构成敲诈勒索罪。被告人以打假之名，以举报播放违法广告、各电视台害怕被查处这一手段相要挟，迫使电视台给付钱财，其行为符合敲诈勒索罪的犯罪构成。在共同犯罪中，被告人黄勇起组织、领导作用，是主犯。被告人胡某、莫某起次要、辅助作用，是从犯。根据被告人莫某的犯罪情节和对社会的危害程度，对其宣告缓刑不致再危害社会，依法可以宣告缓刑。

三、一审裁判结果

（一）被告人黄勇犯敲诈勒索罪，判处有期徒刑七年。

（二）被告人胡某犯敲诈勒索罪，判处有期徒刑四年。

（三）被告人莫某犯敲诈勒索罪，判处有期徒刑三年，缓刑四年。

（四）被告人作案工具予以没收，违法所得继续予以追缴。

【二审情况】

一、二审诉辩主张

被告人黄勇、胡某以检举揭发违法、虚假广告是消费者的索赔行为，不构成敲诈勒索罪为由提出上诉。

二、二审裁判理由

二审裁定认为，任何公民不得以揭发、检举他人的隐私、违法行为、犯罪行为或其他不愿意为公众所知晓的情形进行威胁以满足其个人的不法目的。上诉人黄勇、胡某、原审被告人莫某正是利用各地电视台播放夸大疗效的医药、医疗类广告，被检举后会遭受有关部门处罚的这一情形，达到自己勒索财物占为己有的目的。上诉人、原审被告人并非电视台医疗、医药类广告中产品的消费者，却假借消费者索赔的名义，采取检举、揭发相威胁的手段，直接与各地电视台或广告代理人讨价还价，索要财物，分别索取数千元至上万元不等数额的人民币据为己有，其行为不属于索赔行为，主观上具有非法占有他人财物的故意，客观上实施了以威胁手段勒索财物的行为，完全符合敲诈勒索罪的犯罪构成，属于共同犯罪。黄勇起组织、指挥作用，是主犯，应当依照参与的全部犯罪处罚，上诉人胡某、原审被告人莫某受邀约参与，在共同犯罪中起次要作用，是从犯，依法应当从轻、减轻或免除处罚。原审被告人莫某犯罪情节较轻，在犯罪后能认罪、悔罪，根据其犯罪情节及社会危害程度，对其宣告缓刑不致再危害社会，依法可以宣告缓刑。原判认定事实和适用法律正确，量刑适当。

三、二审裁判结果

驳回上诉，维持原判。

【申诉情况】

一、申诉理由

黄勇对重庆第二中级人民法院“驳回上诉，维持原判”的终审判决不服，继续向上级法院提出申诉。其申诉的主要理由是：自己的行为是正当索赔，有《消费者权益保护法》《食品药品司法解释》等法律和司法解释为依据；本案属于民事纠纷不应定性为刑事案件；本案一审审理程序严重违法。请求撤销原审判决，对本案提起再审并改判无罪。

二、驳回申诉

2019 年 9 月 12 日，最高人民法院向黄勇送达《驳回申诉通知书》。驳回申诉的主要理由为：

关于“自己的行为是正当索赔，有《消费者权益保护法》等法律法规为法律依据，本案属于民事纠纷而不应定性为刑事案件”的申诉理由。经查，根据《消费者权益保护法》的规定，为生活消费需要购买、使用商品，可以认定为消费者，受法律的保护，且经营者提供商品或者服务有欺诈行为的，应当按照消费者的要求增加赔偿其受到的损失，增加赔偿的金额为消费者购买商品的价款或接受服务费用的三倍。按照《食品药品司法解释》的规定，索赔的主体必须是消费者，你明知电视台播放的医药广告对药品的描述可能存在虚假宣传、夸大疗效等情况，仍在全国 300 余家电视台购买数百种药品，你购买药品并非基于真实的消费需要，故你购买涉案药品的行为不属于《消费者权益保护法》所规定的“为生活需要购买”，也不符合《食品药品司法解释》中的消费者主体要求。根据《食品药品司法解释》（2013 年）第十一条第一款之规定，“消费者因虚假广告推荐的食品、药品存在质量问题遭受损害，依据消费者保护法等法律相关规定请求广告经营者、广告发布者承担连带责任的，人民法院应予以支持”，你并未服用购买的药品，没有因购买的药品存在质量问题遭受损害，你并无合法根据向电视台索赔。同时你购买的电视台医药广告中的药品仅几十元，而你向电视台索赔的数额为几千元到 1 万元不等，索取的金额远超出《消费者权益保护法》和《食品安全法》对惩罚性赔偿数额的规定，已非正常的消费者合法维权的行为。你的行为方式、动机和索赔金额与《消费者权益保护法》等法律法规所规定的消费者索赔行为完全不符。你在两年时间内向全国 300 余家电视台以相似的手段勒索钱财，根本目的是借打假勒索钱财牟利，客观上利用电视台害怕被检举、处罚的情形，假借消费者索赔的名义，以检举、揭发的手段相威胁，达到自己勒索财物占为己有的非法目的，你的行为依据《刑法》第二百七十四条之规定，已构成敲诈勒索罪。上述犯罪事实有你及其他同案原审被告人的供述、证人颜某的证言以及电视台出具的情况说明、汇款凭证等证据证实，足以认定。故该申诉理由不能成立。

关于“本案一审审理程序严重违法，法院拒绝对本案证据进行全部阅卷和复印，变相剥夺了申诉人的合法辩护权”的申诉理由。经查，一审庭审对定案证据均进行了举证、质证，也保证了你的辩护权，你在本次申诉过程中也未提交证明法院剥夺你辩护权的证据和证据线索。故该申诉理由不能成立。

最后，最高人民法院认为，黄勇的申诉不符合《刑事诉讼法》第二百五十三条规定的应当重新审判的情形，依法予以驳回。望你服判息诉。

【评析】

据媒体报道，收到最高人民法院《驳回申诉通知书》后，黄勇不仅没有“服判息诉”，反而以自己成立的“打假公司”作为主要平台把重庆列为其重点“打假地”之一。用他的话说：“仍战斗在打假维权前线。”①

笔者认为，如此反常状况的出现，一方面固然与申诉人刑满释放后仍未认罪认罚有关；但另一方面，也许与《驳回申诉通知书》并不具有足以让其“服判息诉”的说服力有关。纵观这份《驳回申诉通知书》，基本上重申了二审驳回上诉的理由：

——你明知电视台播放的医药广告对药品的描述可能存在虚假宣传、夸大疗效等情况，仍在全国300余家电视台购买数百种药品，（说明）你购买药品并非基于真实的消费需要；

——你并未服用购买的药品，没有因购买的药品存在质量问题遭受损害，你并无合法根据向电视台索赔；

——你购买的电视台医药广告中的药品仅几十元，而你向电视台索赔的数额为几千元到1万元不等，索取的金额远超出法定的对惩罚性赔偿数额的规定，已非正常的消费者合法维权的行为；

——你在两年时间内向全国300余家电视台以相似的手段勒索钱财，根本目的是借打假勒索钱财牟利；

——你客观上利用电视台害怕被检举、处罚的情形，假借消费者索赔的名义，以检举、揭发的手段相威胁，达到自己勒索财物占为己有的非法目的，

① 参见《民主与法制周刊》2021年第1期。

你的行为已构成敲诈勒索罪……

笔者突发奇想，如果将上述刑事案件中的“驳回申诉”理由直接切换到人民法院审理有关“知假买假索赔”的民事案件中，如果“拒赔”一方将此作为反驳的“优势证据”，能否获得法庭的支持？也很难说——至少其中诸如“并未服用购买的药品而遭受损害故不能索赔”“明知电视台播放的医药广告存在虚假宣传、夸大疗效等情况，仍……购买数百种药品，（说明）并非基于消费需要”的理由，明显与最高人民法院《食品药品司法解释》[①] 以及《最高人民法院指导案例 23 号》的“裁判要旨”[②] 中确定的法律适用规则相悖。

为了解决上述“类案异判”以至“刑民不分”的问题，笔者建议，应当从如何认定司法实践中类似“职业打假人”是否属于“消费者”以及对“职业打假”行为究竟是有功还是有罪？应当保护还是应当惩治等法律适用冲突入手，对已经发布的有关司法解释等规范性文件和审理裁判的案件进行全面的梳理、研究，从而进一步加强和完善法律适用分歧解决机制，总结、提炼这类案件的法律适用规则，适时出台明确无误、具有操作性的“指导案例”，早日结束“类案异判”司法裁判的混乱现象。

（评析人：罗书平）

---

① 《最高人民法院关于审理食品药品纠纷案件适用法律若干问题的规定》（法释〔2021〕17 号）第三条规定：“因食品、药品质量问题发生纠纷，购买者向生产者、销售者主张权利，生产者、销售者以购买者明知食品、药品存在质量问题而仍然购买为由进行抗辩的，人民法院不予支持。”

② 参见《最高人民法院指导案例 23 号：孙银山诉南京欧尚超市有限公司江宁店买卖合同纠纷案》（最高人民法院审判委员会讨论通过，2014 年 1 月 26 日发布）。

裁判要点：消费者购买到不符合食品安全标准的食品，要求销售者或者生产者依照《食品安全法》规定支付价款十倍赔偿金或者依照法律规定的其他赔偿标准赔偿的，不论其购买时是否明知食品不符合安全标准，人民法院都应予支持。

“过度维权”能否以犯罪论处的关键在于目的是否正当，手段是否合法

——黄静“勒索华硕”被控敲诈勒索罪获不起诉案

【裁判要点】

对于“过度维权”是否构成敲诈勒索罪的关键在于行为人主张权利的目的是否正当，以及采取的维权手段是否合法。在罪与非罪认识一时难以统一的情况下，对社会危害不是非常明显、尚未达到必须使用刑罚处罚程度的，就没有必要采取逮捕强制措施和追究刑事责任。

【关键词】

敲诈勒索罪　过度维权　国家赔偿　强制措施　不起诉

【案例来源】

北京市海淀区人民检察院国家赔偿决定书［京海检赔偿字（2008）0002号］

【简要案情】

2006年2月9日，黄静（首都经贸大学大三英语专业学生）在北京新人伟业科技有限公司（华硕计算机代理商）（以下简称新人公司）以人民币20900元购买了一台华硕V6800V型笔记本电脑。当天下午，黄静发现电脑运行时出现了蓝屏死机，强行关机后再不能开机的情况，马上与新人公司联系，并由新人公司陪同前往华硕计算机北京海淀分公司（太平洋大厦11层）进行检测。华硕公司工程师进行检测后告诉黄静，计算机无任何硬件故障，重新安装系统软件之后工作正常了。

次日上午，华硕公司通知黄静将计算机取回。维修过的电脑并没有“工作正常”，下午，黄静再次将该计算机送到华硕北京海淀分公司检测，并要求新人公司退货。在被告知“如果有硬件故障可以退货，如果没有硬件故障的话不能退货”之后，黄静再次将电脑送检。工程师告诉她，机器没有硬件故

障，还是重新安装软件问题解决了。同时，他们为黄静开具了华硕皇家俱乐部服务行为报告单。晚上，电脑运行仍不稳定、频繁死机。开机不到一小时，机身的温度就把写字台的木头表层烫坏了。黄静母亲的朋友周成宇使用软件检查之后发现该计算机内部原配的原装正式版 Pentium-m 760 2.0G CPU 被更换成了工程样品处理器 ES 2.13G CPU，报告单上也明确注明：升级原 2.0G CPU 为 2.13G CPU。按照英特尔公司规定，工程样品处理器 CPU 是不允许使用到最终用户产品上的。周成宇认为华硕的行为无疑是在欺诈消费者。

2 月 14 日，黄静正式委托周成宇和长济律师事务所舒梅律师代理向华硕公司维权的相关法律事宜。当天上午，黄静一行携带录音设备和摄像设备前往华硕公司。而华硕公司工程师这时承认更换了 CPU 的情况，但他保证所换 CPU 为华硕公司原装正品。

2 月 15 日，黄静用母亲的姓氏化名“龙思思”，拿着录像资料，与周成宇一起找到了华硕电脑中国业务事业群总经理许佑嘉，就工程样品 CPU 一事进行了初次交谈。在谈判期间，黄静提出，按照华硕年营业额 0.05% 进行惩罚性赔偿，数额为 500 万美元。

3 月 1 日，在多次协商未果后，黄静向华硕公司宣布终止和解谈判，并准备提起诉讼。

3 月 7 日，当黄静与周成宇再次来到华硕公司时，被海淀警方带走，羁押于海淀看守所。

【侦查起诉】

2006 年 3 月 8 日，黄静因涉嫌敲诈勒索罪，被北京市公安局海淀分局刑事拘留；

2006 年 4 月 14 日，经海淀检察院批准，被北京市公安局海淀分局逮捕；

2006 年 7 月 26 日至 11 月 10 日，北京市海淀区人民检察院以证据不足为由两次退回北京市公安局海淀分局补充侦查。

2006 年 12 月 26 日，北京市海淀区人民检察院以证据不足为由，批准黄静取保候审。

2007 年 11 月 7 日，北京市海淀区人民检察院以证据不足为由，对黄静作出不起诉决定。

【国家赔偿】

2008 年 6 月 5 日，受害人黄静向北京市海淀区人民检察院提出错案国家赔偿申请。

2008 年 6 月 16 日，北京市海淀区人民检察院对黄静发出审查刑事赔偿申请通知书，赔偿请求进入确认程序。

2008 年 11 月 27 日，黄静从代理人手中接到北京市海淀区人民检察院下发的国家赔偿决定书，赔偿金额为 29197.14 元。

【评析】

有关本案当事人黄静“过度维权”行为是否构成敲诈勒索罪的问题，众说纷纭，争议较大。

笔者非常赞同北京市检察院检察长慕平的观点：此案从常规的消费者维权的角度，是个非常极端的个例，一个是索要 500 万美金的数额非常离谱，另外二人所采取的手段也非一般消费者所能够提出和采取的，该案不符合一般消费者维权的方式和要求，二人态度强硬，设计也很周密，所以公安机关怀疑二人是敲诈并不是一点道理没有。作为检察机关需要总结的是，在罪与非罪认识不太统一，对社会危害又不是非常明显的案子，没有必要在当时采取逮捕的措施，案件完全可以继续审查，到最后哪怕检察机关认定嫌疑人有罪而法院认定其无罪，这也是很正常的。但是逮捕和羁押措施的运用，应该是犯罪事实非常清楚或者不采取强制措施有明显的社会危害，这一点是检察机关应该总结的。笔者认为，慕平检察长在十多年前的表态符合刑法的“谦抑性”原则，至今也未过时，可以说是与目前正在全面推行的“少捕慎诉慎押”的刑事司法政策是一脉相承的。

我国《刑法》第 274 条对敲诈勒索罪的构成要件采取了常见的“简单罪状”的方式进行描述。按刑法学界的通说观点认为：敲诈勒索罪是指敲诈勒索公私财物数额较大或者多次敲诈勒索的行为，而该法条并没有对构成敲诈勒索罪的行为特征作明确阐述。

笔者研究发现，经过全面修订后的《刑法》自 1997 年 10 月 1 日施行以来，对于有关敲诈勒索罪的法条，立法机关曾经于 2011 年 2 月通过《刑法修正案（八）》作过一次修正，其中涉及三个内容：一是将敲诈勒索罪构成要件中的数额标准由“数额较大”扩展为“数额较大或者多次敲诈勒索”；二是提高了法定刑，将本罪的法定最高刑由十年有期徒刑提高到十五年有期徒刑；三是增加了罚金刑。其中，除了着重强调行为人实施敲诈勒索的“数额”和“多次”，并突出对敲诈勒索罪应当从重从严惩处的立法精神外，对于司法实践中已经不断发生的有关消费者实施“过度维权”行为是否构成敲诈勒索罪（此时黄静案已经发生并审理终结），即是否应当考虑其目的的正当性、手段的合法性、索赔数额的合理性以及被敲诈对象（被害人）是否存在过错的问题，均未作明确规定。

此后，在2013年发布的《最高人民法院、最高人民检察院关于办理敲诈勒索刑事案件适用法律若干问题的解释》中，第一次涉及敲诈勒索案件中对于“被害人”存在过错时应当如何处理的问题，但也并未成为“出罪”的理由，而只是限于“可以对行为人酌情从宽处理”，[①] 实际上体现的也是“有罪推定”的思路。

由此可见，对于“过度维权”构成敲诈勒索罪的判断标准，核心焦点在于行为人维权提出的索赔请求与敲诈勒索罪中所要求的主观上具有非法占有目的之间的区别与联系：一是维权目的是否具有正当性；二是维权方式是否具有合法性；三是维权金额是否具有合理性；四是维权行为是否具有必要性。

目前，鉴于“过度维权”具有一定的普遍性，审判实践对“过度维权”通常抱着“谨慎入罪”的谦抑态度，但即使如此，仍不时出现“同案异判”和“刑民不分”的现象。为此，笔者认为，区别过度维权还是敲诈勒索，既要考虑维权行为是否具有合法依据，还要考虑维权手段是否合法，不能仅仅依据索赔数额作为罪与非罪的界限。

随着我国依法治国方针的全面推进，公民越来越注重维护自己的合法权益。但是，因过度维权而触犯敲诈勒索罪的案件时有发生。由于我国《刑法》对于敲诈勒索罪只简单规定了基本构成特征，审判实践如何区分过度维权和敲诈勒索罪，不仅认识不一，而且做法各异。但无论如何，有更多的人维权，说明民众权利意识的觉醒和加强，这正是一种法治进步的体现，而司法实务中出现的“同案异判”现象，显然是对实现法律的公平正义的一种偏离，亟待通过“类案检索”制度的全面推行，从而实现适用的统一，让人民群众从每一起消费者通过诉讼方式维权案件中感受到公平正义。

（评析人：罗书平）

---

① 《最高人民法院、最高人民检察院关于办理敲诈勒索刑事案件适用法律若干问题的解释》（2013年4月23日公布，法释〔2013〕10号）。

明知“过期食品”而买假索赔不构成犯罪

——杨某某等被控敲诈勒索罪检察院决定不起诉案

【裁判要点】

检察机关对于经公安机关第二次补充侦查结果经审查仍然认为其移送审查起诉的犯罪嫌疑人犯罪事实不清、证据不足，不符合起诉条件的，依法作出不起诉决定。

【关键词】

知假买假索赔　敲诈勒索　补充侦查　存疑不起诉

【案例来源】

云南省丽江市公安局古城分局起诉意见（2020 年 5 月 19 日）

云南省丽江市古城区人民检察院不起诉决定书［古检一部刑不诉（2020）131 号］

【简要案情】

2019 年 8 月中旬，杨某某等 3 人在丽江维品鲜生、丽客隆超市批量购买过期食品打假索赔，遭到商家报警。随后丽江警方将 3 人以涉嫌敲诈勒索罪刑事拘留，14 天后，警方刑事拘留变更为取保候审。半年后，丽江警方将 3 人直接移送丽江市古城区检察院审查起诉，请求以涉嫌敲诈勒索罪判处其刑事责任。

【审查起诉】

本案经检察院审查并两次退回补充侦查后，仍然认为公安机关认定犯罪嫌疑人的犯罪事实不清、证据不足，不符合起诉条件。

云南省丽江市公安局古城分局移送审查起诉认定：

2019 年 8 月 14 日下午 3 时许，犯罪嫌疑人杨某某、林某某、张某某窜至丽江市古城区××路××号××广场××楼的维品鲜生超市内，刻意购买了食品包装上有 QS 标识的野生小山蒜 19 罐、包装上有诱导消费者广告的花茶

35 罐、食品包装上有 QS 标识的洱海之源御食大米 5 袋、过期的凯芮奶油芝士 1 块、养乐多乳酸菌饮料 1 板，共计消费 1447.6 元人民币。犯罪嫌疑人杨某某、林某某在付款并拿到购物小票后，以购买到问题商品为由，向维品鲜生超市店长王某某索要赔偿，并以要向当地市场监督管理局投诉维品鲜生超市存在销售问题商品为由的情况为由，对王某某及超市员工进行威胁，后经双方“协商”，维品鲜生超市在迫于无奈的情况下，被迫以银行转账的方式，向犯罪嫌疑人杨某某赔付 8000 元人民币。

2019 年 8 月 15 日 12 时许，犯罪嫌疑人杨某某、林某某、张某某窜至丽江市古城区××道××号的丽客隆超市人民广场店内，刻意购买了食品包装上有 QS 标识的绿丫头果脯 61 袋、过期的润宁茶香土鸡蛋 6 盒、调味烤芝麻 1 袋、海天 30 克纯生烘烤紫菜 1 袋、娃哈哈苏打水 1 瓶、绿箭口香糖 1 盒，共计消费 1536.2 元人民币。犯罪嫌疑人杨某某、林某某、张某某付款并拿到购物小票后，林某某、张某某以购买到问题商品为由，向超市食品部经理和某某、防损部经理李某某索要赔偿 15000 元人民币，并以要向当地市场监督管理局投诉丽客隆超市人民广场店存在出售问题商品的情况为由，对和某某、李某某及超市员工进行威胁，经双方“协商”未果，李某某拨打电话报警，后犯罪嫌疑人杨某某、林某某、张某某被我局民警口头传唤至丽江市公安局古城分局祥和派出所做进一步调查处理（敲诈勒索未遂）。

2020 年 10 月 23 日，古城区检察院对于古城分局第二次补查重报结果经审查，仍然认为其认定的三名犯罪嫌疑人的犯罪事实不清、证据不足，不符合起诉条件。依照《刑事诉讼法》第一百七十五条第四款的规定决定：对杨某某不起诉；涉案财物人民币 8000 元发还丽江市维品鲜生超市。

【评析】

一、本案是否属于“犯罪事实不清”

检察机关在《不起诉决定书》中详细引述了公安机关对三名犯罪嫌疑人认定的“犯罪事实”有两起：一是 2019 年 8 月 14 日下午 3 时许，犯罪嫌疑人杨某某、林某某、张某某窜至丽江市古城区××路××号××广场××楼的维品鲜生超市内，刻意购买了……共计消费 1447.6 元人民币；二是 2019 年 8 月 15 日 12 时许，犯罪嫌疑人杨某某、林某某、张某某窜至丽江市古城区××道××号的丽客隆超市人民广场店内，刻意购买了……共计消费 1536.2 元人民币。

同时，从检察院《不起诉决定书》得知，公安机关认定两起“犯罪事实”的手段均相同：犯罪嫌疑人以购买到“问题商品”为由，向超市索要

（十倍）赔偿，并以要向当地市场监督管理局投诉为由，对超市进行威胁。最后，“索赔”结果：一起成功，一起被超市“报案”而引发本案。

由此可见，似乎并未发现有什么“犯罪事实不清”的问题，可检察院为什么以“犯罪事实不清”为由作出“不起诉”决定？不得而知。

二、不起诉决定的法律依据是什么

毫无疑问，古城区检察机关对本案作出不起诉决定应当是于法有据的。依照我国《刑事诉讼法》第一百七十五条第四款关于“对于二次补充侦查的案件，人民检察院仍然认为证据不足，不符合起诉条件的，应当作出不起诉的决定”的规定，本案应当作出“不起诉”决定。

只是就本案而言，如果仅仅从《不起诉决定书》上所表述的公安机关认定三名犯罪嫌疑人的“犯罪事实”来看，应当还是比较清楚的：如有明确的作案时间（2019 年 8 月 14 日和 8 月 15 日）、作案地点（维品鲜生超市、丽客隆超市人民广场店）、作案目的（十倍索赔）、作案手段（买假索赔，否则投诉）以及作案经过、最终结果等都是清楚的。至于认定这些属于“犯罪事实”的证据，相信公安机关在“移送起诉”时是“和盘托出”了的，而且经过了“二次补充侦查”也不可能“原封不动”未作任何补充补强，只是不知基于何种考虑，在《不起诉决定书》中未作表述。如此之举，相信至少经过了两次补充侦查的公安机关办案人员也不会没有自己的“想法”的——从诉讼程序上应当服从，但从“以理服人”的角度可能还是“口服心不服”吧！

三、能否将涉案财物发还“被害人”

此外，检察院在《不起诉决定书》中的“决定事项”除了对三名犯罪嫌疑人“不起诉”之外，还有一项就是决定将“涉案财物人民币 8000 元发还丽江市维品鲜生超市”。

这就令人百思不得其解了。既然检察院对本案三名犯罪嫌疑人作出“不起诉决定”的法定理由是“证据不足”，相当于“存疑无罪”，可紧接着又决定将“涉案财物人民币 8000 元发还丽江市维品鲜生超市”，不知法律依据何在？

按最高人民检察院制定的“存疑不起诉”的《不起诉决定书》样式[①]的要求，主文部分在表述了“决定不起诉”之后，还应当写明“查封、扣押、冻结的涉案财物的处理情况”。但必须注意的是，这里所指的“处理情况”，理应是指有“法律依据”的“依法处理”。而在本案犯罪嫌疑人“犯罪事实不清、证据不足”的情况下，至少也说明两个超市所销售的涉案商品是否属

① 童建明、万春主编：《人民检察院刑事诉讼法律文书适用指南》，中国检察出版社 2020 年版。

于“假冒伪劣”也有待继续审查核实，怎么可以简单地决定将购买者已经获得的“赔偿款”无条件地“发还”给超市呢？同时，涉案的商家“维品鲜生超市”因为销售的“问题商品”而支付的8000元赔偿金现在又“完璧归赵”，是否就意味着“问题商品”已转化为“合法商品”？

（评析人：罗书平）

“今麦郎”巨额索赔被定罪判刑案的法律思考

——李海峰被控敲诈勒索罪被驳回申诉案

【裁判要点】

自述食用过期方便面身体不适后，没有依法向有关部门提出维权要求，而是在无证据证明与今麦郎公司产品有因果关系的情况下，直接向今麦郎公司索要巨额赔偿。在明知检测机构无资质、检测结果无法律效力的情况下，自行委托检测，并威胁若不满足要求即将检测结果公开，后又持检测结果和“今麦郎食品致癌”等相关信息通过社交媒体发布，该行为构成敲诈勒索罪。

【关键词】

敲诈勒索　鉴定结论　证明力　因果关系　驳回申诉

【案例来源】

中国裁判文书网

一审：河北省隆尧县人民法院刑事判决书［（2015）隆刑初字第258号］

二审：河北省邢台市中级人民法院刑事判决书［（2016）冀05刑终15号］

申诉：河北省高级人民法院驳回申诉通知书［（2017）冀刑申347号］

【简要案情】

2014年12月16日，李海峰向今麦郎日清食品有限公司电话投诉称，12月中旬其在黑龙江省青冈县中和镇永峰超市购买了四包今麦郎“诱惑酸辣”方便面，食用时发现醋包内有结晶体，后发现所购方便面的生产日期是2013年7月13日，李海峰认为醋包内的结晶体是“玻璃碴”，遂向“今麦郎公司”投诉要求赔偿。

2014年12月27日，“今麦郎公司”指派员工王红旗、金秀英与李海峰见面，解释“今麦郎公司”不对过期产品负责、醋包内的结晶体是盐，但李海峰坚持认为是玻璃碴。三四天后，王红旗再次找到李海蜂商量此事，李海蜂以醋包内的结晶体是玻璃碴、已涉及食品安全问题为由，要求“今麦郎公司”赔偿300万元。

2014 年 12 月 31 日，“今麦郎公司”再次指派李祥勇、张少雷、王林，金秀英等人到李海峰家与李海峰协商，经沟通李海峰打开一个含有结晶体的醋包，双方各自对结晶体进行了品尝，“今麦郎公司”工作人员认为是盐，决定赔偿被告人方便面并将过期的方便面拿走，被告人不认同结晶体是盐，坚持要求“今麦郎公司”赔偿 300 万元，否则找媒体曝光。

李海峰通过互联网查到了上海微普化工技术服务有限公司（以下简称《上海微普》），并委托该公司对醋包内结晶体的成分进行检测。“上海微普”明确告知李海峰其不具有相关检测资质、检测结果不能作为法律依据，李海峰仍通过快递将醋包送检，“上海微普”给李海峰出具了检测报告，未达到李海峰希望的预期效果。

李海峰又通过互联网查到西安国联质量检测有限公司（以下简称“西安国联”），要求该公司检测醋包内的物质成分。“西安国联”回复李海峰检测报告没有法律效力，只能作为参考依据，李海峰又通过快递将醋包送检，后检出醋包内所含亚硝酸盐不超标、汞超标。

李海峰通过电子邮件将“西安国联”的检测报告发给“今麦郎公司”。“今麦郎公司”客服与李海峰联系时，李海峰以其怀疑母亲罹患乳腺癌与经常吃今麦郎方便面有关系为由，向“今麦郎公司”索要赔偿 500 万元。

2015 年 3 月 7 日，“今麦郎公司”又指派员工闫苏琪、王红旗与李海峰协商，李海峰出示了两份检测报告，坚持要求“今麦郎公司”赔偿 500 万元。3 月 11 日，李海峰给闫苏琪打电话说若“今麦郎公司”嫌多，给 450 万元即可。3 月 23 日，李海峰又给闫苏琪打电话询问，闫苏琪让李海峰联系王保群，王保群向李海峰解释上述两家检测机构无检测资质、检测结果无效并转达了“今麦郎公司”的解决方案，李海峰没有接受。

此后，李海峰给闫苏琪、王保群等人发送了“我妈妈因家里工作原因长期食用方便面导致患上乳腺癌！最小的癌症患者不到三岁！下面为大家发上检测结果和病历报告！劝大家远离今麦郎黑心企业！”等内容的短信。同日，李海峰开通微博发布了“今麦郎方便面里含有有毒致癌物质，汞超标接近五倍，用的工业盐，亚硝酸盐含量为 11mg，我妈妈因长期食用方便面患上乳腺癌，最小癌症患者不到三岁”等内容，并配发了“西安国联”的检测报告，含有结晶体的醋包照片、“今麦郎公司”总经理的照片和关于食品安全的文章、国家关于亚硝酸盐的限定量等图片信息。后李海峰又多次向闫苏琪、王保群等人发送了内容为“昨天已经有三家媒体联系了我，微博的阅读量快要突破 4 万人！大家再努努力继续转发！让更多的人知道今麦郎这个黑心企业”的短信。

2015 年 3 月 27 日，“今麦郎公司”报警。

【一审情况】

一、一审诉辩主张

河北省隆尧县人民检察院指控原审被告人李海峰犯敲诈勒索罪，向人民法院提起公诉。

被告人李海峰及其辩护人提出，被告人的行为属于依法维权，不构成敲诈勒索罪。

二、一审裁判理由

一审判决认为，被告人李海蜂以非法占有为目的，以曝光其虚构的有损"今麦郎公司"产品声誉的事实为由要挟"今麦郎公司"，向"今麦郎公司"索要450万元的行为已构成敲诈勒索罪，公诉机关指控被告人李海峰犯敲诈勒索罪的犯罪事实清楚，证据确实、充分，指控罪名成立，应以敲诈勒索罪追究被告人李海峰的刑事责任。因"今麦郎公司"拒不给付而未能得逞，系犯罪未遂，依法可减轻处罚。

被告人自述购买了四包过期的今麦郎方便面，食用其中一包后身体不适，没有选择依法向有关部门提出维权要求，在无证据证明其损失数额及其损失与"今麦郎公司"有因果关系的情况下，直接向"今麦郎公司"索要300万元进而450万元的巨额赔偿，不能认为被告人是出于真诚的合理相信。即使被告人确因缺陷产品造成损害，其提出巨额索赔亦应具有合理理由，其主观确信的赔偿数额亦应与社会观念相符，索赔数额不能超出社会观念容忍的程度，但本案被告人使用胁迫手段索要的财物明显超出了其正当利益实现后可能确定的债权范围，显然被告人的行为不具有社会相当性，故应认为被告人具有非法占有"今麦郎公司"财物的主观故意。

被告人得到"今麦郎公司"不能满足其要求的回复后，在明知检测机构无资质、检测结果无法律效力的情况下，仍自行委托检测机构并以所得检测结果为据向"今麦郎公司""索赔"，威胁若不满足其要求即将检测结果通过媒体公开。众所周知，现代媒体具有传播信息的迅捷性、广泛性，一旦商家的商品缺陷或劣质服务被公之于众，将会给商家带来极其不利的后果甚至是毁灭性的打击。被告人明知"今麦郎公司"辟谣自证的成本巨大，其声称将向媒体公布其自行获得的、虽不具有法律效力但明显不利于"今麦郎公司"产品声誉的检测结果势必会对"今麦郎公司"产生精神强制，目的就是使"今麦郎公司"产生恐惧心理后为避免其商业信誉受损而选择向其交付财物，被告人显然是用威胁方法向"今麦郎公司"强索财物。综观本案，被告人行为的阶段性明显，先是威胁索要，在"今麦郎公司"不能满足其要求的情况下，编造事实公开对“今麦郎公司”进行攻击，只是因“今麦郎公司”没有选择满足其要求而致使其索要财物的目的未能得提。综上，辩护人提出被告人行为属于依法维权、不构成敲诈勒索罪的辩护意见与已查明的事实不符，原审法院依法不予采信。

三、一审裁判结果

被告人李海峰犯敲诈勒索罪，判处有期徒刑八年六个月，并处罚金人民币 2 万元。

【二审情况】

一、二审诉辩主张

被告人李海峰的上诉理由及其辩护人的辩护意见为：上诉人没有非法占有的目的，没有威胁或要挟的行为。请二审法院依法予以从轻减轻处罚。

邢台市人民检察院检察员出庭意见为，原判认定事实清楚、证据确实充分，定性准确，根据对被害单位的危害程度，对李海峰依法判处刑罚。

二、二审裁判理由

二审判决认为，上诉人（原审被告人）李海峰以非法占有为目的，以曝光明知没有法律效力仍自行委托检测机构，并以所得的有损“今麦郎公司”产品声誉的检测结果相要挟，向“今麦郎公司”索要人民币 450 万元，其行为已构成敲诈勒索罪。

原审被告人李海峰自述购买了四包过期的今麦郎方便面，食用其中一包后身体不适，没有选择依法向有关部门提出维权要求，在无证据证明其损失数额及其损失与“今麦郎公司”产品有因果关系的情况下，直接向“今麦郎公司”索要 300 万元进而 450 万元的巨额赔偿，且索赔数额远远超出社会观念容忍的程度，不能认为被告人是出于正常的维权目的，李海峰以曝光明知没有法律效力仍自行委托检测机构所得的有损“今麦郎公司”产品声誉的检测结果相要挟，向“今麦郎公司”索要巨额赔偿，并且“今麦郎公司”及侦查机关均要求李海峰提供其购买的方便面，委托有资质的鉴定机构进行鉴定，李海峰拒不提供，原审被告人李海峰明显具有非法占有“今麦郎公司”财物的主观故意。故上诉人李海峰和辩护人提出李海峰没有非法占有的故意的意见，不予采纳。

原审被告人李海峰在得到“今麦郎公司”不能满足其要求的回复后，明知检测机构无资质、检测结果无法律效力，仍自行委托检测机构并以所得检测结果为由向“今麦郎公司”“索赔”，威胁若不满足其要求即将检测结果通过媒体曝光。之后，在“今麦郎公司”依然没有满足其要求后，李海峰将明知没有法律效力仍自行委托检测机构，并以所得的有损“今麦郎公司”产品声誉的检测结果等相关信息，通过微博、微信朋友圈向社会发布，向“今麦郎公司”施加压力。众所周知，现代自媒体时代，每个人都可以向社会公布信息，并且传播信息具有迅捷性、广泛性的特点，尤其对食品企业，一旦编造的今麦郎的商品具有致癌性等信息被公之于众，将会给“今麦郎公司”产品形象和品牌带来极其不利的后果，甚至是毁灭性的打击，足以导致“今麦郎公司”违背其真实意思，被迫处分其财产或给予财产。原审被告人显然是用威胁和胁迫方法向“今麦郎公司”强索财物。故上诉人李海峰和辩护人提出上诉人没有威胁和要挟的行为的意见，与查明事实不符，不予采纳。

上诉人李海峰已经着手实行犯罪，因“今麦郎公司”拒不给付并报警而未能得逞，系犯罪未遂，依法可减轻处罚。原判认定的事实清楚，证据确实充分，适用法律正确，但根据上诉人李海峰的犯罪事实、性质、情节及危害后果，原审判决判处李海峰有期徒刑八年六个月，量刑偏重。

三、二审裁判结果

（一）撤销河北省隆尧县人民法院（2015）隆刑初字第258号刑事判决。

（二）被告人李海峰犯敲诈勒索罪，判处有期徒刑五年，并处罚金人民币2万元。

【申诉情况】

李海峰对终审判决不服，以主观上没有非法占有目的，没有实施敲诈勒索的行为和手段为由向河南省高级人民法院申诉，请求再审。

2017年1月13日，河北省高级人民法院向李海峰送达《驳回申诉通知书》，主要理由是：“你（李海峰）在自述食用过期方便面身体不适后，没有依法向有关部门提出维权要求，而是在无证据证明损失与‘今麦郎公司’产品有因果关系的情况下，直接向‘今麦郎公司’索要巨额赔偿；并在明知检测机构无资质、检测结果无法律效力的情况下，自行委托检测并威胁若不满足要求即将检测结果公开；后又持检测结果和今麦郎食品致癌等相关信息通过社交媒体发布，该行为构成敲诈勒索罪。原判认定事实和定罪量刑并无不当。你对该案的申诉理由不能成立，申诉不符合《中华人民共和国刑事诉讼法》第二百四十二条和《最高人民法院关于适用〈中华人民共和国刑事诉讼法〉的解释》第三百七十五条规定的再审条件，申诉应予驳回，原裁判应予维持。”

【评析】

据悉，河南省高级人民法院向李海峰送达《驳回申诉通知书》后，李海峰并未服判息诉，法学界和网络上也未停止对本案法律适用的讨论。其中争议的焦点如同目前时有披露的对于职业打假人“知假买假索赔”行为是否构成“敲诈勒索罪”一样，仍集中在三个方面：索赔依据、索赔数额、索赔手段。

笔者认为，本案与本书中所载《“结石宝宝”父亲维权中因赔偿数额与生产销售方发生争议，不构成犯罪——郭某被控敲诈勒索罪再审宣告无罪案》（“结石宝宝”案）极为相似，因此，笔者认为，“结石宝宝”案例中广东省高级人民法院在撤销一、二审对原审被告人的有罪判决、改判被告人无罪的判决中形成的“裁判要点”，似可作为本案法律适用的“参考”：

这里需要特别补充一点的是，即使李海峰所提供的鉴定结论因鉴定机构缺乏资质而不具有证明力，那也只是在维权诉讼中的举证不力的问题，其结果：根据举证责任的分担和证明规则，对方当事人完全可以不认可，人民法院更是可以不采纳，而用不着因为如此就追究维权者的刑事责任，如果这样做法能够成立，那在民事诉讼中有多少举证不力者要构成犯罪?！同时，也必然致使《民事诉讼法》和《刑事诉讼法》有关所有证据材料（包括鉴定结论）都必须在法庭上查证属实才能作为定案依据的规定，成为多此一举！

（评析人：罗书平）

第三章　综述：消费者维权诉讼中的“五大焦点”问题研究

本书在撰写过程中，通过网络平台针对消费者维权诉讼案件以及与消费关联的刑事案件进行了随机收集，包括2013年7月中国裁判文书网开通及以前的案件裁判文书。在所收集的截止到2020年12月的123件案件中，全部支持或部分支持消费者诉求的占绝大多数，但对惩罚性赔偿诉讼请求的类似案件中，支持率为67.61%。不仅有上下级法院不同结果的生效裁判，也有同一法院不同审判组织对类案作出的相反结果裁判，更有不同行政区域的法院对类案作出的不同结果裁判。

究其原因和类型主要表现为：一是对“消费者”的概念模糊或解读错误；二是对“非法牟利”与“依法维权”的认识模糊，界限不清；三是对社会利益与消费者私益的轻重关系把握不当；四是对有法必依的法治观念淡漠；五是对社会主义核心价值观在民事审判实践中的运用认识模糊；六是带有利益红眼病的有色眼光审视消费者。

本书选取了中国裁判文书网上2019年以后生效（个别文书虽生效在此以前，但再审文书为2019年以后作出）的20个具有普遍指导意义的典型案例的民事裁判文书，提炼出五大焦点进行研究，希望能够以此对广大读者，包括消费者、生产者、经营者，以及相关立法、司法等公职人员和法学研究人士提供一个更全面地思考问题、更理性地对待社会生产消费关系、更有深度地推动净化市场、更有力度地执行依法办事、更有成效地推进社会主义核心价值观实践的参考意见。

焦点一：关于“消费者”的定义与认知

一、“消费者”一词之社会认知问题

“消费”一词来源于西方，英文为Consume，由Consum（“消耗”）扩展而来。

《现代汉语词典》中，对“消费”一词的解释是“为了生产或生活需要而消耗物质财富或接受有偿服务等”。消费者，英文为 Consumer。其原始定义为：食物链中的一个环节，代表着不能生产，只能通过消耗其他生物来达到自我存活的生物。因此，在社会经济领域“消费”是生产、销售的对应概念。“消费者”则是对应于生产者、销售者（经营者）而存在的社会成员。故为“生活需要”而消耗物质财富的主体，仅是“消费者”中的一部分成员，另一部分是为继续“生产需要”而消耗物质财富的主体，他们也属于消耗财富的社会成员——消费者。

“生活消费”和“生产消费”共同构成了“消费”一词的内涵。

“生活消费”的概念在范围上是十分广泛的。经济学理论中所谓的“个人消费”，与“生产消费”相对应，是指人们为满足个人生活需要而消费各种物质资料、精神产品，是人们生存和发展的必要条件。它首先包括吃饭、穿衣、居住房以及使用日用品和交通工具等消费活动；其次包括满足人们精神文化需要的消费活动，如阅读书报杂志，看电影、电视，旅游；等等。

“生产消费”则是指物质资料生产过程中生产资料和劳动力的消费，其结果就是产生新产品。生产消费本身属于生产过程。

因此，“生活消费”与“生产消费”虽然都是消耗物质财富，但是，“生活消费”定义于满足个体社会成员生活需要的各种物质资料、精神产品，其内涵较之“生产消费”的定义更为广泛。用排除法来理解二者之间的区别即是：非用于产品生产再次投入市场交易的物质财富消耗，均属于生活消费。

原始的“消费者”概念是定义于因“生活”或者“生产”而消耗物质财富的主体，其本质核心是消耗财富。由于“消费者”是传来概念，对其的理解各种学派的依据均来源于域外，按照不同的确认标准，大体分为三类：

第一类，以经济领域为主要标准：认为凡是在消费领域中，为生活或生产目的消耗物质资料的人，不论是自然人还是法人，不论是生活消费还是生产消费，也不论是生活资料类消费者还是生产资料类消费者，都属于消费者之列。如泰国《消费者保护法》规定：“所谓消费者，是指买主或从事业者那里接受服务的人，包括为了购进商品和享受服务而接受事业者的提议和说明的人。”

第二类，以消费目的为主要标准：认为消费者仅指因非商业性目的而购买商品、使用商品的人。所谓非商业性目的就是仅限于购买者自己的消费，而不是用于转卖或营业。如俄罗斯联邦《消费者权利保护法》将“消费者”定义为“使用、取得、定作或者具有取得或定作商品（工作、劳务）的意图以供个人生活需要的公民”。

第三类，不以或不唯一以消费目的为标准，而特别强调消费者的自然人属性。如美国的《布莱克法律词典》认为，“消费者是那些购买、使用、持有、处理产品或服务的个人”。1978年国际标准化组织消费者政策委员会在日内瓦召开的第一届年会上，将“消费者”定义为“为个人目的购买或使用商品和服务的个体成员”。值得注意的是，其“个人目的”也有广义和狭义之分，这里的“个人”并未限制其是“生产消耗”或者是“生活消耗”。

随着时间的推移和社会的发展，生产和流通领域越来越达成共识：消费者与生产者及销售者不同，他或她必须是产品和服务的最终使用者而不是生产者、经营者。商品的消费，即购买和使用商品，既包括消费者购买商品用于自身的消费，也包括购买商品供他人使用或使用他人购买的商品。服务的消费，不仅包括自己付费自己接受服务，而且也包括他人付费自己接受服务。因此，“消费者”这一概念是相对于生产者、销售者而存在，其核心关键词是：非再交易的最终消耗。

二、我国对于“消费者”尚无法律定义

《消费者权益保护法》第二条规定：“消费者为生活消费需要购买、使用商品或者接受服务，其权益受本法保护；本法未作规定的，受其他有关法律、法规保护。”

不少人，甚至是相关专业人士将此条规定理解为我国法律对“消费者”概念的定义。我们认为，这种理解是值得商榷的，至少在逻辑上是不严谨的。

就法律条文的逻辑结构而言，该条的结构模式是：主体+行为模式+法律后果，即符合“为生活消费需要购买、使用商品或者接受服务”的行为模式的“消费者”，其权益受法律保护。因“消费者”这一传来概念是相对于生产者和销售者产生的，且其原始概念还包括消耗财富用于继续生产的那一部分社会成员，故认为该条就是我国法律对“消费者”的定义不能成立。

再进一步从逆向分析，当“主体”的行为不符合该条“行为模式”的规定，即“购买、使用商品或者接受服务”不是为了“生活消费需要购买、使用商品或者接受服务”，其“法律后果”为：“本法未作规定的，受其他有关法律、法规保护。”该条规定也涵盖了另一部分为生产需要消耗财富的社会成员，完整严谨地对主体——“消费者”的行为模式及权益以排除法方式进行了法律保护规定。故本条是正向保护消费者权益的规定，而非定义消费者概念。

既然我国法律对“消费者”未作专门定义，《消费者权益保护法》第二条仅是规定“为生活消费需要购买、使用商品或者接受服务”的消费者，“其权益受本法保护；本法未作规定的，受其他有关法律、法规保护”。那么，从

“消费者”一词的产生来源可以看出，其是相对于生产者、销售者而言的，故凡是与生产者或者经营者进行交易，从他们那里购买商品、接受服务，即进行其产品消耗、服务消耗（非转手商品或服务交易）的社会成员，都符合“消费者”这一词语的原始概念。正如王利明教授主张的：“任何人只要其购买商品和接受服务不是为了将商品或服务再次转手，不是为了专门从事商品交易活动，他或她便是消费者。由于在市场中，消费者只是与生产者和商人相对立的，那么，即使是明知商品的一定的瑕疵而购买的人，只要其购买商品不是为了销售，不是为了再次将其投入市场交易，我们就不应当否认其为消费者。”

综上所述，对“消费者”这一专用概念而言，遵从其原始概念更符合大众的普通认知，更能准确地把握我国《消费者权益保护法》对“为生活消费需要购买、使用商品或者接受服务”的这部分“消费者”，以及非“为生活消费需要购买、使用商品或者接受服务”的这部分“消费者”的权益保护，即对整体社会成员的消费权益保护立法本意的内涵把握。

焦点二：关于“惩罚性赔偿”的理解与适用

《食品安全法》与《消费者权益保护法》均规定有惩罚性赔偿条款，但是其调整的范围、立法的目的、保护民事主体的力度并不相同。《消费者权益保护法》重在惩罚欺诈、不诚信行为；《食品安全法》侧重惩罚生产、销售不安全食品行为。立法上的不同差异势必关系到诉讼实践中对民事主体权利的保护程度以及对违法行为的震慑效果。

一、《消费者权益保护法》与《食品安全法》的法律属性

（一）关于《消费者权益保护法》

《消费者权益保护法》在第一章“总则”中规定：

消费者为生活消费需要购买、使用商品或者接受服务，其权益受本法保护；本法未作规定的，受其他有关法律、法规保护。（第二条）

经营者为消费者提供其生产、销售的商品或者提供服务，应当遵守本法；本法未作规定的，应当遵守其他有关法律、法规。（第三条）

经营者与消费者进行交易，应当遵循自愿、平等、公平、诚实信用的原则。（第四条）

国家保护消费者的合法权益不受侵害。国家采取措施，保障消费者依法行使权利，维护消费者的合法权益。（第五条第一款、第二款）

由此可见，《消费者权益保护法》是以交易行为为基础调整平等主体之间的民事关系的法律，属于私法范畴。

同时，《消费者权益保护法》是国家法律赋予消费者享有相关权利的依据，其权利具有相对性，是相对权利。当事人基于消费合同关系取得消费者的地位，其权利基础是建立在平等民事主体之间的消费合同关系之上的。《消费者权益保护法》调整的是基于消费法律关系而产生的相对权利义务关系，以合同权利义务的对应性为基础，以诚实信用、公平交易为基本准则。

根据《消费者权益保护法》的相关规定，对于欺诈消费者的行为结果，将区别不同情形处理：“经营者提供商品或者服务有欺诈行为的，应当按照消费者的要求增加赔偿其受到的损失，增加赔偿的金额为消费者购买商品的价款或者接受服务的费用的三倍；增加赔偿的金额不足五百元的，为五百元。法律另有规定的，依照其规定。”“经营者明知商品或者服务存在缺陷，仍然向消费者提供，造成消费者或者其他受害人死亡或者健康严重损害的，受害人有权要求经营者依照本法第四十九条、第五十一条等法律规定赔偿损失，并有权要求所受损失二倍以下的惩罚性赔偿。”造成严重精神损害的最高处罚幅度为“购买商品的价款或者接受服务的费用的三倍”（本书概括性地称为“三倍赔偿”）。很明显，《消费者权益保护法》关于惩罚性赔偿的立法本意更倾向于“补偿性为主，惩罚性为辅”。

（二）关于《食品安全法》

《食品安全法》在总则中规定：“为了保证食品安全，保障公众身体健康和生命安全，制定本法。”

开宗明义地指出，《食品安全法》所保护的是生命权和健康权。生命权、健康权均属于人身权范畴，而人身权是国家法律赋予公民的基本权利之一，是对世权，即绝对权利。

上述规定的基本特点是权利主体是特定的；义务主体是权利主体之外的不特定对象，其负有不侵犯、妨害权利主体人身权的义务。因此，《食品安全法》属于公法范畴，其调整的是绝对权利的保护关系。

《食品安全法》基于对人身权这种对世权的保护，强调对人们生存的基本权利保障，不但要救济补偿受害人因此发生的损失，还要加重对加害人不法行为惩处。严厉惩处生产或销售不安全食品的行为，净化食品经营市场。

《食品安全法》第一百四十八条第一款规定：“消费者因不符合食品安全标准的食品受到损害的，可以向经营者要求赔偿损失，也可以向生产者要求赔偿损失。接到消费者赔偿要求的生产经营者，应当实行首负责任制，先行赔付，不得推诿；属于生产者责任的，经营者赔偿后有权向生产者追偿；属于经营者责任的，生产者赔偿后有权向经营者追偿。”第二款规定：“生产不符合食品安全标准的食品或者经营明知是不符合食品安全标准的食品，消费者除要求赔偿损失外，还可以向生产者或者经营者要求支付价款十倍或者损失三倍的赔偿金；增加赔偿的金额不足一千元的，为一千元。但是，食品的标签、说明书存在不影响食品安全且不会对消费者造成误导的瑕疵的除外。”

其最高惩罚幅度标准为支付价款十倍或损失的三倍赔偿（本书概括性地为“十倍赔偿”），体现的是“惩罚性为主、补偿性为辅”的“重典治乱”的立法理念。

二、《消费者权益保护法》与《食品安全法》的适用前提

《消费者权益保护法》与《食品安全法》的归属性质不同，其调整适用前提条件也各不相同。《消费者权益保护法》调整平等主体之间因消费合同发生的法律关系，其适用的条件是行为主体实施了非公平交易、非诚实信用的欺诈行为，其出发点是保护合同权益，所保护的是基于合同关系的相对权利。《食品安全法》调整保障食品安全法律关系，其适用的条件是行为主体实施了《食品安全法》所禁止的保障食品安全的行为（包括作为、不作为行为），其出发点是从食品安全角度保障生命权、健康权，所保护的是绝对权利。

由于《消费者权益保护法》与《食品安全法》规范调整法律关系的出发点不同，其规范调整的侧重方向也不一样。《消费者权益保护法》调整的对象仅限建立了消费合同关系的特定当事人，即以合同相对性原则为基础（包括已经形成了事实权利义务的合同关系）。《食品安全法》调整的对象更为广泛，为绝对权利的所有义务主体，即凡是违反《食品安全法》所禁止的行为，其行为人均属于《食品安全法》调整的对象。经营者、生产者实施了《食品安全法》禁止的行为，自然也属于《食品安全法》调整的对象。当消费者在此基础上与经营者建立了消费合同关系，则消费者既取得了《消费者权益保护法》赋予消费者的追责权利，又取得了《食品安全法》赋予其的追责权利。由于《消费者权益保护法》与《食品安全法》的出发点不同，调整法律关系的方向不同，其追责权利也存在差别。当发生竞合情形时，行使权利的选择权取决于建立了消费合同关系的消费者的自由选择，即权利竞合的选择权归属于权利人。

关于权利竞合，即基于相同法律事由，在可以行使的若干权利中，只能选择一个行使。权利竞合最常见的是请求权竞合。请求权竞合，指权利人对于同一义务人，就同一标的，发生数个请求权的情形。在发生请求权竞合的情形时，其中一个请求权得到满足，其余的请求权均归于消灭。但在消灭之前，各请求权彼此独立，互不关联。比如，销售过期霉变食品，既触犯《消费者权益保护法》，违反诚实信用、公平交易原则，又违反《食品安全法》禁止销售有毒有害食品的规定，该同一销售行为，同时违反《消费者权益保护法》和《食品安全法》所保护的法律关系。此时，消费者根据《消费者权益保护法》的规定享有请求销售者承担惩罚性赔偿责任的权利；同时，根据《食品安全法》消费者也享有请求销售者承担惩罚性赔偿责任的权利。而消费者根据《消费者权益保护法》和《食品安全法》享有的这两个“惩罚性赔偿责任”，在量化上因法律性质归属不同而量化结果不一样：《消费者权益保护法》第五十五条量化为惩罚性赔偿不超过“三倍赔偿”，即“经营者提供商品或者服务有欺诈行为的，应当按照消费者的要求增加赔偿其受到的损失，增加赔偿的金额为消费者购买商品的价款或者接受服务的费用的三倍；增加赔偿的金额不足五百元的，为五百元。法律另有规定的，依照其规定。经营者明知商品或者服务存在缺陷，仍然向消费者提供，造成消费者或者其他受害人死亡或者健康严重损害的，受害人有权要求经营者依照本法第四十九条、第五十一条等法律规定赔偿损失，并有权要求所受损失二倍以下的惩罚性赔偿”。《食品安全法》量化为惩罚性赔偿不超过“十倍赔偿”，即“生产不符合食品安全标准的食品或者经营明知是不符合食品安全标准的食品，消费者除要求赔偿损失外，还可以向生产者或者经营者要求支付价款十倍或者损失三倍的赔偿金；增加赔偿的金额不足一千元的，为一千元”。因此，当发生请求权竞合情形时，当事人有权选择确定其中一个请求权提起诉讼，且只能选择其中一个请求权提起诉讼。法官只能根据当事人的诉讼请求，居中判断其所主张的事实依据是否属实，与其法律依据是否充分。

综上所述，适用《消费者权益保护法》的前提条件为：（1）双方建立了消费法律关系；（2）生产者、经营者实施了民事欺诈行为。适用《食品安全法》的前提条件为：生产者、经营者实施了《食品安全法》所禁止的保障食品安全的行为。

三、《消费者权益保护法》《食品安全法》中承担惩罚性赔偿责任的行为模式解读

《消费者权益保护法》第四条规定：“经营者与消费者进行交易，应当遵循自愿、平等、公平、诚实信用的原则。”第五十五条第一款规定：“经营者提供商品或者服务有欺诈行为的，应当按照消费者的要求增加赔偿其受到的损失，增加赔偿的金额为消费者购买商品的价款或者接受服务的费用的三倍；增加赔偿的金额不足五百元的，为五百元。法律另有规定的，依照其规定。”第二款规定“经营者明知商品或者服务存在缺陷，仍然向消费者提供，造成消费者或者其他受害人死亡或者健康严重损害的，受害人有权要求经营者依

照本法第四十九条、第五十一条等法律规定赔偿损失，并有权要求所受损失二倍以下的惩罚性赔偿。”以上是《消费者权益保护法》关于惩罚性赔偿的规定（本书概括性地称为“三倍赔偿”），其行为模式的关键词是“有欺诈行为”。亦即在消费法律关系中，只要经营者欺诈行为成立，消费者就享有主张惩罚性赔偿的权利，即有权要求“三倍赔偿”。

在民法上，民事欺诈行为，是指在设立、变更、终止民事权利和民事义务的过程中，故意告知对方虚假情况，或者故意隐瞒真实事实情况，诱使对方作出非本意的意思表示的行为。消费领域最常见的表现形式如：虚假宣传、隐瞒重要瑕疵、以次充好、假冒伪劣等。因此，“有欺诈行为”这一特征的集合性更加广泛，社会交易活动也因此规定更加具有所期待的安全性。

《食品安全法》第一百四十八条第一款规定：“消费者因不符合食品安全标准的食品受到损害的，可以向经营者要求赔偿损失，也可以向生产者要求赔偿损失。接到消费者赔偿要求的生产经营者，应当实行首负责任制，先行赔付，不得推诿；属于生产者责任的，经营者赔偿后有权向生产者追偿；属于经营者责任的，生产者赔偿后有权向经营者追偿。”第二款规定：“生产不符合食品安全标准的食品或者经营明知是不符合食品安全标准的食品，消费者除要求赔偿损失外，还可以向生产者或者经营者要求支付价款十倍或者损失三倍的赔偿金；增加赔偿的金额不足一千元的，为一千元。但是，食品的标签、说明书存在不影响食品安全且不会对消费者造成误导的瑕疵的除外。”此条是《食品安全法》关于惩罚性赔偿的规定（本书概括性地称为“十倍赔偿”），其行为模式的关键词是“不符合食品安全标准”。

在食品消费法律关系中，只要“生产不符合食品安全标准的食品”或者“经营明知是不符合食品安全标准的食品”，即生产者、经营者实施了《食品安全法》所禁止的行为（包括作为和不作为），消费者就享有主张惩罚性赔偿的权利，即有权要求“十倍赔偿”。《最高人民法院关于审理食品安全民事纠纷案件适用法律若干问题的解释（一）》（法释〔2020〕14 号，自 2021 年 1 月 1 日起施行）第六条规定：“食品经营者具有下列情形之一，消费者主张构成食品安全法第一百四十八条规定的‘明知’的，人民法院应予支持：（一）已过食品标明的保质期但仍然销售的；（二）未能提供所售食品的合法进货来源的；（三）以明显不合理的低价进货且无合理原因的；（四）未依法履行进货查验义务的；（五）虚假标注、更改食品生产日期、批号的；（六）转移、隐匿、非法销毁食品进销货记录或者故意提供虚假信息的；（七）其他能够认定为明知的情形。”

由于“食品安全标准”除国家标准外，还有行业标准、企业标准等国家职能部门认可的标准，这些标准可能涉及食品本身的安全性，也可能不涉及食品本身的安全性。《食品安全法》第一百四十八条在规定承担“十倍赔偿”惩罚性责任行为要件的同时，也基于对生命权、健康权的严格保护不至于“伤其无辜”，规定了除外情形，即该条的但书部分：“但是，食品的标签、说明书存在不影响食品安全且不会对消费者造成误导的瑕疵的除外。”对于该但书的理解，首先是仅限于食品的标签上或者说明书上存在“瑕疵”，需要注意的是，若生产或经营的食品连标签或说明书都没有，则不属于该但书规定情形。其次是条件之一“不影响食品安全”、条件之二“不会对消费者造成误导”需要同时具备。“食品安全”以《食品安全法》第一百五十条规定的“食品安全，指食品无毒、无害，符合应当有的营养要求，对人体健康不造成任何急性、亚急性或者慢性危害”为标准；“对消费者造成误导”应当以足以诱使消费者相信食品安全而作出非真实意思表示的行为为标准。

《食品生产经营监督检查管理办法》（2021 年 12 月 24 日国家市场监督管理总局令第 49 号公布，自 2022 年 3 月 15 日起施行）第三十七条第二款规定：“认定标签、说明书瑕疵，应当综合考虑标注内容与食品安全的关联性、当事人的主观过错、消费者对食品安全的理解和选择等因素。”并对瑕疵情形的认定列举规定为：“（一）文字、符号、数字的字号、字体、字高不规范，出现错别字、多字、漏字、繁体字，或者外文翻译不准确以及外文字号、字高大于中文等的；（二）净含量、规格的标示方式和格式不规范，或者对没有特殊贮存条件要求的食品，未按照规定标注贮存条件的；（三）食品、食品添加剂以及配料使用的俗称或者简称等不规范的；（四）营养成分表、配料表顺序、数值、单位标示不规范，或者营养成分表数值修约间隔、‘0’界限值、标示单位不规范的；（五）对有证据证明未实际添加的成分，标注了‘未添加’，但未按照规定标示具体含量的；（六）国家市场监督管理总局认定的其他情节轻微，不影响食品安全，没有故意误导消费者的情形。”

实务中，有观点将但书中的“误导”理解为一般意义上的误导，即“足以影响到令消费者决定购买商品”。此种理解会造成一种逻辑悖论，即但书所规定的除外情形永不成就。因为但书成就的条件是“不影响食品安全”和“不会对消费者造成误导”同时成就。在“不影响食品安全”的标签瑕疵成就的情况下，只要消费者完成非真实意思表示的购买行为，则构成了“对消费者造成误导”，因而就不符合该但书规定适用的条件，因此，该但书形同虚设，这不是《食品安全法》的立法本意。所以，对该但书的理解，不能脱离《食品安全法》的立法宗旨和性质归属。如前所述，该《食品安全法》保护的是人身权这一对世权，义务主体是权利主体以外的一切主体，因此，其第一百四十八条第二款但书中的“误导”是特指食品安全方面的误导，而不是其他误导。否则，就形成对不影响食品安全但存在标签或说明书瑕疵的普通标识瑕疵或标识轻微笔误导致的“误导”行为，科以“重典”，这与《食品安全法》的立法宗旨相悖。

焦点三：关于“举证责任”的分配与实现

消费者维权诉讼中的举证责任分配具有其特殊性，消费者作为相对弱势的一方，法律在举证责任分配上存在一定的保护倾斜性。民事诉讼举证责任的一般原则是“谁主张，谁举证”，法律另有规定的除外。在消费者维权诉讼中，举证责任的分配是消费者负有证明经营者或生产者实施了违法违规行为，以及自己因此遭受了损失的举证责任；经营者或生产者负有证明自己的行为符合法律法规规定的举证责任。通常情况下，经营者或生产者完成其举证责任是为对抗消费者起诉主张而举示反驳证据。因此，证明消费关系的成立、生产者或经营者存在欺诈行为、因消费行为遭受损失、损失的大小等由消费者承担举证责任。生产者或经营者对自己生产或经营的产品合格承担举证责任。对于涉及食品、药品的诉讼纠纷，最高人民法院的司法解释作出了明确的举证责任分配原则：存在购买关系、标的物不符合合同约定、因食用或者使用标的物受到损害、损害与食用或者使用标的物存在因果关系等由消费者承担举证责任；标的物符合质量标准、损害与标的物质量不存在因果关系、损害不是因标的物不符合质量标准造成等由生产者、销售者承担举证责任。最高人民法院《食品药品司法解释》第五条规定：“消费者举证证明所购买食品、药品的事实以及所购食品、药品不符合合同的约定，主张食品、药品的生产者、销售者承担违约责任的，人民法院应予支持。消费者举证证明因食用食品或者使用药品受到损害，初步证明损害与食用食品或者使用药品存在因果关系，并请求食品、药品的生产者、销售者承担侵权责任的，人民法院应予支持，但食品、药品的生产者、销售者能证明损害不是因产品不符合质量标准造成的除外。”第六条规定：“食品的生产者与销售者应当对于食品符合质量标准承担举证责任。认定食品是否安全，应当以国家标准为依据；对地方特色食品，没有国家标准的，应当以地方标准为依据。没有前述标准的，应当以食品安全法的相关规定为依据。”

在消费者维权诉讼中，出于对相对弱势一方的消费者保护，依照相关法律、司法解释的规定，往往会通过举证责任转移方式将部分特定消极事实主张的举证责任分配给生产者或经营者，由主张积极事实的生产者、经营者来证明产品符合质量标准、符合食品安全标准、符合产品安全等，因为法律要求流通于市场的产品必须符合质量标准和安全标准，因此生产者、经营者掌握或应当掌握有充分的产品符合质量标准和安全标准的证据材料。而这些材料消费者是不掌握的，消费者只能通过事件后果去进行推论或委托鉴定去完成证据收集。因此，不能要求消费者更加充分地去完成对消极事实主张的举证责任，而只能将举证责任转移到主张积极事实的生产者或经营者一方。让消费者承担证明标的物不合格、不安全、不符合国家标准、行业标准等消极性主张，将举证责任终止在主张消极事实的消费者一方，既不公正，也不合法。

焦点四：关于“牟利”与“私益”的联系与区别

《消费者权益保护法》《食品安全法》赋予消费者享有主张除损失赔偿（即补偿性赔偿）外，还享有主张一定数额的额外赔偿（即惩罚性赔偿）的权利。其立法目的一方面是加大保护消费者的力度；另一方面是惩罚和震慑违规违法的生产者、经营者。国家以法律的形式明确规定保护给予消费者的私益权利，准许消费者通过审判的方式或者仲裁的方式依法获得“私人利益”，即补偿性赔偿之外的额外赔偿金。作为消费者通过法定程序去实现法律赋予其的“私人利益”，有法可依，属于正当民事权益。既然法律作出了如此的规定即具有法律效力，行使该权利就具有正当性、合法性。实务中，有观点以“非法牟利”来定义消费者主张该私益权利，无论出于什么动机，该种观点都是与现行法律相悖的。

就“牟利”而言，《现代汉语词典》的解释为：谋取私利，贬义词。我国刑法的罪名中也有不少罪名含有“牟利”一词，如：为亲友非法牟利罪、传播淫秽物品牟利罪、转贷牟利罪等，因此，“牟利”指通过违规违法行为或者不正当手段谋取私利已经达成大众共识。在消费者维权诉讼中，指责消费者通过诉讼程序牟利，一方面与法律规定相悖，另一方面也是对消费者人格的贬损。倘若站在公平对待消费者维权诉讼当事人的中立立场，客观评价诉辩双方当事人的民事行为，应当使用中性词语“谋利”而不是“牟利”。

焦点五：关于“知假买假”的性质与法律适用

“知假买假”是指行为人在知晓某商品具备特定瑕疵的情况下，仍购买该商品，并以购买的商品存在瑕疵为由向生产者或者销售者主张赔偿的行为。笔者认为，对于行为人在知晓某商品具备特定瑕疵的情况下，仍购买该商品，并以购买的商品存在瑕疵为由向生产者或者销售者主张赔偿行为的性质认定，应当具体情况具体分析，不宜一概而论。

第一，法律对惩罚性赔偿处罚规定具有严惩和震慑不法商家，鼓励社会不特定消费者主动积极“打假”，形成“全民皆兵”，让心怀叵测的不良商家权衡利益得失，让假冒伪劣产品不敢露头、不能露头，从而达到净化市场的立法目的。因此，消费者被动维权“打假”，在受到消费欺诈、误导，发生损害后去行使维权权利，仅是事后救济的一种形式。立法本身应具有防患未然的属性，故对于净化市场、保护不特定消费者权益，除事后救济被动维权外，事前防范主动维权也是有益于消费市场、有益于社会交易安全稳定的，符合立法目的。所以，立法并未排斥主动“打假”的情形。最高人民法院在《食品药品司法解释》第三条中非常明确地阐明：“因食品、药品质量问题发生纠纷，购买者向生产者、销售者主张权利，生产者、销售者以购买者明知食品、药品存在质量问题而仍然购买为由进行抗辩的，人民法院不予支持。”因此，“知假买假者”“职业打假者”同样依法享有获得损失赔偿以外的惩罚性赔偿金的权利，其获得“惩罚性赔偿金”并不属于非法牟利行为。司法解释的上述规定，同时也印证了“知假买假”的合法性问题。

第二，知假买假获得的额外利益，是法律允许的惩罚性获赔利益，具有合法性，只要生产者、经营者的欺诈行为或者不符合食品安全行为一直存在着，无论之前是否被处罚过，对于主动性“打假”行为来说，均是符合法律规定的，且具有必要性。若之前被处罚过（包括行政处罚和民事赔偿），仍然未改正，则证明主动“打假”对市场监督存在必要性；若之前未被发现过，则也证明主动“打假”对净化市场具有前哨必要性。那种认为就同一产品多次购买并索赔就是属于非法牟利行为，不支持其索赔主张，完全是有法不依。不支持“知假买假者”依法获得私益，放纵不良商家继续危害社会、危害生命及健康安全，孰轻孰重、谁合法谁违法，应当是十分清楚的。

第三，从规范市场的角度来说，不管“知假买假”或者所谓的“职业打假”，客观上这些人确实是买到了有问题的产品，起到了对净化市场的监督作用，无论其主观意图如何，客观上确实保护了消费者权益，维护了诚实信用商家的利益及公平正义的市场交易秩序和竞争秩序。这种主动维权“打假”

行为符合社会主义核心价值观的引领导向，符合法律的立法本意，于市场、于社会有利无害。

正是由于我国市场净化的现状仍不乐观，仅凭市场监管部门的一己之力，尚不足以防范和打击违法生产者、经营者。“知假买假者”或“职业打假者”其消费知识的认知能力较一般消费者强，其学习和研究识别伪劣商品的能力更强，是一支维护市场净化的有生力量，他们的存在起到了“全民皆兵”的震慑作用。而这支市场净化监督队伍的存在基础，是市场尚未达到社会所期待的程度。当市场净化到了社会的预期程度，“知假买假”“职业打假”纠纷就会向零渐近，直至归零。理论上讲，“知假买假”“职业打假”也就会随着市场净化而不复存在。这是皆大欢喜，互利双赢的理想结果。

当然，即使市场净化了，这支生力军仍然具有存在的社会价值，其作用在于对市场净化程度的监督，以防反弹。或者，随着社会经济的发展，人们精神层面的进步，将法律调整为与之相适应，即取消或降低惩罚性赔偿金。但是，只要在现行法律未作出调整前，即法律没有规定禁止“知假买假”“职业打假”，其主动维权打假并依法获得法定经济利益的行为就是正当的、合法的，应当受到社会的支持和保护。

综上所述，消费者维权既关系到社会成员个体利益的保护，又关系到对社会公共安全利益的保护。因此，国家的法律、行政法规、司法解释等的立法目的既要从宏观出发保护社会公共利益，又要从微观出发保护社会个体成员的私人利益。并且，在净化市场这个问题上，公共利益与私人利益并不矛盾。因此，立法和司法在保护社会成员“被动维权”的同时，也应当理直气壮地支持和保护社会成员“主动维权”。在净化市场和保护消费者权益上有法必依，摒弃个人主观臆断，依法办事，既保障消费者个人的合法权益，又保障市场净化和社会生活环境健康安全。这是符合社会主义核心价值观理念的。

附录：相关法律链接

法　律

中华人民共和国民法典（节录）[①]

（2020 年 5 月 28 日第十三届全国人民代表大会第三次会议通过　自 2021 年 1 月 1 日起施行）

第一条【立法宗旨】　为了保护民事主体的合法权益，调整民事关系，维护社会和经济秩序，适应中国特色社会主义发展要求，弘扬社会主义核心价值观，根据宪法，制定本法。

第一百六十二条【直接代理效力】　代理人在代理权限内，以被代理人名义实施的民事法律行为，对被代理人发生效力。

第一百六十七条【代理违法事项责任承担】　代理人知道或者应当知道代理事项违法仍然实施代理行为，或者被代理人知道或者应当知道代理人的代理行为违法未作反对表示的，被代理人和代理人应当承担连带责任。

第五百八十五条【违约金调整方法】　当事人可以约定一方违约时应当根据违约情况向对方支付一定数额的违约金，也可以约定因违约产生的损失赔偿额的计算方法。

约定的违约金低于造成的损失的，人民法院或者仲裁机构可以根据当事人的请求予以增加；约定的违约金过分高于造成的损失的，人民法院或者仲裁机构可以根据当事人的请求予以适当减少。

当事人就迟延履行约定违约金的，违约方支付违约金后，还应当履行债务。

第一千零二条【生命权保护】　自然人享有生命权。自然人的生命安全和生命尊严受法律保护。任何组织或者个人不得侵害他人的生命权。

---

① 含条文名称。

第一千零四条【健康权保护】 自然人享有健康权。自然人的身心健康受法律保护。任何组织或者个人不得侵害他人的健康权。

第一千零二十四条【名誉权保护】 民事主体享有名誉权。任何组织或者个人不得以侮辱、诽谤等方式侵害他人的名誉权。

名誉是对民事主体的品德、声望、才能、信用等的社会评价。

第一千一百六十八条【共同侵权责任承担】 二人以上共同实施侵权行为，造成他人损害的，应当承担连带责任。

中华人民共和国消费者权益保护法

（1993年10月31日第八届全国人民代表大会常务委员会第四次会议通过　根据2009年8月27日第十一届全国人民代表大会常务委员会第十次会议《关于修改部分法律的决定》第一次修正　根据2013年10月25日第十二届全国人民代表大会常务委员会第五次会议《关于修改〈中华人民共和国消费者权益保护法〉的决定》第二次修正）

目　　录

第一章　总　　则

第一条 为保护消费者的合法权益，维护社会经济秩序，促进社会主义市场经济健康发展，制定本法。

第二条 消费者为生活消费需要购买、使用商品或者接受服务，其权益受本法保护；本法未作规定的，受其他有关法律、法规保护。

第三条 经营者为消费者提供其生产、销售的商品或者提供服务，应当遵守本法；本法未作规定的，应当遵守其他有关法律、法规。

第四条 经营者与消费者进行交易，应当遵循自愿、平等、公平、诚实信用的原则。

第五条 国家保护消费者的合法权益不受侵害。

国家采取措施，保障消费者依法行使权利，维护消费者的合法权益。

国家倡导文明、健康、节约资源和保护环境的消费方式，反对浪费。

第六条 保护消费者的合法权益是全社会的共同责任。

国家鼓励、支持一切组织和个人对损害消费者合法权益的行为进行社会监督。

大众传播媒介应当做好维护消费者合法权益的宣传，对损害消费者合法权益的行为进行舆论监督。

第二章 消费者的权利

第七条 消费者在购买、使用商品和接受服务时享有人身、财产安全不受损害的权利。

消费者有权要求经营者提供的商品和服务，符合保障人身、财产安全的要求。

第八条 消费者享有知悉其购买、使用的商品或者接受的服务的真实情况的权利。

消费者有权根据商品或者服务的不同情况，要求经营者提供商品的价格、产地、生产者、用途、性能、规格、等级、主要成份、生产日期、有效期限、检验合格证明、使用方法说明书、售后服务，或者服务的内容、规格、费用等有关情况。

第九条 消费者享有自主选择商品或者服务的权利。

消费者有权自主选择提供商品或者服务的经营者，自主选择商品品种或者服务方式，自主决定购买或者不购买任何一种商品、接受或者不接受任何一项服务。

消费者在自主选择商品或者服务时，有权进行比较、鉴别和挑选。

第十条 消费者享有公平交易的权利。

消费者在购买商品或者接受服务时，有权获得质量保障、价格合理、计量正确等公平交易条件，有权拒绝经营者的强制交易行为。

第十一条 消费者因购买、使用商品或者接受服务受到人身、财产损害的，享有依法获得赔偿的权利。

第十二条 消费者享有依法成立维护自身合法权益的社会组织的权利。

第十三条 消费者享有获得有关消费和消费者权益保护方面的知识的权利。

消费者应当努力掌握所需商品或者服务的知识和使用技能，正确使用商品，提高自我保护意识。

第十四条 消费者在购买、使用商品和接受服务时，享有人格尊严、民族风俗习惯得到尊重的权利，享有个人信息依法得到保护的权利。

第十五条 消费者享有对商品和服务以及保护消费者权益工作进行监督的权利。

消费者有权检举、控告侵害消费者权益的行为和国家机关及其工作人员在保护消费者权益工作中的违法失职行为，有权对保护消费者权益工作提出批评、建议。

第三章 经营者的义务

第十六条 经营者向消费者提供商品或者服务，应当依照本法和其他有关法律、法规的规定履行义务。

经营者和消费者有约定的，应当按照约定履行义务，但双方的约定不得违背法律、法规的规定。

经营者向消费者提供商品或者服务，应当恪守社会公德，诚信经营，保障消费者的合法权益；不得设定不公平、不合理的交易条件，不得强制交易。

第十七条 经营者应当听取消费者对其提供的商品或者服务的意见，接受消费者的监督。

第十八条 经营者应当保证其提供的商品或者服务符合保障人身、财产安全的要求。对可能危及人身、财产安全的商品和服务，应当向消费者作出真实的说明和明确的警示，并说明和标明正确使用商品或者接受服务的方法以及防止危害发生的方法。

宾馆、商场、餐馆、银行、机场、车站、港口、影剧院等经营场所的经营者，应当对消费者尽到安全保障义务。

第十九条 经营者发现其提供的商品或者服务存在缺陷，有危及人身、财产安全危险的，应当立即向有关行政部门报告和告知消费者，并采取停止销售、警示、召回、无害化处理、销毁、停止生产或者服务等措施。采取召回措施的，经营者应当承担消费者因商品被召回支出的必要费用。

第二十条 经营者向消费者提供有关商品或者服务的质量、性能、用途、有效期限等信息，应当真实、全面，不得作虚假或者引人误解的宣传。

经营者对消费者就其提供的商品或者服务的质量和使用方法等问题提出

的询问，应当作出真实、明确的答复。

经营者提供商品或者服务应当明码标价。

第二十一条 经营者应当标明其真实名称和标记。

租赁他人柜台或者场地的经营者，应当标明其真实名称和标记。

第二十二条 经营者提供商品或者服务，应当按照国家有关规定或者商业惯例向消费者出具发票等购货凭证或者服务单据；消费者索要发票等购货凭证或者服务单据的，经营者必须出具。

第二十三条 经营者应当保证在正常使用商品或者接受服务的情况下其提供的商品或者服务应当具有的质量、性能、用途和有效期限；但消费者在购买该商品或者接受该服务前已经知道其存在瑕疵，且存在该瑕疵不违反法律强制性规定的除外。

经营者以广告、产品说明、实物样品或者其他方式表明商品或者服务的质量状况的，应当保证其提供的商品或者服务的实际质量与表明的质量状况相符。

经营者提供的机动车、计算机、电视机、电冰箱、空调器、洗衣机等耐用商品或者装饰装修等服务，消费者自接受商品或者服务之日起六个月内发现瑕疵，发生争议的，由经营者承担有关瑕疵的举证责任。

第二十四条 经营者提供的商品或者服务不符合质量要求的，消费者可以依照国家规定、当事人约定退货，或者要求经营者履行更换、修理等义务。没有国家规定和当事人约定的，消费者可以自收到商品之日起七日内退货；七日后符合法定解除合同条件的，消费者可以及时退货，不符合法定解除合同条件的，可以要求经营者履行更换、修理等义务。

依照前款规定进行退货、更换、修理的，经营者应当承担运输等必要费用。

第二十五条 经营者采用网络、电视、电话、邮购等方式销售商品，消费者有权自收到商品之日起七日内退货，且无需说明理由，但下列商品除外：

（一）消费者定作的；

（二）鲜活易腐的；

（三）在线下载或者消费者拆封的音像制品、计算机软件等数字化商品；

（四）交付的报纸、期刊。

除前款所列商品外，其他根据商品性质并经消费者在购买时确认不宜退货的商品，不适用无理由退货。

消费者退货的商品应当完好。经营者应当自收到退回商品之日起七日内返还消费者支付的商品价款。退回商品的运费由消费者承担；经营者和消费者另有约定的，按照约定。

第二十六条 经营者在经营活动中使用格式条款的，应当以显著方式提请消费者注意商品或者服务的数量和质量、价款或者费用、履行期限和方式、安全注意事项和风险警示、售后服务、民事责任等与消费者有重大利害关系的内容，并按照消费者的要求予以说明。

经营者不得以格式条款、通知、声明、店堂告示等方式，作出排除或者限制消费者权利、减轻或者免除经营者责任、加重消费者责任等对消费者不公平、不合理的规定，不得利用格式条款并借助技术手段强制交易。

格式条款、通知、声明、店堂告示等含有前款所列内容的，其内容无效。

第二十七条 经营者不得对消费者进行侮辱、诽谤，不得搜查消费者的身体及其携带的物品，不得侵犯消费者的人身自由。

第二十八条 采用网络、电视、电话、邮购等方式提供商品或者服务的经营者，以及提供证券、保险、银行等金融服务的经营者，应当向消费者提供经营地址、联系方式、商品或者服务的数量和质量、价款或者费用、履行期限和方式、安全注意事项和风险警示、售后服务、民事责任等信息。

第二十九条 经营者收集、使用消费者个人信息，应当遵循合法、正当、必要的原则，明示收集、使用信息的目的、方式和范围，并经消费者同意。经营者收集、使用消费者个人信息，应当公开其收集、使用规则，不得违反法律、法规的规定和双方的约定收集、使用信息。

经营者及其工作人员对收集的消费者个人信息必须严格保密，不得泄露、出售或者非法向他人提供。经营者应当采取技术措施和其他必要措施，确保信息安全，防止消费者个人信息泄露、丢失。在发生或者可能发生信息泄露、丢失的情况时，应当立即采取补救措施。

经营者未经消费者同意或者请求，或者消费者明确表示拒绝的，不得向其发送商业性信息。

第四章 国家对消费者合法权益的保护

第三十条 国家制定有关消费者权益的法律、法规、规章和强制性标准，应当听取消费者和消费者协会等组织的意见。

第三十一条 各级人民政府应当加强领导，组织、协调、督促有关行政部门做好保护消费者合法权益的工作，落实保护消费者合法权益的职责。

各级人民政府应当加强监督，预防危害消费者人身、财产安全行为的发生，及时制止危害消费者人身、财产安全的行为。

第三十二条 各级人民政府工商行政管理部门和其他有关行政部门应当

依照法律、法规的规定，在各自的职责范围内，采取措施，保护消费者的合法权益。

有关行政部门应当听取消费者和消费者协会等组织对经营者交易行为、商品和服务质量问题的意见，及时调查处理。

第三十三条 有关行政部门在各自的职责范围内，应当定期或者不定期对经营者提供的商品和服务进行抽查检验，并及时向社会公布抽查检验结果。

有关行政部门发现并认定经营者提供的商品或者服务存在缺陷，有危及人身、财产安全危险的，应当立即责令经营者采取停止销售、警示、召回、无害化处理、销毁、停止生产或者服务等措施。

第三十四条 有关国家机关应当依照法律、法规的规定，惩处经营者在提供商品和服务中侵害消费者合法权益的违法犯罪行为。

第三十五条 人民法院应当采取措施，方便消费者提起诉讼。对符合《中华人民共和国民事诉讼法》起诉条件的消费者权益争议，必须受理，及时审理。

第五章 消费者组织

第三十六条 消费者协会和其他消费者组织是依法成立的对商品和服务进行社会监督的保护消费者合法权益的社会组织。

第三十七条 消费者协会履行下列公益性职责：

（一）向消费者提供消费信息和咨询服务，提高消费者维护自身合法权益的能力，引导文明、健康、节约资源和保护环境的消费方式；

（二）参与制定有关消费者权益的法律、法规、规章和强制性标准；

（三）参与有关行政部门对商品和服务的监督、检查；

（四）就有关消费者合法权益的问题，向有关部门反映、查询，提出建议；

（五）受理消费者的投诉，并对投诉事项进行调查、调解；

（六）投诉事项涉及商品和服务质量问题的，可以委托具备资格的鉴定人鉴定，鉴定人应当告知鉴定意见；

（七）就损害消费者合法权益的行为，支持受损害的消费者提起诉讼或者依照本法提起诉讼；

（八）对损害消费者合法权益的行为，通过大众传播媒介予以揭露、批评。

各级人民政府对消费者协会履行职责应当予以必要的经费等支持。

消费者协会应当认真履行保护消费者合法权益的职责，听取消费者的意见和建议，接受社会监督。

依法成立的其他消费者组织依照法律、法规及其章程的规定，开展保护消费者合法权益的活动。

第三十八条 消费者组织不得从事商品经营和营利性服务，不得以收取费用或者其他牟取利益的方式向消费者推荐商品和服务。

第六章 争议的解决

第三十九条 消费者和经营者发生消费者权益争议的，可以通过下列途径解决：

（一）与经营者协商和解；

（二）请求消费者协会或者依法成立的其他调解组织调解；

（三）向有关行政部门投诉；

（四）根据与经营者达成的仲裁协议提请仲裁机构仲裁；

（五）向人民法院提起诉讼。

第四十条 消费者在购买、使用商品时，其合法权益受到损害的，可以向销售者要求赔偿。销售者赔偿后，属于生产者的责任或者属于向销售者提供商品的其他销售者的责任的，销售者有权向生产者或者其他销售者追偿。

消费者或者其他受害人因商品缺陷造成人身、财产损害的，可以向销售者要求赔偿，也可以向生产者要求赔偿。属于生产者责任的，销售者赔偿后，有权向生产者追偿。属于销售者责任的，生产者赔偿后，有权向销售者追偿。

消费者在接受服务时，其合法权益受到损害的，可以向服务者要求赔偿。

第四十一条 消费者在购买、使用商品或者接受服务时，其合法权益受到损害，因原企业分立、合并的，可以向变更后承受其权利义务的企业要求赔偿。

第四十二条 使用他人营业执照的违法经营者提供商品或者服务，损害消费者合法权益的，消费者可以向其要求赔偿，也可以向营业执照的持有人要求赔偿。

第四十三条 消费者在展销会、租赁柜台购买商品或者接受服务，其合法权益受到损害的，可以向销售者或者服务者要求赔偿。展销会结束或者柜台租赁期满后，也可以向展销会的举办者、柜台的出租者要求赔偿。展销会的举办者、柜台的出租者赔偿后，有权向销售者或者服务者追偿。

第四十四条 消费者通过网络交易平台购买商品或者接受服务，其合法权益受到损害的，可以向销售者或者服务者要求赔偿。网络交易平台提供者不能提供销售者或者服务者的真实名称、地址和有效联系方式的，消费者也可以向网络交易平台提供者要求赔偿；网络交易平台提供者作出更有利于消费者的承诺的，应当履行承诺。网络交易平台提供者赔偿后，有权向销售者或者服务者追偿。

网络交易平台提供者明知或者应知销售者或者服务者利用其平台侵害消费者合法权益，未采取必要措施的，依法与该销售者或者服务者承担连带责任。

第四十五条 消费者因经营者利用虚假广告或者其他虚假宣传方式提供商品或者服务，其合法权益受到损害的，可以向经营者要求赔偿。广告经营者、发布者发布虚假广告的，消费者可以请求行政主管部门予以惩处。广告经营者、发布者不能提供经营者的真实名称、地址和有效联系方式的，应当承担赔偿责任。

广告经营者、发布者设计、制作、发布关系消费者生命健康商品或者服务的虚假广告，造成消费者损害的，应当与提供该商品或者服务的经营者承担连带责任。

社会团体或者其他组织、个人在关系消费者生命健康商品或者服务的虚假广告或者其他虚假宣传中向消费者推荐商品或者服务，造成消费者损害的，应当与提供该商品或者服务的经营者承担连带责任。

第四十六条 消费者向有关行政部门投诉的，该部门应当自收到投诉之日起七个工作日内，予以处理并告知消费者。

第四十七条 对侵害众多消费者合法权益的行为，中国消费者协会以及在省、自治区、直辖市设立的消费者协会，可以向人民法院提起诉讼。

第七章 法律责任

第四十八条 经营者提供商品或者服务有下列情形之一的，除本法另有规定外，应当依照其他有关法律、法规的规定，承担民事责任：

（一）商品或者服务存在缺陷的；

（二）不具备商品应当具备的使用性能而出售时未作说明的；

（三）不符合在商品或者其包装上注明采用的商品标准的；

（四）不符合商品说明、实物样品等方式表明的质量状况的；

（五）生产国家明令淘汰的商品或者销售失效、变质的商品的；

（六）销售的商品数量不足的；

（七）服务的内容和费用违反约定的；

（八）对消费者提出的修理、重作、更换、退货、补足商品数量、退还货款和服务费用或者赔偿损失的要求，故意拖延或者无理拒绝的；

（九）法律、法规规定的其他损害消费者权益的情形。

经营者对消费者未尽到安全保障义务，造成消费者损害的，应当承担侵权责任。

第四十九条 经营者提供商品或者服务，造成消费者或者其他受害人人身伤害的，应当赔偿医疗费、护理费、交通费等为治疗和康复支出的合理费用，以及因误工减少的收入。造成残疾的，还应当赔偿残疾生活辅助具费和残疾赔偿金。造成死亡的，还应当赔偿丧葬费和死亡赔偿金。

第五十条 经营者侵害消费者的人格尊严、侵犯消费者人身自由或者侵害消费者个人信息依法得到保护的权利的，应当停止侵害、恢复名誉、消除影响、赔礼道歉，并赔偿损失。

第五十一条 经营者有侮辱诽谤、搜查身体、侵犯人身自由等侵害消费者或者其他受害人人身权益的行为，造成严重精神损害的，受害人可以要求精神损害赔偿。

第五十二条 经营者提供商品或者服务，造成消费者财产损害的，应当依照法律规定或者当事人约定承担修理、重作、更换、退货、补足商品数量、退还货款和服务费用或者赔偿损失等民事责任。

第五十三条 经营者以预收款方式提供商品或者服务的，应当按照约定提供。未按照约定提供的，应当按照消费者的要求履行约定或者退回预付款；并应当承担预付款的利息、消费者必须支付的合理费用。

第五十四条 依法经有关行政部门认定为不合格的商品，消费者要求退货的，经营者应当负责退货。

第五十五条 经营者提供商品或者服务有欺诈行为的，应当按照消费者的要求增加赔偿其受到的损失，增加赔偿的金额为消费者购买商品的价款或者接受服务的费用的三倍；增加赔偿的金额不足五百元的，为五百元。法律另有规定的，依照其规定。

经营者明知商品或者服务存在缺陷，仍然向消费者提供，造成消费者或者其他受害人死亡或者健康严重损害的，受害人有权要求经营者依照本法第四十九条、第五十一条等法律规定赔偿损失，并有权要求所受损失二倍以下的惩罚性赔偿。

第五十六条 经营者有下列情形之一，除承担相应的民事责任外，其他有关法律、法规对处罚机关和处罚方式有规定的，依照法律、法规的规定执行；法律、法规未作规定的，由工商行政管理部门或者其他有关行政部门责令改正，可以根据情节单处或者并处警告、没收违法所得、处以违法所得一倍以上十倍以下的罚款，没有违法所得的，处以五十万元以下的罚款；情节严重的，责令停业整顿、吊销营业执照：

（一）提供的商品或者服务不符合保障人身、财产安全要求的；

（二）在商品中掺杂、掺假，以假充真，以次充好，或者以不合格商品冒充合格商品的；

（三）生产国家明令淘汰的商品或者销售失效、变质的商品的；

（四）伪造商品的产地，伪造或者冒用他人的厂名、厂址，篡改生产日期，伪造或者冒用认证标志等质量标志的；

（五）销售的商品应当检验、检疫而未检验、检疫或者伪造检验、检疫结果的；

（六）对商品或者服务作虚假或者引人误解的宣传的；

（七）拒绝或者拖延有关行政部门责令对缺陷商品或者服务采取停止销售、警示、召回、无害化处理、销毁、停止生产或者服务等措施的；

（八）对消费者提出的修理、重作、更换、退货、补足商品数量、退还货款和服务费用或者赔偿损失的要求，故意拖延或者无理拒绝的；

（九）侵害消费者人格尊严、侵犯消费者人身自由或者侵害消费者个人信息依法得到保护的权利的；

（十）法律、法规规定的对损害消费者权益应当予以处罚的其他情形。

经营者有前款规定情形的，除依照法律、法规规定予以处罚外，处罚机关应当记入信用档案，向社会公布。

第五十七条 经营者违反本法规定提供商品或者服务，侵害消费者合法权益，构成犯罪的，依法追究刑事责任。

第五十八条 经营者违反本法规定，应当承担民事赔偿责任和缴纳罚款、罚金，其财产不足以同时支付的，先承担民事赔偿责任。

第五十九条 经营者对行政处罚决定不服的，可以依法申请行政复议或者提起行政诉讼。

第六十条 以暴力、威胁等方法阻碍有关行政部门工作人员依法执行职务的，依法追究刑事责任；拒绝、阻碍有关行政部门工作人员依法执行职务，未使用暴力、威胁方法的，由公安机关依照《中华人民共和国治安管理处罚法》的规定处罚。

第六十一条 国家机关工作人员玩忽职守或者包庇经营者侵害消费者合法权益的行为的，由其所在单位或者上级机关给予行政处分；情节严重，构成犯罪的，依法追究刑事责任。

第八章　附　　则

第六十二条 农民购买、使用直接用于农业生产的生产资料，参照本法执行。

第六十三条 本法自 1994 年 1 月 1 日起施行。

中华人民共和国食品安全法

（2009年2月28日第十一届全国人民代表大会常务委员会第七次会议通过　2015年4月24日第十二届全国人民代表大会常务委员会第十四次会议修订　根据2018年12月29日第十三届全国人民代表大会常务委员会第七次会议《关于修改〈中华人民共和国产品质量法〉等五部法律的决定》第一次修正　根据2021年4月29日第十三届全国人民代表大会常务委员会第二十八次会议《关于修改〈中华人民共和国道路交通安全法〉等八部法律的决定》第二次修正）

目　　录

第一章　总　　则

第一条　为了保证食品安全，保障公众身体健康和生命安全，制定本法。

第二条　在中华人民共和国境内从事下列活动，应当遵守本法：

（一）食品生产和加工（以下称食品生产），食品销售和餐饮服务（以下称食品经营）；

（二）食品添加剂的生产经营；

（三）用于食品的包装材料、容器、洗涤剂、消毒剂和用于食品生产经营的工具、设备（以下称食品相关产品）的生产经营；

（四）食品生产经营者使用食品添加剂、食品相关产品；

（五）食品的贮存和运输；

（六）对食品、食品添加剂、食品相关产品的安全管理。

供食用的源于农业的初级产品（以下称食用农产品）的质量安全管理，遵守《中华人民共和国农产品质量安全法》的规定。但是，食用农产品的市场销售、有关质量安全标准的制定、有关安全信息的公布和本法对农业投入品作出规定的，应当遵守本法的规定。

第三条 食品安全工作实行预防为主、风险管理、全程控制、社会共治，建立科学、严格的监督管理制度。

第四条 食品生产经营者对其生产经营食品的安全负责。

食品生产经营者应当依照法律、法规和食品安全标准从事生产经营活动，保证食品安全，诚信自律，对社会和公众负责，接受社会监督，承担社会责任。

第五条 国务院设立食品安全委员会，其职责由国务院规定。

国务院食品安全监督管理部门依照本法和国务院规定的职责，对食品生产经营活动实施监督管理。

国务院卫生行政部门依照本法和国务院规定的职责，组织开展食品安全风险监测和风险评估，会同国务院食品安全监督管理部门制定并公布食品安全国家标准。

国务院其他有关部门依照本法和国务院规定的职责，承担有关食品安全工作。

第六条 县级以上地方人民政府对本行政区域的食品安全监督管理工作负责，统一领导、组织、协调本行政区域的食品安全监督管理工作以及食品安全突发事件应对工作，建立健全食品安全全程监督管理工作机制和信息共享机制。

县级以上地方人民政府依照本法和国务院的规定，确定本级食品安全监督管理、卫生行政部门和其他有关部门的职责。有关部门在各自职责范围内负责本行政区域的食品安全监督管理工作。

县级人民政府食品安全监督管理部门可以在乡镇或者特定区域设立派出机构。

第七条 县级以上地方人民政府实行食品安全监督管理责任制。上级人民政府负责对下一级人民政府的食品安全监督管理工作进行评议、考核。县级以上地方人民政府负责对本级食品安全监督管理部门和其他有关部门的食品安全监督管理工作进行评议、考核。

第八条 县级以上人民政府应当将食品安全工作纳入本级国民经济和社会发展规划，将食品安全工作经费列入本级政府财政预算，加强食品安全监督管理能力建设，为食品安全工作提供保障。

县级以上人民政府食品安全监督管理部门和其他有关部门应当加强沟通、密切配合，按照各自职责分工，依法行使职权，承担责任。

第九条 食品行业协会应当加强行业自律，按照章程建立健全行业规范和奖惩机制，提供食品安全信息、技术等服务，引导和督促食品生产经营者依法生产经营，推动行业诚信建设，宣传、普及食品安全知识。

消费者协会和其他消费者组织对违反本法规定，损害消费者合法权益的行为，依法进行社会监督。

第十条 各级人民政府应当加强食品安全的宣传教育，普及食品安全知识，鼓励社会组织、基层群众性自治组织、食品生产经营者开展食品安全法律、法规以及食品安全标准和知识的普及工作，倡导健康的饮食方式，增强消费者食品安全意识和自我保护能力。

新闻媒体应当开展食品安全法律、法规以及食品安全标准和知识的公益宣传，并对食品安全违法行为进行舆论监督。有关食品安全的宣传报道应当真实、公正。

第十一条 国家鼓励和支持开展与食品安全有关的基础研究、应用研究，鼓励和支持食品生产经营者为提高食品安全水平采用先进技术和先进管理规范。

国家对农药的使用实行严格的管理制度，加快淘汰剧毒、高毒、高残留农药，推动替代产品的研发和应用，鼓励使用高效低毒低残留农药。

第十二条 任何组织或者个人有权举报食品安全违法行为，依法向有关部门了解食品安全信息，对食品安全监督管理工作提出意见和建议。

第十三条 对在食品安全工作中做出突出贡献的单位和个人，按照国家有关规定给予表彰、奖励。

第二章 食品安全风险监测和评估

第十四条 国家建立食品安全风险监测制度，对食源性疾病、食品污染以及食品中的有害因素进行监测。

国务院卫生行政部门会同国务院食品安全监督管理等部门，制定、实施国家食品安全风险监测计划。

国务院食品安全监督管理部门和其他有关部门获知有关食品安全风险信息后，应当立即核实并向国务院卫生行政部门通报。对有关部门通报的食品安全风险信息以及医疗机构报告的食源性疾病等有关疾病信息，国务院卫生行政部门应当会同国务院有关部门分析研究，认为必要的，及时调整国家食品安全风险监测计划。

省、自治区、直辖市人民政府卫生行政部门会同同级食品安全监督管理等部门，根据国家食品安全风险监测计划，结合本行政区域的具体情况，制定、调整本行政区域的食品安全风险监测方案，报国务院卫生行政部门备案并实施。

第十五条 承担食品安全风险监测工作的技术机构应当根据食品安全风险监测计划和监测方案开展监测工作，保证监测数据真实、准确，并按照食品安全风险监测计划和监测方案的要求报送监测数据和分析结果。

食品安全风险监测工作人员有权进入相关食用农产品种植养殖、食品生产经营场所采集样品、收集相关数据。采集样品应当按照市场价格支付费用。

第十六条 食品安全风险监测结果表明可能存在食品安全隐患的，县级以上人民政府卫生行政部门应当及时将相关信息通报同级食品安全监督管理等部门，并报告本级人民政府和上级人民政府卫生行政部门。食品安全监督管理等部门应当组织开展进一步调查。

第十七条 国家建立食品安全风险评估制度，运用科学方法，根据食品安全风险监测信息、科学数据以及有关信息，对食品、食品添加剂、食品相关产品中生物性、化学性和物理性危害因素进行风险评估。

国务院卫生行政部门负责组织食品安全风险评估工作，成立由医学、农业、食品、营养、生物、环境等方面的专家组成的食品安全风险评估专家委员会进行食品安全风险评估。食品安全风险评估结果由国务院卫生行政部门公布。

对农药、肥料、兽药、饲料和饲料添加剂等的安全性评估，应当有食品安全风险评估专家委员会的专家参加。

食品安全风险评估不得向生产经营者收取费用，采集样品应当按照市场价格支付费用。

第十八条 有下列情形之一的，应当进行食品安全风险评估：

（一）通过食品安全风险监测或者接到举报发现食品、食品添加剂、食品相关产品可能存在安全隐患的；

（二）为制定或者修订食品安全国家标准提供科学依据需要进行风险评估的；

（三）为确定监督管理的重点领域、重点品种需要进行风险评估的；

（四）发现新的可能危害食品安全因素的；

（五）需要判断某一因素是否构成食品安全隐患的；

（六）国务院卫生行政部门认为需要进行风险评估的其他情形。

第十九条 国务院食品安全监督管理、农业行政等部门在监督管理工作中发现需要进行食品安全风险评估的，应当向国务院卫生行政部门提出食品安全风险评估的建议，并提供风险来源、相关检验数据和结论等信息、资料。属于本法第十八条规定情形的，国务院卫生行政部门应当及时进行食品安全风险评估，并向国务院有关部门通报评估结果。

第二十条 省级以上人民政府卫生行政、农业行政部门应当及时相互通报食品、食用农产品安全风险监测信息。

国务院卫生行政、农业行政部门应当及时相互通报食品、食用农产品安全风险评估结果等信息。

第二十一条 食品安全风险评估结果是制定、修订食品安全标准和实施食品安全监督管理的科学依据。

经食品安全风险评估，得出食品、食品添加剂、食品相关产品不安全结论的，国务院食品安全监督管理等部门应当依据各自职责立即向社会公告，告知消费者停止食用或者使用，并采取相应措施，确保该食品、食品添加剂、食品相关产品停止生产经营；需要制定、修订相关食品安全国家标准的，国务院卫生行政部门应当会同国务院食品安全监督管理部门立即制定、修订。

第二十二条 国务院食品安全监督管理部门应当会同国务院有关部门，根据食品安全风险评估结果、食品安全监督管理信息，对食品安全状况进行综合分析。对经综合分析表明可能具有较高程度安全风险的食品，国务院食品安全监督管理部门应当及时提出食品安全风险警示，并向社会公布。

第二十三条 县级以上人民政府食品安全监督管理部门和其他有关部门、食品安全风险评估专家委员会及其技术机构，应当按照科学、客观、及时、公开的原则，组织食品生产经营者、食品检验机构、认证机构、食品行业协会、消费者协会以及新闻媒体等，就食品安全风险评估信息和食品安全监督管理信息进行交流沟通。

第三章 食品安全标准

第二十四条 制定食品安全标准，应当以保障公众身体健康为宗旨，做到科学合理、安全可靠。

第二十五条 食品安全标准是强制执行的标准。除食品安全标准外，不得制定其他食品强制性标准。

第二十六条 食品安全标准应当包括下列内容：

（一）食品、食品添加剂、食品相关产品中的致病性微生物，农药残留、兽药残留、生物毒素、重金属等污染物质以及其他危害人体健康物质的限量规定；

（二）食品添加剂的品种、使用范围、用量；

（三）专供婴幼儿和其他特定人群的主辅食品的营养成分要求；

（四）对与卫生、营养等食品安全要求有关的标签、标志、说明书的要求；

（五）食品生产经营过程的卫生要求；

（六）与食品安全有关的质量要求；

（七）与食品安全有关的食品检验方法与规程；

（八）其他需要制定为食品安全标准的内容。

第二十七条 食品安全国家标准由国务院卫生行政部门会同国务院食品安全监督管理部门制定、公布，国务院标准化行政部门提供国家标准编号。

食品中农药残留、兽药残留的限量规定及其检验方法与规程由国务院卫生行政部门、国务院农业行政部门会同国务院食品安全监督管理部门制定。

屠宰畜、禽的检验规程由国务院农业行政部门会同国务院卫生行政部门制定。

第二十八条 制定食品安全国家标准，应当依据食品安全风险评估结果并充分考虑食用农产品安全风险评估结果，参照相关的国际标准和国际食品安全风险评估结果，并将食品安全国家标准草案向社会公布，广泛听取食品生产经营者、消费者、有关部门等方面的意见。

食品安全国家标准应当经国务院卫生行政部门组织的食品安全国家标准审评委员会审查通过。食品安全国家标准审评委员会由医学、农业、食品、营养、生物、环境等方面的专家以及国务院有关部门、食品行业协会、消费者协会的代表组成，对食品安全国家标准草案的科学性和实用性等进行审查。

第二十九条 对地方特色食品，没有食品安全国家标准的，省、自治区、直辖市人民政府卫生行政部门可以制定并公布食品安全地方标准，报国务院卫生行政部门备案。食品安全国家标准制定后，该地方标准即行废止。

第三十条 国家鼓励食品生产企业制定严于食品安全国家标准或者地方标准的企业标准，在本企业适用，并报省、自治区、直辖市人民政府卫生行政部门备案。

第三十一条 省级以上人民政府卫生行政部门应当在其网站上公布制定

和备案的食品安全国家标准、地方标准和企业标准，供公众免费查阅、下载。

对食品安全标准执行过程中的问题，县级以上人民政府卫生行政部门应当会同有关部门及时给予指导、解答。

第三十二条 省级以上人民政府卫生行政部门应当会同同级食品安全监督管理、农业行政等部门，分别对食品安全国家标准和地方标准的执行情况进行跟踪评价，并根据评价结果及时修订食品安全标准。

省级以上人民政府食品安全监督管理、农业行政等部门应当对食品安全标准执行中存在的问题进行收集、汇总，并及时向同级卫生行政部门通报。

食品生产经营者、食品行业协会发现食品安全标准在执行中存在问题的，应当立即向卫生行政部门报告。

第四章 食品生产经营

第一节 一般规定

第三十三条 食品生产经营应当符合食品安全标准，并符合下列要求：

（一）具有与生产经营的食品品种、数量相适应的食品原料处理和食品加工、包装、贮存等场所，保持该场所环境整洁，并与有毒、有害场所以及其他污染源保持规定的距离；

（二）具有与生产经营的食品品种、数量相适应的生产经营设备或者设施，有相应的消毒、更衣、盥洗、采光、照明、通风、防腐、防尘、防蝇、防鼠、防虫、洗涤以及处理废水、存放垃圾和废弃物的设备或者设施；

（三）有专职或者兼职的食品安全专业技术人员、食品安全管理人员和保证食品安全的规章制度；

（四）具有合理的设备布局和工艺流程，防止待加工食品与直接入口食品、原料与成品交叉污染，避免食品接触有毒物、不洁物；

（五）餐具、饮具和盛放直接入口食品的容器，使用前应当洗净、消毒，炊具、用具用后应当洗净，保持清洁；

（六）贮存、运输和装卸食品的容器、工具和设备应当安全、无害，保持清洁，防止食品污染，并符合保证食品安全所需的温度、湿度等特殊要求，不得将食品与有毒、有害物品一同贮存、运输；

（七）直接入口的食品应当使用无毒、清洁的包装材料、餐具、饮具和容器；

（八）食品生产经营人员应当保持个人卫生，生产经营食品时，应当将手洗净，穿戴清洁的工作衣、帽等；销售无包装的直接入口食品时，应当使用无毒、清洁的容器、售货工具和设备；

（九）用水应当符合国家规定的生活饮用水卫生标准；

（十）使用的洗涤剂、消毒剂应当对人体安全、无害；

（十一）法律、法规规定的其他要求。

非食品生产经营者从事食品贮存、运输和装卸的，应当符合前款第六项的规定。

第三十四条 禁止生产经营下列食品、食品添加剂、食品相关产品：

（一）用非食品原料生产的食品或者添加食品添加剂以外的化学物质和其他可能危害人体健康物质的食品，或者用回收食品作为原料生产的食品；

（二）致病性微生物，农药残留、兽药残留、生物毒素、重金属等污染物质以及其他危害人体健康的物质含量超过食品安全标准限量的食品、食品添加剂、食品相关产品；

（三）用超过保质期的食品原料、食品添加剂生产的食品、食品添加剂；

（四）超范围、超限量使用食品添加剂的食品；

（五）营养成分不符合食品安全标准的专供婴幼儿和其他特定人群的主辅食品；

（六）腐败变质、油脂酸败、霉变生虫、污秽不洁、混有异物、掺假掺杂或者感官性状异常的食品、食品添加剂；

（七）病死、毒死或者死因不明的禽、畜、兽、水产动物肉类及其制品；

（八）未按规定进行检疫或者检疫不合格的肉类，或者未经检验或者检验不合格的肉类制品；

（九）被包装材料、容器、运输工具等污染的食品、食品添加剂；

（十）标注虚假生产日期、保质期或者超过保质期的食品、食品添加剂；

（十一）无标签的预包装食品、食品添加剂；

（十二）国家为防病等特殊需要明令禁止生产经营的食品；

（十三）其他不符合法律、法规或者食品安全标准的食品、食品添加剂、食品相关产品。

第三十五条 国家对食品生产经营实行许可制度。从事食品生产、食品销售、餐饮服务，应当依法取得许可。但是，销售食用农产品和仅销售预包装食品的，不需要取得许可。仅销售预包装食品的，应当报所在地县级以上地方人民政府食品安全监督管理部门备案。

县级以上地方人民政府食品安全监督管理部门应当依照《中华人民共和国行政许可法》的规定，审核申请人提交的本法第三十三条第一款第一项至第四项规定要求的相关资料，必要时对申请人的生产经营场所进行现场核查；

对符合规定条件的，准予许可；对不符合规定条件的，不予许可并书面说明理由。

第三十六条 食品生产加工小作坊和食品摊贩等从事食品生产经营活动，应当符合本法规定的与其生产经营规模、条件相适应的食品安全要求，保证所生产经营的食品卫生、无毒、无害，食品安全监督管理部门应当对其加强监督管理。

县级以上地方人民政府应当对食品生产加工小作坊、食品摊贩等进行综合治理，加强服务和统一规划，改善其生产经营环境，鼓励和支持其改进生产经营条件，进入集中交易市场、店铺等固定场所经营，或者在指定的临时经营区域、时段经营。

食品生产加工小作坊和食品摊贩等的具体管理办法由省、自治区、直辖市制定。

第三十七条 利用新的食品原料生产食品，或者生产食品添加剂新品种、食品相关产品新品种，应当向国务院卫生行政部门提交相关产品的安全性评估材料。国务院卫生行政部门应当自收到申请之日起六十日内组织审查；对符合食品安全要求的，准予许可并公布；对不符合食品安全要求的，不予许可并书面说明理由。

第三十八条 生产经营的食品中不得添加药品，但是可以添加按照传统既是食品又是中药材的物质。按照传统既是食品又是中药材的物质目录由国务院卫生行政部门会同国务院食品安全监督管理部门制定、公布。

第三十九条 国家对食品添加剂生产实行许可制度。从事食品添加剂生产，应当具有与所生产食品添加剂品种相适应的场所、生产设备或者设施、专业技术人员和管理制度，并依照本法第三十五条第二款规定的程序，取得食品添加剂生产许可。

生产食品添加剂应当符合法律、法规和食品安全国家标准。

第四十条 食品添加剂应当在技术上确有必要且经过风险评估证明安全可靠，方可列入允许使用的范围；有关食品安全国家标准应当根据技术必要性和食品安全风险评估结果及时修订。

食品生产经营者应当按照食品安全国家标准使用食品添加剂。

第四十一条 生产食品相关产品应当符合法律、法规和食品安全国家标准。对直接接触食品的包装材料等具有较高风险的食品相关产品，按照国家有关工业产品生产许可证管理的规定实施生产许可。食品安全监督管理部门应当加强对食品相关产品生产活动的监督管理。

第四十二条 国家建立食品安全全程追溯制度。

食品生产经营者应当依照本法的规定，建立食品安全追溯体系，保证食品可追溯。国家鼓励食品生产经营者采用信息化手段采集、留存生产经营信息，建立食品安全追溯体系。

国务院食品安全监督管理部门会同国务院农业行政等有关部门建立食品安全全程追溯协作机制。

第四十三条 地方各级人民政府应当采取措施鼓励食品规模化生产和连锁经营、配送。

国家鼓励食品生产经营企业参加食品安全责任保险。

第二节 生产经营过程控制

第四十四条 食品生产经营企业应当建立健全食品安全管理制度，对职工进行食品安全知识培训，加强食品检验工作，依法从事生产经营活动。

食品生产经营企业的主要负责人应当落实企业食品安全管理制度，对本企业的食品安全工作全面负责。

食品生产经营企业应当配备食品安全管理人员，加强对其培训和考核。经考核不具备食品安全管理能力的，不得上岗。食品安全监督管理部门应当对企业食品安全管理人员随机进行监督抽查考核并公布考核情况。监督抽查考核不得收取费用。

第四十五条 食品生产经营者应当建立并执行从业人员健康管理制度。患有国务院卫生行政部门规定的有碍食品安全疾病的人员，不得从事接触直接入口食品的工作。

从事接触直接入口食品工作的食品生产经营人员应当每年进行健康检查，取得健康证明后方可上岗工作。

第四十六条 食品生产企业应当就下列事项制定并实施控制要求，保证所生产的食品符合食品安全标准：

（一）原料采购、原料验收、投料等原料控制；

（二）生产工序、设备、贮存、包装等生产关键环节控制；

（三）原料检验、半成品检验、成品出厂检验等检验控制；

（四）运输和交付控制。

第四十七条 食品生产经营者应当建立食品安全自查制度，定期对食品安全状况进行检查评价。生产经营条件发生变化，不再符合食品安全要求的，食品生产经营者应当立即采取整改措施；有发生食品安全事故潜在风险的，应当立即停止食品生产经营活动，并向所在地县级人民政府食品安全监督管理部门报告。

第四十八条 国家鼓励食品生产经营企业符合良好生产规范要求，实施危害分析与关键控制点体系，提高食品安全管理水平。

对通过良好生产规范、危害分析与关键控制点体系认证的食品生产经营企业，认证机构应当依法实施跟踪调查；对不再符合认证要求的企业，应当依法撤销认证，及时向县级以上人民政府食品安全监督管理部门通报，并向社会公布。认证机构实施跟踪调查不得收取费用。

第四十九条 食用农产品生产者应当按照食品安全标准和国家有关规定使用农药、肥料、兽药、饲料和饲料添加剂等农业投入品，严格执行农业投入品使用安全间隔期或者休药期的规定，不得使用国家明令禁止的农业投入品。禁止将剧毒、高毒农药用于蔬菜、瓜果、茶叶和中草药材等国家规定的农作物。

食用农产品的生产企业和农民专业合作经济组织应当建立农业投入品使用记录制度。

县级以上人民政府农业行政部门应当加强对农业投入品使用的监督管理和指导，建立健全农业投入品安全使用制度。

第五十条 食品生产者采购食品原料、食品添加剂、食品相关产品，应当查验供货者的许可证和产品合格证明；对无法提供合格证明的食品原料，应当按照食品安全标准进行检验；不得采购或者使用不符合食品安全标准的食品原料、食品添加剂、食品相关产品。

食品生产企业应当建立食品原料、食品添加剂、食品相关产品进货查验记录制度，如实记录食品原料、食品添加剂、食品相关产品的名称、规格、数量、生产日期或者生产批号、保质期、进货日期以及供货者名称、地址、联系方式等内容，并保存相关凭证。记录和凭证保存期限不得少于产品保质期满后六个月；没有明确保质期的，保存期限不得少于二年。

第五十一条 食品生产企业应当建立食品出厂检验记录制度，查验出厂食品的检验合格证和安全状况，如实记录食品的名称、规格、数量、生产日期或者生产批号、保质期、检验合格证号、销售日期以及购货者名称、地址、联系方式等内容，并保存相关凭证。记录和凭证保存期限应当符合本法第五十条第二款的规定。

第五十二条 食品、食品添加剂、食品相关产品的生产者，应当按照食品安全标准对所生产的食品、食品添加剂、食品相关产品进行检验，检验合格后方可出厂或者销售。

第五十三条 食品经营者采购食品，应当查验供货者的许可证和食品出厂检验合格证或者其他合格证明（以下称合格证明文件）。

食品经营企业应当建立食品进货查验记录制度，如实记录食品的名称、规格、数量、生产日期或者生产批号、保质期、进货日期以及供货者名称、地址、联系方式等内容，并保存相关凭证。记录和凭证保存期限应当符合本法第五十条第二款的规定。

实行统一配送经营方式的食品经营企业，可以由企业总部统一查验供货者的许可证和食品合格证明文件，进行食品进货查验记录。

从事食品批发业务的经营企业应当建立食品销售记录制度，如实记录批发食品的名称、规格、数量、生产日期或者生产批号、保质期、销售日期以及购货者名称、地址、联系方式等内容，并保存相关凭证。记录和凭证保存期限应当符合本法第五十条第二款的规定。

第五十四条 食品经营者应当按照保证食品安全的要求贮存食品，定期检查库存食品，及时清理变质或者超过保质期的食品。

食品经营者贮存散装食品，应当在贮存位置标明食品的名称、生产日期或者生产批号、保质期、生产者名称及联系方式等内容。

第五十五条 餐饮服务提供者应当制定并实施原料控制要求，不得采购不符合食品安全标准的食品原料。倡导餐饮服务提供者公开加工过程，公示食品原料及其来源等信息。

餐饮服务提供者在加工过程中应当检查待加工的食品及原料，发现有本法第三十四条第六项规定情形的，不得加工或者使用。

第五十六条 餐饮服务提供者应当定期维护食品加工、贮存、陈列等设施、设备；定期清洗、校验保温设施及冷藏、冷冻设施。

餐饮服务提供者应当按照要求对餐具、饮具进行清洗消毒，不得使用未经清洗消毒的餐具、饮具；餐饮服务提供者委托清洗消毒餐具、饮具的，应当委托符合本法规定条件的餐具、饮具集中消毒服务单位。

第五十七条 学校、托幼机构、养老机构、建筑工地等集中用餐单位的食堂应当严格遵守法律、法规和食品安全标准；从供餐单位订餐的，应当从取得食品生产经营许可的企业订购，并按照要求对订购的食品进行查验。供餐单位应当严格遵守法律、法规和食品安全标准，当餐加工，确保食品安全。

学校、托幼机构、养老机构、建筑工地等集中用餐单位的主管部门应当加强对集中用餐单位的食品安全教育和日常管理，降低食品安全风险，及时消除食品安全隐患。

第五十八条 餐具、饮具集中消毒服务单位应当具备相应的作业场所、清洗消毒设备或者设施，用水和使用的洗涤剂、消毒剂应当符合相关食品安全国家标准和其他国家标准、卫生规范。

餐具、饮具集中消毒服务单位应当对消毒餐具、饮具进行逐批检验，检验合格后方可出厂，并应当随附消毒合格证明。消毒后的餐具、饮具应当在独立包装上标注单位名称、地址、联系方式、消毒日期以及使用期限等内容。

第五十九条 食品添加剂生产者应当建立食品添加剂出厂检验记录制度，查验出厂产品的检验合格证和安全状况，如实记录食品添加剂的名称、规格、数量、生产日期或者生产批号、保质期、检验合格证号、销售日期以及购货者名称、地址、联系方式等相关内容，并保存相关凭证。记录和凭证保存期限应当符合本法第五十条第二款的规定。

第六十条 食品添加剂经营者采购食品添加剂，应当依法查验供货者的许可证和产品合格证明文件，如实记录食品添加剂的名称、规格、数量、生产日期或者生产批号、保质期、进货日期以及供货者名称、地址、联系方式等内容，并保存相关凭证。记录和凭证保存期限应当符合本法第五十条第二款的规定。

第六十一条 集中交易市场的开办者、柜台出租者和展销会举办者，应当依法审查入场食品经营者的许可证，明确其食品安全管理责任，定期对其经营环境和条件进行检查，发现其有违反本法规定行为的，应当及时制止并立即报告所在地县级人民政府食品安全监督管理部门。

第六十二条 网络食品交易第三方平台提供者应当对入网食品经营者进行实名登记，明确其食品安全管理责任；依法应当取得许可证的，还应当审查其许可证。

网络食品交易第三方平台提供者发现入网食品经营者有违反本法规定行为的，应当及时制止并立即报告所在地县级人民政府食品安全监督管理部门；发现严重违法行为的，应当立即停止提供网络交易平台服务。

第六十三条 国家建立食品召回制度。食品生产者发现其生产的食品不符合食品安全标准或者有证据证明可能危害人体健康的，应当立即停止生产，召回已经上市销售的食品，通知相关生产经营者和消费者，并记录召回和通知情况。

食品经营者发现其经营的食品有前款规定情形的，应当立即停止经营，通知相关生产经营者和消费者，并记录停止经营和通知情况。食品生产者认为应当召回的，应当立即召回。由于食品经营者的原因造成其经营的食品有前款规定情形的，食品经营者应当召回。

食品生产经营者应当对召回的食品采取无害化处理、销毁等措施，防止其再次流入市场。但是，对因标签、标志或者说明书不符合食品安全标准而被召回的食品，食品生产者在采取补救措施且能保证食品安全的情况下可以继续销售；销售时应当向消费者明示补救措施。

食品生产经营者应当将食品召回和处理情况向所在地县级人民政府食品安全监督管理部门报告；需要对召回的食品进行无害化处理、销毁的，应当提前报告时间、地点。食品安全监督管理部门认为必要的，可以实施现场监督。

食品生产经营者未依照本条规定召回或者停止经营的，县级以上人民政府食品安全监督管理部门可以责令其召回或者停止经营。

第六十四条 食用农产品批发市场应当配备检验设备和检验人员或者委托符合本法规定的食品检验机构，对进入该批发市场销售的食用农产品进行抽样检验；发现不符合食品安全标准的，应当要求销售者立即停止销售，并向食品安全监督管理部门报告。

第六十五条 食用农产品销售者应当建立食用农产品进货查验记录制度，如实记录食用农产品的名称、数量、进货日期以及供货者名称、地址、联系方式等内容，并保存相关凭证。记录和凭证保存期限不得少于六个月。

第六十六条 进入市场销售的食用农产品在包装、保鲜、贮存、运输中使用保鲜剂、防腐剂等食品添加剂和包装材料等食品相关产品，应当符合食品安全国家标准。

第三节 标签、说明书和广告

第六十七条 预包装食品的包装上应当有标签。标签应当标明下列事项：

（一）名称、规格、净含量、生产日期；

（二）成分或者配料表；

（三）生产者的名称、地址、联系方式；

（四）保质期；

（五）产品标准代号；

（六）贮存条件；

（七）所使用的食品添加剂在国家标准中的通用名称；

（八）生产许可证编号；

（九）法律、法规或者食品安全标准规定应当标明的其他事项。

专供婴幼儿和其他特定人群的主辅食品，其标签还应当标明主要营养成分及其含量。

食品安全国家标准对标签标注事项另有规定的，从其规定。

第六十八条 食品经营者销售散装食品，应当在散装食品的容器、外包装上标明食品的名称、生产日期或者生产批号、保质期以及生产经营者名称、地址、联系方式等内容。

第六十九条 生产经营转基因食品应当按照规定显著标示。

第七十条 食品添加剂应当有标签、说明书和包装。标签、说明书应当载明本法第六十七条第一款第一项至第六项、第八项、第九项规定的事项，以及食品添加剂的使用范围、用量、使用方法，并在标签上载明“食品添加剂”字样。

第七十一条 食品和食品添加剂的标签、说明书，不得含有虚假内容，不得涉及疾病预防、治疗功能。生产经营者对其提供的标签、说明书的内容负责。

食品和食品添加剂的标签、说明书应当清楚、明显，生产日期、保质期等事项应当显著标注，容易辨识。

食品和食品添加剂与其标签、说明书的内容不符的，不得上市销售。

第七十二条 食品经营者应当按照食品标签标示的警示标志、警示说明或者注意事项的要求销售食品。

第七十三条 食品广告的内容应当真实合法，不得含有虚假内容，不得涉及疾病预防、治疗功能。食品生产经营者对食品广告内容的真实性、合法性负责。

县级以上人民政府食品安全监督管理部门和其他有关部门以及食品检验机构、食品行业协会不得以广告或者其他形式向消费者推荐食品。消费者组织不得以收取费用或者其他牟取利益的方式向消费者推荐食品。

第四节 特殊食品

第七十四条 国家对保健食品、特殊医学用途配方食品和婴幼儿配方食品等特殊食品实行严格监督管理。

第七十五条 保健食品声称保健功能，应当具有科学依据，不得对人体产生急性、亚急性或者慢性危害。

保健食品原料目录和允许保健食品声称的保健功能目录，由国务院食品安全监督管理部门会同国务院卫生行政部门、国家中医药管理部门制定、调整并公布。

保健食品原料目录应当包括原料名称、用量及其对应的功效；列入保健食品原料目录的原料只能用于保健食品生产，不得用于其他食品生产。

第七十六条 使用保健食品原料目录以外原料的保健食品和首次进口的保健食品应当经国务院食品安全监督管理部门注册。但是，首次进口的保健食品中属于补充维生素、矿物质等营养物质的，应当报国务院食品安全监督管理部门备案。其他保健食品应当报省、自治区、直辖市人民政府食品安全监督管理部门备案。

进口的保健食品应当是出口国（地区）主管部门准许上市销售的产品。

第七十七条 依法应当注册的保健食品，注册时应当提交保健食品的研发报告、产品配方、生产工艺、安全性和保健功能评价、标签、说明书等材料及样品，并提供相关证明文件。国务院食品安全监督管理部门经组织技术审评，对符合安全和功能声称要求的，准予注册；对不符合要求的，不予注册并书面说明理由。对使用保健食品原料目录以外原料的保健食品作出准予注册决定的，应当及时将该原料纳入保健食品原料目录。

依法应当备案的保健食品，备案时应当提交产品配方、生产工艺、标签、说明书以及表明产品安全性和保健功能的材料。

第七十八条 保健食品的标签、说明书不得涉及疾病预防、治疗功能，内容应当真实，与注册或者备案的内容相一致，载明适宜人群、不适宜人群、功效成分或者标志性成分及其含量等，并声明“本品不能代替药物”。保健食品的功能和成分应当与标签、说明书相一致。

第七十九条 保健食品广告除应当符合本法第七十三条第一款的规定外，还应当声明“本品不能代替药物”；其内容应当经生产企业所在地省、自治区、直辖市人民政府食品安全监督管理部门审查批准，取得保健食品广告批准文件。省、自治区、直辖市人民政府食品安全监督管理部门应当公布并及时更新已经批准的保健食品广告目录以及批准的广告内容。

第八十条 特殊医学用途配方食品应当经国务院食品安全监督管理部门注册。注册时，应当提交产品配方、生产工艺、标签、说明书以及表明产品安全性、营养充足性和特殊医学用途临床效果的材料。

特殊医学用途配方食品广告适用《中华人民共和国广告法》和其他法律、行政法规关于药品广告管理的规定。

第八十一条 婴幼儿配方食品生产企业应当实施从原料进厂到成品出厂的全过程质量控制，对出厂的婴幼儿配方食品实施逐批检验，保证食品安全。

生产婴幼儿配方食品使用的生鲜乳、辅料等食品原料、食品添加剂等，应当符合法律、行政法规的规定和食品安全国家标准，保证婴幼儿生长发育所需的营养成分。

婴幼儿配方食品生产企业应当将食品原料、食品添加剂、产品配方及标签等事项向省、自治区、直辖市人民政府食品安全监督管理部门备案。

婴幼儿配方乳粉的产品配方应当经国务院食品安全监督管理部门注册。注册时，应当提交配方研发报告和其他表明配方科学性、安全性的材料。

不得以分装方式生产婴幼儿配方乳粉，同一企业不得用同一配方生产不同品牌的婴幼儿配方乳粉。

第八十二条 保健食品、特殊医学用途配方食品、婴幼儿配方乳粉的注册人或者备案人应当对其提交材料的真实性负责。

省级以上人民政府食品安全监督管理部门应当及时公布注册或者备案的保健食品、特殊医学用途配方食品、婴幼儿配方乳粉目录，并对注册或者备案中获知的企业商业秘密予以保密。

保健食品、特殊医学用途配方食品、婴幼儿配方乳粉生产企业应当按照注册或者备案的产品配方、生产工艺等技术要求组织生产。

第八十三条 生产保健食品，特殊医学用途配方食品、婴幼儿配方食品和其他专供特定人群的主辅食品的企业，应当按照良好生产规范的要求建立与所生产食品相适应的生产质量管理体系，定期对该体系的运行情况进行自查，保证其有效运行，并向所在地县级人民政府食品安全监督管理部门提交自查报告。

第五章 食品检验

第八十四条 食品检验机构按照国家有关认证认可的规定取得资质认定后，方可从事食品检验活动。但是，法律另有规定的除外。

食品检验机构的资质认定条件和检验规范，由国务院食品安全监督管理部门规定。

符合本法规定的食品检验机构出具的检验报告具有同等效力。

县级以上人民政府应当整合食品检验资源，实现资源共享。

第八十五条 食品检验由食品检验机构指定的检验人独立进行。

检验人应当依照有关法律、法规的规定，并按照食品安全标准和检验规范对食品进行检验，尊重科学，恪守职业道德，保证出具的检验数据和结论客观、公正，不得出具虚假检验报告。

第八十六条 食品检验实行食品检验机构与检验人负责制。食品检验报告应当加盖食品检验机构公章，并有检验人的签名或者盖章。食品检验机构和检验人对出具的食品检验报告负责。

第八十七条 县级以上人民政府食品安全监督管理部门应当对食品进行定期或者不定期的抽样检验，并依据有关规定公布检验结果，不得免检。进行抽样检验，应当购买抽取的样品，委托符合本法规定的食品检验机构进行检验，并支付相关费用；不得向食品生产经营者收取检验费和其他费用。

第八十八条 对依照本法规定实施的检验结论有异议的，食品生产经营者可以自收到检验结论之日起七个工作日内向实施抽样检验的食品安全监督管理部门或者其上一级食品安全监督管理部门提出复检申请，由受理复检申请的食品安全监督管理部门在公布的复检机构名录中随机确定复检机构进行复检。复检机构出具的复检结论为最终检验结论。复检机构与初检机构不得为同一机构。复检机构名录由国务院认证认可监督管理、食品安全监督管理、卫生行政、农业行政等部门共同公布。

采用国家规定的快速检测方法对食用农产品进行抽查检测，被抽查人对检测结果有异议的，可以自收到检测结果时起四小时内申请复检。复检不得采用快速检测方法。

第八十九条 食品生产企业可以自行对所生产的食品进行检验，也可以委托符合本法规定的食品检验机构进行检验。

食品行业协会和消费者协会等组织、消费者需要委托食品检验机构对食品进行检验的，应当委托符合本法规定的食品检验机构进行。

第九十条 食品添加剂的检验，适用本法有关食品检验的规定。

第六章 食品进出口

第九十一条 国家出入境检验检疫部门对进出口食品安全实施监督管理。

第九十二条 进口的食品、食品添加剂、食品相关产品应当符合我国食品安全国家标准。

进口的食品、食品添加剂应当经出入境检验检疫机构依照进出口商品检验相关法律、行政法规的规定检验合格。

进口的食品、食品添加剂应当按照国家出入境检验检疫部门的要求随附合格证明材料。

第九十三条 进口尚无食品安全国家标准的食品，由境外出口商、境外生产企业或者其委托的进口商向国务院卫生行政部门提交所执行的相关国家（地区）标准或者国际标准。国务院卫生行政部门对相关标准进行审查，认为符合食品安全要求的，决定暂予适用，并及时制定相应的食品安全国家标准。进口利用新的食品原料生产的食品或者进口食品添加剂新品种、食品相关产品新品种，依照本法第三十七条的规定办理。

出入境检验检疫机构按照国务院卫生行政部门的要求，对前款规定的食品、食品添加剂、食品相关产品进行检验。检验结果应当公开。

第九十四条 境外出口商、境外生产企业应当保证向我国出口的食品、食品添加剂、食品相关产品符合本法以及我国其他有关法律、行政法规的规定和食品安全国家标准的要求，并对标签、说明书的内容负责。

进口商应当建立境外出口商、境外生产企业审核制度，重点审核前款规定的内容；审核不合格的，不得进口。

发现进口食品不符合我国食品安全国家标准或者有证据证明可能危害人体健康的，进口商应当立即停止进口，并依照本法第六十三条的规定召回。

第九十五条 境外发生的食品安全事件可能对我国境内造成影响，或者在进口食品、食品添加剂、食品相关产品中发现严重食品安全问题的，国家出入境检验检疫部门应当及时采取风险预警或者控制措施，并向国务院食品安全监督管理、卫生行政、农业行政部门通报。接到通报的部门应当及时采取相应措施。

县级以上人民政府食品安全监督管理部门对国内市场上销售的进口食品、食品添加剂实施监督管理。发现存在严重食品安全问题的，国务院食品安全监督管理部门应当及时向国家出入境检验检疫部门通报。国家出入境检验检疫部门应当及时采取相应措施。

第九十六条 向我国境内出口食品的境外出口商或者代理商、进口食品的进口商应当向国家出入境检验检疫部门备案。向我国境内出口食品的境外食品生产企业应当经国家出入境检验检疫部门注册。已经注册的境外食品生产企业提供虚假材料，或者因其自身的原因致使进口食品发生重大食品安全事故的，国家出入境检验检疫部门应当撤销注册并公告。

国家出入境检验检疫部门应当定期公布已经备案的境外出口商、代理商、进口商和已经注册的境外食品生产企业名单。

第九十七条 进口的预包装食品、食品添加剂应当有中文标签；依法应当有说明书的，还应当有中文说明书。标签、说明书应当符合本法以及我国其他有关法律、行政法规的规定和食品安全国家标准的要求，并载明食品的原产地以及境内代理商的名称、地址、联系方式。预包装食品没有中文标签、中文说明书或者标签、说明书不符合本条规定的，不得进口。

第九十八条 进口商应当建立食品、食品添加剂进口和销售记录制度，如实记录食品、食品添加剂的名称、规格、数量、生产日期、生产或者进口批号、保质期、境外出口商和购货者名称、地址及联系方式、交货日期等内容，并保存相关凭证。记录和凭证保存期限应当符合本法第五十条第二款的规定。

第九十九条 出口食品生产企业应当保证其出口食品符合进口国（地区）的标准或者合同要求。

出口食品生产企业和出口食品原料种植、养殖场应当向国家出入境检验检疫部门备案。

第一百条 国家出入境检验检疫部门应当收集、汇总下列进出口食品安全信息，并及时通报相关部门、机构和企业：

（一）出入境检验检疫机构对进出口食品实施检验检疫发现的食品安全信息；

（二）食品行业协会和消费者协会等组织、消费者反映的进口食品安全信息；

（三）国际组织、境外政府机构发布的风险预警信息及其他食品安全信息，以及境外食品行业协会等组织、消费者反映的食品安全信息；

（四）其他食品安全信息。

国家出入境检验检疫部门应当对进出口食品的进口商、出口商和出口食品生产企业实施信用管理，建立信用记录，并依法向社会公布。对有不良记录的进口商、出口商和出口食品生产企业，应当加强对其进出口食品的检验检疫。

第一百零一条 国家出入境检验检疫部门可以对向我国境内出口食品的国家（地区）的食品安全管理体系和食品安全状况进行评估和审查，并根据评估和审查结果，确定相应检验检疫要求。

第七章 食品安全事故处置

第一百零二条 国务院组织制定国家食品安全事故应急预案。

县级以上地方人民政府应当根据有关法律、法规的规定和上级人民政府的食品安全事故应急预案以及本行政区域的实际情况，制定本行政区域的食品安全事故应急预案，并报上一级人民政府备案。

食品安全事故应急预案应当对食品安全事故分级、事故处置组织指挥体系与职责、预防预警机制、处置程序、应急保障措施等作出规定。

食品生产经营企业应当制定食品安全事故处置方案，定期检查本企业各项食品安全防范措施的落实情况，及时消除事故隐患。

第一百零三条 发生食品安全事故的单位应当立即采取措施，防止事故扩大。事故单位和接收病人进行治疗的单位应当及时向事故发生地县级人民政府食品安全监督管理、卫生行政部门报告。

县级以上人民政府农业行政等部门在日常监督管理中发现食品安全事故或者接到事故举报，应当立即向同级食品安全监督管理部门通报。

发生食品安全事故，接到报告的县级人民政府食品安全监督管理部门应当按照应急预案的规定向本级人民政府和上级人民政府食品安全监督管理部门报告。县级人民政府和上级人民政府食品安全监督管理部门应当按照应急预案的规定上报。

任何单位和个人不得对食品安全事故隐瞒、谎报、缓报，不得隐匿、伪造、毁灭有关证据。

第一百零四条 医疗机构发现其接收的病人属于食源性疾病病人或者疑似病人的，应当按照规定及时将相关信息向所在地县级人民政府卫生行政部门报告。县级人民政府卫生行政部门认为与食品安全有关的，应当及时通报同级食品安全监督管理部门。

县级以上人民政府卫生行政部门在调查处理传染病或者其他突发公共卫生事件中发现与食品安全相关的信息，应当及时通报同级食品安全监督管理部门。

第一百零五条 县级以上人民政府食品安全监督管理部门接到食品安全事故的报告后，应当立即会同同级卫生行政、农业行政等部门进行调查处理，并采取下列措施，防止或者减轻社会危害：

（一）开展应急救援工作，组织救治因食品安全事故导致人身伤害的人员；

（二）封存可能导致食品安全事故的食品及其原料，并立即进行检验；对确认属于被污染的食品及其原料，责令食品生产经营者依照本法第六十三条的规定召回或者停止经营；

（三）封存被污染的食品相关产品，并责令进行清洗消毒；

（四）做好信息发布工作，依法对食品安全事故及其处理情况进行发布，并对可能产生的危害加以解释、说明。

发生食品安全事故需要启动应急预案的，县级以上人民政府应当立即成立事故处置指挥机构，启动应急预案，依照前款和应急预案的规定进行处置。

发生食品安全事故，县级以上疾病预防控制机构应当对事故现场进行卫生处理，并对与事故有关的因素开展流行病学调查，有关部门应当予以协助。县级以上疾病预防控制机构应当向同级食品安全监督管理、卫生行政部门提交流行病学调查报告。

第一百零六条 发生食品安全事故，设区的市级以上人民政府食品安全监督管理部门应当立即会同有关部门进行事故责任调查，督促有关部门履行职责，向本级人民政府和上一级人民政府食品安全监督管理部门提出事故责任调查处理报告。

涉及两个以上省、自治区、直辖市的重大食品安全事故由国务院食品安全监督管理部门依照前款规定组织事故责任调查。

第一百零七条 调查食品安全事故，应当坚持实事求是、尊重科学的原则，及时、准确查清事故性质和原因，认定事故责任，提出整改措施。

调查食品安全事故，除了查明事故单位的责任，还应当查明有关监督管理部门、食品检验机构、认证机构及其工作人员的责任。

第一百零八条 食品安全事故调查部门有权向有关单位和个人了解与事故有关的情况，并要求提供相关资料和样品。有关单位和个人应当予以配合，按照要求提供相关资料和样品，不得拒绝。

任何单位和个人不得阻挠、干涉食品安全事故的调查处理。

第八章 监督管理

第一百零九条 县级以上人民政府食品安全监督管理部门根据食品安全风险监测、风险评估结果和食品安全状况等，确定监督管理的重点、方式和频次，实施风险分级管理。

县级以上地方人民政府组织本级食品安全监督管理、农业行政等部门制定本行政区域的食品安全年度监督管理计划，向社会公布并组织实施。

食品安全年度监督管理计划应当将下列事项作为监督管理的重点：

（一）专供婴幼儿和其他特定人群的主辅食品；

（二）保健食品生产过程中的添加行为和按照注册或者备案的技术要求组织生产的情况，保健食品标签、说明书以及宣传材料中有关功能宣传的情况；

（三）发生食品安全事故风险较高的食品生产经营者；

（四）食品安全风险监测结果表明可能存在食品安全隐患的事项。

第一百一十条 县级以上人民政府食品安全监督管理部门履行食品安全监督管理职责，有权采取下列措施，对生产经营者遵守本法的情况进行监督检查：

（一）进入生产经营场所实施现场检查；

（二）对生产经营的食品、食品添加剂、食品相关产品进行抽样检验；

（三）查阅、复制有关合同、票据、账簿以及其他有关资料；

（四）查封、扣押有证据证明不符合食品安全标准或者有证据证明存在安全隐患以及用于违法生产经营的食品、食品添加剂、食品相关产品；

（五）查封违法从事生产经营活动的场所。

第一百一十一条 对食品安全风险评估结果证明食品存在安全隐患，需要制定、修订食品安全标准的，在制定、修订食品安全标准前，国务院卫生行政部门应当及时会同国务院有关部门规定食品中有害物质的临时限量值和临时检验方法，作为生产经营和监督管理的依据。

第一百一十二条 县级以上人民政府食品安全监督管理部门在食品安全

监督管理工作中可以采用国家规定的快速检测方法对食品进行抽查检测。

对抽查检测结果表明可能不符合食品安全标准的食品，应当依照本法第八十七条的规定进行检验。抽查检测结果确定有关食品不符合食品安全标准的，可以作为行政处罚的依据。

第一百一十三条 县级以上人民政府食品安全监督管理部门应当建立食品生产经营者食品安全信用档案，记录许可颁发、日常监督检查结果、违法行为查处等情况，依法向社会公布并实时更新；对有不良信用记录的食品生产经营者增加监督检查频次，对违法行为情节严重的食品生产经营者，可以通报投资主管部门、证券监督管理机构和有关的金融机构。

第一百一十四条 食品生产经营过程中存在食品安全隐患，未及时采取措施消除的，县级以上人民政府食品安全监督管理部门可以对食品生产经营者的法定代表人或者主要负责人进行责任约谈。食品生产经营者应当立即采取措施，进行整改，消除隐患。责任约谈情况和整改情况应当纳入食品生产经营者食品安全信用档案。

第一百一十五条 县级以上人民政府食品安全监督管理等部门应当公布本部门的电子邮件地址或者电话，接受咨询、投诉、举报。接到咨询、投诉、举报，对属于本部门职责的，应当受理并在法定期限内及时答复、核实、处理；对不属于本部门职责的，应当移交有权处理的部门并书面通知咨询、投诉、举报人。有权处理的部门应当在法定期限内及时处理，不得推诿。对查证属实的举报，给予举报人奖励。

有关部门应当对举报人的信息予以保密，保护举报人的合法权益。举报人举报所在企业的，该企业不得以解除、变更劳动合同或者其他方式对举报人进行打击报复。

第一百一十六条 县级以上人民政府食品安全监督管理等部门应当加强对执法人员食品安全法律、法规、标准和专业知识与执法能力等的培训，并组织考核。不具备相应知识和能力的，不得从事食品安全执法工作。

食品生产经营者、食品行业协会、消费者协会等发现食品安全执法人员在执法过程中有违反法律、法规规定的行为以及不规范执法行为的，可以向本级或者上级人民政府食品安全监督管理等部门或者监察机关投诉、举报。接到投诉、举报的部门或者机关应当进行核实，并将经核实的情况向食品安全执法人员所在部门通报；涉嫌违法违纪的，按照本法和有关规定处理。

第一百一十七条 县级以上人民政府食品安全监督管理等部门未及时发现食品安全系统性风险，未及时消除监督管理区域内的食品安全隐患的，本级人民政府可以对其主要负责人进行责任约谈。

地方人民政府未履行食品安全职责，未及时消除区域性重大食品安全隐患的，上级人民政府可以对其主要负责人进行责任约谈。

被约谈的食品安全监督管理等部门、地方人民政府应当立即采取措施，对食品安全监督管理工作进行整改。

责任约谈情况和整改情况应当纳入地方人民政府和有关部门食品安全监督管理工作评议、考核记录。

第一百一十八条 国家建立统一的食品安全信息平台，实行食品安全信息统一公布制度。国家食品安全总体情况、食品安全风险警示信息、重大食品安全事故及其调查处理信息和国务院确定需要统一公布的其他信息由国务院食品安全监督管理部门统一公布。食品安全风险警示信息和重大食品安全事故及其调查处理信息的影响限于特定区域的，也可以由有关省、自治区、直辖市人民政府食品安全监督管理部门公布。未经授权不得发布上述信息。

县级以上人民政府食品安全监督管理、农业行政部门依据各自职责公布食品安全日常监督管理信息。

公布食品安全信息，应当做到准确、及时，并进行必要的解释说明，避免误导消费者和社会舆论。

第一百一十九条 县级以上地方人民政府食品安全监督管理、卫生行政、农业行政部门获知本法规定需要统一公布的信息，应当向上级主管部门报告，由上级主管部门立即报告国务院食品安全监督管理部门；必要时，可以直接向国务院食品安全监督管理部门报告。

县级以上人民政府食品安全监督管理、卫生行政、农业行政部门应当相互通报获知的食品安全信息。

第一百二十条 任何单位和个人不得编造、散布虚假食品安全信息。

县级以上人民政府食品安全监督管理部门发现可能误导消费者和社会舆论的食品安全信息，应当立即组织有关部门、专业机构、相关食品生产经营者等进行核实、分析，并及时公布结果。

第一百二十一条 县级以上人民政府食品安全监督管理等部门发现涉嫌食品安全犯罪的，应当按照有关规定及时将案件移送公安机关。对移送的案件，公安机关应当及时审查；认为有犯罪事实需要追究刑事责任的，应当立案侦查。

公安机关在食品安全犯罪案件侦查过程中认为没有犯罪事实，或者犯罪事实显著轻微，不需要追究刑事责任，但依法应当追究行政责任的，应当及时将案件移送食品安全监督管理等部门和监察机关，有关部门应当依法处理。

公安机关商请食品安全监督管理、生态环境等部门提供检验结论、认定意见以及对涉案物品进行无害化处理等协助的，有关部门应当及时提供，予以协助。

第九章　法律责任

第一百二十二条　违反本法规定，未取得食品生产经营许可从事食品生产经营活动，或者未取得食品添加剂生产许可从事食品添加剂生产活动的，由县级以上人民政府食品安全监督管理部门没收违法所得和违法生产经营的食品、食品添加剂以及用于违法生产经营的工具、设备、原料等物品；违法生产经营的食品、食品添加剂货值金额不足一万元的，并处五万元以上十万元以下罚款；货值金额一万元以上的，并处货值金额十倍以上二十倍以下罚款。

明知从事前款规定的违法行为，仍为其提供生产经营场所或者其他条件的，由县级以上人民政府食品安全监督管理部门责令停止违法行为，没收违法所得，并处五万元以上十万元以下罚款；使消费者的合法权益受到损害的，应当与食品、食品添加剂生产经营者承担连带责任。

第一百二十三条　违反本法规定，有下列情形之一，尚不构成犯罪的，由县级以上人民政府食品安全监督管理部门没收违法所得和违法生产经营的食品，并可以没收用于违法生产经营的工具、设备、原料等物品；违法生产经营的食品货值金额不足一万元的，并处十万元以上十五万元以下罚款；货值金额一万元以上的，并处货值金额十五倍以上三十倍以下罚款；情节严重的，吊销许可证，并可以由公安机关对其直接负责的主管人员和其他直接责任人员处五日以上十五日以下拘留：

（一）用非食品原料生产食品、在食品中添加食品添加剂以外的化学物质和其他可能危害人体健康的物质，或者用回收食品作为原料生产食品，或者经营上述食品；

（二）生产经营营养成分不符合食品安全标准的专供婴幼儿和其他特定人群的主辅食品；

（三）经营病死、毒死或者死因不明的禽、畜、兽、水产动物肉类，或者生产经营其制品；

（四）经营未按规定进行检疫或者检疫不合格的肉类，或者生产经营未经检验或者检验不合格的肉类制品；

（五）生产经营国家为防病等特殊需要明令禁止生产经营的食品；

（六）生产经营添加药品的食品。

明知从事前款规定的违法行为，仍为其提供生产经营场所或者其他条件的，由县级以上人民政府食品安全监督管理部门责令停止违法行为，没收违法所得，并处十万元以上二十万元以下罚款；使消费者的合法权益受到损害的，应当与食品生产经营者承担连带责任。

违法使用剧毒、高毒农药的，除依照有关法律、法规规定给予处罚外，可以由公安机关依照第一款规定给予拘留。

第一百二十四条 违反本法规定，有下列情形之一，尚不构成犯罪的，由县级以上人民政府食品安全监督管理部门没收违法所得和违法生产经营的食品、食品添加剂，并可以没收用于违法生产经营的工具、设备、原料等物品；违法生产经营的食品、食品添加剂货值金额不足一万元的，并处五万元以上十万元以下罚款；货值金额一万元以上的，并处货值金额十倍以上二十倍以下罚款；情节严重的，吊销许可证：

（一）生产经营致病性微生物，农药残留、兽药残留、生物毒素、重金属等污染物质以及其他危害人体健康的物质含量超过食品安全标准限量的食品、食品添加剂；

（二）用超过保质期的食品原料、食品添加剂生产食品、食品添加剂，或者经营上述食品、食品添加剂；

（三）生产经营超范围、超限量使用食品添加剂的食品；

（四）生产经营腐败变质、油脂酸败、霉变生虫、污秽不洁、混有异物、掺假掺杂或者感官性状异常的食品、食品添加剂；

（五）生产经营标注虚假生产日期、保质期或者超过保质期的食品、食品添加剂；

（六）生产经营未按规定注册的保健食品、特殊医学用途配方食品、婴幼儿配方乳粉，或者未按注册的产品配方、生产工艺等技术要求组织生产；

（七）以分装方式生产婴幼儿配方乳粉，或者同一企业以同一配方生产不同品牌的婴幼儿配方乳粉；

（八）利用新的食品原料生产食品，或者生产食品添加剂新品种，未通过安全性评估；

（九）食品生产经营者在食品安全监督管理部门责令其召回或者停止经营后，仍拒不召回或者停止经营。

除前款和本法第一百二十三条、第一百二十五条规定的情形外，生产经营不符合法律、法规或者食品安全标准的食品、食品添加剂的，依照前款规定给予处罚。

生产食品相关产品新品种，未通过安全性评估，或者生产不符合食品安全标准的食品相关产品的，由县级以上人民政府食品安全监督管理部门依照第一款规定给予处罚。

第一百二十五条 违反本法规定，有下列情形之一的，由县级以上人民政府食品安全监督管理部门没收违法所得和违法生产经营的食品、食品添加剂，并可以没收用于违法生产经营的工具、设备、原料等物品；违法生产经营的食品、食品添加剂货值金额不足一万元的，并处五千元以上五万元以下罚款；货值金额一万元以上的，并处货值金额五倍以上十倍以下罚款；情节严重的，责令停产停业，直至吊销许可证：

（一）生产经营被包装材料、容器、运输工具等污染的食品、食品添加剂；

（二）生产经营无标签的预包装食品、食品添加剂或者标签、说明书不符合本法规定的食品、食品添加剂；

（三）生产经营转基因食品未按规定进行标示；

（四）食品生产经营者采购或者使用不符合食品安全标准的食品原料、食品添加剂、食品相关产品。

生产经营的食品、食品添加剂的标签、说明书存在瑕疵但不影响食品安全且不会对消费者造成误导的，由县级以上人民政府食品安全监督管理部门责令改正；拒不改正的，处二千元以下罚款。

第一百二十六条 违反本法规定，有下列情形之一的，由县级以上人民政府食品安全监督管理部门责令改正，给予警告；拒不改正的，处五千元以上五万元以下罚款；情节严重的，责令停产停业，直至吊销许可证：

（一）食品、食品添加剂生产者未按规定对采购的食品原料和生产的食品、食品添加剂进行检验；

（二）食品生产经营企业未按规定建立食品安全管理制度，或者未按规定配备或者培训、考核食品安全管理人员；

（三）食品、食品添加剂生产经营者进货时未查验许可证和相关证明文件，或者未按规定建立并遵守进货查验记录、出厂检验记录和销售记录制度；

（四）食品生产经营企业未制定食品安全事故处置方案；

（五）餐具、饮具和盛放直接入口食品的容器，使用前未经洗净、消毒或者清洗消毒不合格，或者餐饮服务设施、设备未按规定定期维护、清洗、校验；

（六）食品生产经营者安排未取得健康证明或者患有国务院卫生行政部门规定的有碍食品安全疾病的人员从事接触直接入口食品的工作；

（七）食品经营者未按规定要求销售食品；

（八）保健食品生产企业未按规定向食品安全监督管理部门备案，或者未按备案的产品配方、生产工艺等技术要求组织生产；

（九）婴幼儿配方食品生产企业未将食品原料、食品添加剂、产品配方、标签等向食品安全监督管理部门备案；

（十）特殊食品生产企业未按规定建立生产质量管理体系并有效运行，或者未定期提交自查报告；

（十一）食品生产经营者未定期对食品安全状况进行检查评价，或者生产经营条件发生变化，未按规定处理；

（十二）学校、托幼机构、养老机构、建筑工地等集中用餐单位未按规定履行食品安全管理责任；

（十三）食品生产企业、餐饮服务提供者未按规定制定、实施生产经营过程控制要求。

餐具、饮具集中消毒服务单位违反本法规定用水，使用洗涤剂、消毒剂，或者出厂的餐具、饮具未按规定检验合格并随附消毒合格证明，或者未按规定在独立包装上标注相关内容的，由县级以上人民政府卫生行政部门依照前款规定给予处罚。

食品相关产品生产者未按规定对生产的食品相关产品进行检验的，由县级以上人民政府食品安全监督管理部门依照第一款规定给予处罚。

食用农产品销售者违反本法第六十五条规定的，由县级以上人民政府食品安全监督管理部门依照第一款规定给予处罚。

第一百二十七条 对食品生产加工小作坊、食品摊贩等的违法行为的处罚，依照省、自治区、直辖市制定的具体管理办法执行。

第一百二十八条 违反本法规定，事故单位在发生食品安全事故后未进行处置、报告的，由有关主管部门按照各自职责分工责令改正，给予警告；隐匿、伪造、毁灭有关证据的，责令停产停业，没收违法所得，并处十万元以上五十万元以下罚款；造成严重后果的，吊销许可证。

第一百二十九条 违反本法规定，有下列情形之一的，由出入境检验检疫机构依照本法第一百二十四条的规定给予处罚：

（一）提供虚假材料，进口不符合我国食品安全国家标准的食品、食品添加剂、食品相关产品；

（二）进口尚无食品安全国家标准的食品，未提交所执行的标准并经国务院卫生行政部门审查，或者进口利用新的食品原料生产的食品或者进口食品添加剂新品种、食品相关产品新品种，未通过安全性评估；

（三）未遵守本法的规定出口食品；

（四）进口商在有关主管部门责令其依照本法规定召回进口的食品后，仍拒不召回。

违反本法规定，进口商未建立并遵守食品、食品添加剂进口和销售记录制度、境外出口商或者生产企业审核制度的，由出入境检验检疫机构依照本法第一百二十六条的规定给予处罚。

第一百三十条 违反本法规定，集中交易市场的开办者、柜台出租者、展销会的举办者允许未依法取得许可的食品经营者进入市场销售食品，或者未履行检查、报告等义务的，由县级以上人民政府食品安全监督管理部门责令改正，没收违法所得，并处五万元以上二十万元以下罚款；造成严重后果的，责令停业，直至由原发证部门吊销许可证；使消费者的合法权益受到损害的，应当与食品经营者承担连带责任。

食用农产品批发市场违反本法第六十四条规定的，依照前款规定承担责任。

第一百三十一条 违反本法规定，网络食品交易第三方平台提供者未对入网食品经营者进行实名登记、审查许可证，或者未履行报告、停止提供网络交易平台服务等义务的，由县级以上人民政府食品安全监督管理部门责令改正，没收违法所得，并处五万元以上二十万元以下罚款；造成严重后果的，责令停业，直至由原发证部门吊销许可证；使消费者的合法权益受到损害的，应当与食品经营者承担连带责任。

消费者通过网络食品交易第三方平台购买食品，其合法权益受到损害的，可以向入网食品经营者或者食品生产者要求赔偿。网络食品交易第三方平台提供者不能提供入网食品经营者的真实名称、地址和有效联系方式的，由网络食品交易第三方平台提供者赔偿。网络食品交易第三方平台提供者赔偿后，有权向入网食品经营者或者食品生产者追偿。网络食品交易第三方平台提供者作出更有利于消费者承诺的，应当履行其承诺。

第一百三十二条 违反本法规定，未按要求进行食品贮存、运输和装卸的，由县级以上人民政府食品安全监督管理等部门按照各自职责分工责令改正，给予警告；拒不改正的，责令停产停业，并处一万元以上五万元以下罚款；情节严重的，吊销许可证。

第一百三十三条 违反本法规定，拒绝、阻挠、干涉有关部门、机构及其工作人员依法开展食品安全监督检查、事故调查处理、风险监测和风险评估的，由有关主管部门按照各自职责分工责令停产停业，并处二千元以上五万元以下罚款；情节严重的，吊销许可证；构成违反治安管理行为的，由公安机关依法给予治安管理处罚。

违反本法规定，对举报人以解除、变更劳动合同或者其他方式打击报复的，应当依照有关法律的规定承担责任。

第一百三十四条 食品生产经营者在一年内累计三次因违反本法规定受到责令停产停业、吊销许可证以外处罚的，由食品安全监督管理部门责令停产停业，直至吊销许可证。

第一百三十五条 被吊销许可证的食品生产经营者及其法定代表人、直接负责的主管人员和其他直接责任人员自处罚决定作出之日起五年内不得申请食品生产经营许可，或者从事食品生产经营管理工作、担任食品生产经营企业食品安全管理人员。

因食品安全犯罪被判处有期徒刑以上刑罚的，终身不得从事食品生产经营管理工作，也不得担任食品生产经营企业食品安全管理人员。

食品生产经营者聘用人员违反前两款规定的，由县级以上人民政府食品安全监督管理部门吊销许可证。

第一百三十六条 食品经营者履行了本法规定的进货查验等义务，有充分证据证明其不知道所采购的食品不符合食品安全标准，并能如实说明其进货来源的，可以免予处罚，但应当依法没收其不符合食品安全标准的食品；造成人身、财产或者其他损害的，依法承担赔偿责任。

第一百三十七条 违反本法规定，承担食品安全风险监测、风险评估工作的技术机构、技术人员提供虚假监测、评估信息的，依法对技术机构直接负责的主管人员和技术人员给予撤职、开除处分；有执业资格的，由授予其资格的主管部门吊销执业证书。

第一百三十八条 违反本法规定，食品检验机构、食品检验人员出具虚假检验报告的，由授予其资质的主管部门或者机构撤销该食品检验机构的检验资质，没收所收取的检验费用，并处检验费用五倍以上十倍以下罚款，检验费用不足一万元的，并处五万元以上十万元以下罚款；依法对食品检验机构直接负责的主管人员和食品检验人员给予撤职或者开除处分；导致发生重大食品安全事故的，对直接负责的主管人员和食品检验人员给予开除处分。

违反本法规定，受到开除处分的食品检验机构人员，自处分决定作出之日起十年内不得从事食品检验工作；因食品安全违法行为受到刑事处罚或者因出具虚假检验报告导致发生重大食品安全事故受到开除处分的食品检验机构人员，终身不得从事食品检验工作。食品检验机构聘用不得从事食品检验工作的人员的，由授予其资质的主管部门或者机构撤销该食品检验机构的检验资质。

食品检验机构出具虚假检验报告，使消费者的合法权益受到损害的，应当与食品生产经营者承担连带责任。

第一百三十九条 违反本法规定，认证机构出具虚假认证结论，由认证认可监督管理部门没收所收取的认证费用，并处认证费用五倍以上十倍以下罚款，认证费用不足一万元的，并处五万元以上十万元以下罚款；情节严重的，责令停业，直至撤销认证机构批准文件，并向社会公布；对直接负责的主管人员和负有直接责任的认证人员，撤销其执业资格。

认证机构出具虚假认证结论，使消费者的合法权益受到损害的，应当与食品生产经营者承担连带责任。

第一百四十条 违反本法规定，在广告中对食品作虚假宣传，欺骗消费者，或者发布未取得批准文件、广告内容与批准文件不一致的保健食品广告的，依照《中华人民共和国广告法》的规定给予处罚。

广告经营者、发布者设计、制作、发布虚假食品广告，使消费者的合法权益受到损害的，应当与食品生产经营者承担连带责任。

社会团体或者其他组织、个人在虚假广告或者其他虚假宣传中向消费者推荐食品，使消费者的合法权益受到损害的，应当与食品生产经营者承担连带责任。

违反本法规定，食品安全监督管理等部门、食品检验机构、食品行业协会以广告或者其他形式向消费者推荐食品，消费者组织以收取费用或者其他牟取利益的方式向消费者推荐食品的，由有关主管部门没收违法所得，依法对直接负责的主管人员和其他直接责任人员给予记大过、降级或者撤职处分；情节严重的，给予开除处分。

对食品作虚假宣传且情节严重的，由省级以上人民政府食品安全监督管理部门决定暂停销售该食品，并向社会公布；仍然销售该食品的，由县级以上人民政府食品安全监督管理部门没收违法所得和违法销售的食品，并处二万元以上五万元以下罚款。

第一百四十一条 违反本法规定，编造、散布虚假食品安全信息，构成违反治安管理行为的，由公安机关依法给予治安管理处罚。

媒体编造、散布虚假食品安全信息的，由有关主管部门依法给予处罚，并对直接负责的主管人员和其他直接责任人员给予处分；使公民、法人或者其他组织的合法权益受到损害的，依法承担消除影响、恢复名誉、赔偿损失、赔礼道歉等民事责任。

第一百四十二条 违反本法规定，县级以上地方人民政府有下列行为之一的，对直接负责的主管人员和其他直接责任人员给予记大过处分；情节较重的，给予降级或者撤职处分；情节严重的，给予开除处分；造成严重后果的，其主要负责人还应当引咎辞职：

（一）对发生在本行政区域内的食品安全事故，未及时组织协调有关部门开展有效处置，造成不良影响或者损失；

（二）对本行政区域内涉及多环节的区域性食品安全问题，未及时组织整治，造成不良影响或者损失；

（三）隐瞒、谎报、缓报食品安全事故；

（四）本行政区域内发生特别重大食品安全事故，或者连续发生重大食品安全事故。

第一百四十三条 违反本法规定，县级以上地方人民政府有下列行为之一的，对直接负责的主管人员和其他直接责任人员给予警告、记过或者记大过处分；造成严重后果的，给予降级或者撤职处分：

（一）未确定有关部门的食品安全监督管理职责，未建立健全食品安全全程监督管理工作机制和信息共享机制，未落实食品安全监督管理责任制；

（二）未制定本行政区域的食品安全事故应急预案，或者发生食品安全事故后未按规定立即成立事故处置指挥机构、启动应急预案。

第一百四十四条 违反本法规定，县级以上人民政府食品安全监督管理、卫生行政、农业行政等部门有下列行为之一的，对直接负责的主管人员和其他直接责任人员给予记大过处分；情节较重的，给予降级或者撤职处分；情节严重的，给予开除处分；造成严重后果的，其主要负责人还应当引咎辞职：

（一）隐瞒、谎报、缓报食品安全事故；

（二）未按规定查处食品安全事故，或者接到食品安全事故报告未及时处理，造成事故扩大或者蔓延；

（三）经食品安全风险评估得出食品、食品添加剂、食品相关产品不安全结论后，未及时采取相应措施，造成食品安全事故或者不良社会影响；

（四）对不符合条件的申请人准予许可，或者超越法定职权准予许可；

（五）不履行食品安全监督管理职责，导致发生食品安全事故。

第一百四十五条 违反本法规定，县级以上人民政府食品安全监督管理、卫生行政、农业行政等部门有下列行为之一，造成不良后果的，对直接负责的主管人员和其他直接责任人员给予警告、记过或者记大过处分；情节较重的，给予降级或者撤职处分；情节严重的，给予开除处分：

（一）在获知有关食品安全信息后，未按规定向上级主管部门和本级人民政府报告，或者未按规定相互通报；

（二）未按规定公布食品安全信息；

（三）不履行法定职责，对查处食品安全违法行为不配合，或者滥用职权、玩忽职守、徇私舞弊。

第一百四十六条 食品安全监督管理等部门在履行食品安全监督管理职责过程中，违法实施检查、强制等执法措施，给生产经营者造成损失的，应当依法予以赔偿，对直接负责的主管人员和其他直接责任人员依法给予处分。

第一百四十七条 违反本法规定，造成人身、财产或者其他损害的，依法承担赔偿责任。生产经营者财产不足以同时承担民事赔偿责任和缴纳罚款、罚金时，先承担民事赔偿责任。

第一百四十八条 消费者因不符合食品安全标准的食品受到损害的，可以向经营者要求赔偿损失，也可以向生产者要求赔偿损失。接到消费者赔偿要求的生产经营者，应当实行首负责任制，先行赔付，不得推诿；属于生产者责任的，经营者赔偿后有权向生产者追偿；属于经营者责任的，生产者赔偿后有权向经营者追偿。

生产不符合食品安全标准的食品或者经营明知是不符合食品安全标准的食品，消费者除要求赔偿损失外，还可以向生产者或者经营者要求支付价款十倍或者损失三倍的赔偿金；增加赔偿的金额不足一千元的，为一千元。但是，食品的标签、说明书存在不影响食品安全且不会对消费者造成误导的瑕疵的除外。

第一百四十九条 违反本法规定，构成犯罪的，依法追究刑事责任。

第十章 附 则

第一百五十条 本法下列用语的含义：

食品，指各种供人食用或者饮用的成品和原料以及按照传统既是食品又是中药材的物品，但是不包括以治疗为目的的物品。

食品安全，指食品无毒、无害，符合应当有的营养要求，对人体健康不造成任何急性、亚急性或者慢性危害。

预包装食品，指预先定量包装或者制作在包装材料、容器中的食品。

食品添加剂，指为改善食品品质和色、香、味以及为防腐、保鲜和加工工艺的需要而加入食品中的人工合成或者天然物质，包括营养强化剂。

用于食品的包装材料和容器，指包装、盛放食品或者食品添加剂用的纸、竹、木、金属、搪瓷、陶瓷、塑料、橡胶、天然纤维、化学纤维、玻璃等制品和直接接触食品或者食品添加剂的涂料。

用于食品生产经营的工具、设备，指在食品或者食品添加剂生产、销售、使用过程中直接接触食品或者食品添加剂的机械、管道、传送带、容器、用具、餐具等。

用于食品的洗涤剂、消毒剂，指直接用于洗涤或者消毒食品、餐具、饮具以及直接接触食品的工具、设备或者食品包装材料和容器的物质。

食品保质期，指食品在标明的贮存条件下保持品质的期限。

食源性疾病，指食品中致病因素进入人体引起的感染性、中毒性等疾病，包括食物中毒。

食品安全事故，指食源性疾病、食品污染等源于食品，对人体健康有危害或者可能有危害的事故。

第一百五十一条 转基因食品和食盐的食品安全管理，本法未作规定的，适用其他法律、行政法规的规定。

第一百五十二条 铁路、民航运营中食品安全的管理办法由国务院食品安全监督管理部门会同国务院有关部门依照本法制定。

保健食品的具体管理办法由国务院食品安全监督管理部门依照本法制定。

食品相关产品生产活动的具体管理办法由国务院食品安全监督管理部门依照本法制定。

国境口岸食品的监督管理由出入境检验检疫机构依照本法以及有关法律、行政法规的规定实施。

军队专用食品和自供食品的食品安全管理办法由中央军事委员会依照本法制定。

第一百五十三条 国务院根据实际需要，可以对食品安全监督管理体制作出调整。

第一百五十四条 本法自2015年10月1日起施行。

中华人民共和国产品质量法

（1993年2月22日第七届全国人民代表大会常务委员会第三十次会议通过　根据2000年7月8日第九届全国人民代表大会常务委员会第十六次会议《关于修改〈中华人民共和国产品质量法〉的决定》第一次修正　根据2009年8月27日第十一届全国人民代表大会常务委员会第十次会议《关于修改部分法律的决定》第二次修正　根据2018年12月29日第十三届全国人民代表大会常务委员会第七次会议《关于修改〈中华人民共和国产品质量法〉等五部法律的决定》第三次修正）

目　录

第一章　总　　则

第一条　为了加强对产品质量的监督管理，提高产品质量水平，明确产品质量责任，保护消费者的合法权益，维护社会经济秩序，制定本法。

第二条　在中华人民共和国境内从事产品生产、销售活动，必须遵守本法。

本法所称产品是指经过加工、制作，用于销售的产品。

建设工程不适用本法规定；但是，建设工程使用的建筑材料、建筑构配件和设备，属于前款规定的产品范围的，适用本法规定。

第三条　生产者、销售者应当建立健全内部产品质量管理制度，严格实施岗位质量规范、质量责任以及相应的考核办法。

第四条　生产者、销售者依照本法规定承担产品质量责任。

第五条　禁止伪造或者冒用认证标志等质量标志；禁止伪造产品的产地，伪造或者冒用他人的厂名、厂址；禁止在生产、销售的产品中掺杂、掺假，以假充真，以次充好。

第六条　国家鼓励推行科学的质量管理方法，采用先进的科学技术，鼓励企业产品质量达到并且超过行业标准、国家标准和国际标准。

对产品质量管理先进和产品质量达到国际先进水平、成绩显著的单位和个人，给予奖励。

第七条　各级人民政府应当把提高产品质量纳入国民经济和社会发展规划，加强对产品质量工作的统筹规划和组织领导，引导、督促生产者、销售者加强产品质量管理，提高产品质量，组织各有关部门依法采取措施，制止产品生产、销售中违反本法规定的行为，保障本法的施行。

第八条　国务院市场监督管理部门主管全国产品质量监督工作。国务院有关部门在各自的职责范围内负责产品质量监督工作。

县级以上地方市场监督管理部门主管本行政区域内的产品质量监督工作。县级以上地方人民政府有关部门在各自的职责范围内负责产品质量监督工作。

法律对产品质量的监督部门另有规定的，依照有关法律的规定执行。

第九条　各级人民政府工作人员和其他国家机关工作人员不得滥用职权、玩忽职守或者徇私舞弊，包庇、放纵本地区、本系统发生的产品生产、销售中违反本法规定的行为，或者阻挠、干预依法对产品生产、销售中违反本法规定的行为进行查处。

各级地方人民政府和其他国家机关有包庇、放纵产品生产、销售中违反本法规定的行为的，依法追究其主要负责人的法律责任。

第十条 任何单位和个人有权对违反本法规定的行为，向市场监督管理部门或者其他有关部门检举。

市场监督管理部门和有关部门应当为检举人保密，并按照省、自治区、直辖市人民政府的规定给予奖励。

第十一条 任何单位和个人不得排斥非本地区或者非本系统企业生产的质量合格产品进入本地区、本系统。

第二章 产品质量的监督

第十二条 产品质量应当检验合格，不得以不合格产品冒充合格产品。

第十三条 可能危及人体健康和人身、财产安全的工业产品，必须符合保障人体健康和人身、财产安全的国家标准、行业标准；未制定国家标准、行业标准的，必须符合保障人体健康和人身、财产安全的要求。

禁止生产、销售不符合保障人体健康和人身、财产安全的标准和要求的工业产品。具体管理办法由国务院规定。

第十四条 国家根据国际通用的质量管理标准，推行企业质量体系认证制度。企业根据自愿原则可以向国务院市场监督管理部门认可的或者国务院市场监督管理部门授权的部门认可的认证机构申请企业质量体系认证。经认证合格的，由认证机构颁发企业质量体系认证证书。

国家参照国际先进的产品标准和技术要求，推行产品质量认证制度。企业根据自愿原则可以向国务院市场监督管理部门认可的或者国务院市场监督管理部门授权的部门认可的认证机构申请产品质量认证。经认证合格的，由认证机构颁发产品质量认证证书，准许企业在产品或者其包装上使用产品质量认证标志。

第十五条 国家对产品质量实行以抽查为主要方式的监督检查制度，对可能危及人体健康和人身、财产安全的产品，影响国计民生的重要工业产品以及消费者、有关组织反映有质量问题的产品进行抽查。抽查的样品应当在市场上或者企业成品仓库内的待销产品中随机抽取。监督抽查工作由国务院市场监督管理部门规划和组织。县级以上地方市场监督管理部门在本行政区域内也可以组织监督抽查。法律对产品质量的监督检查另有规定的，依照有关法律的规定执行。

国家监督抽查的产品，地方不得另行重复抽查；上级监督抽查的产品，下级不得另行重复抽查。

根据监督抽查的需要，可以对产品进行检验。检验抽取样品的数量不得超过检验的合理需要，并不得向被检查人收取检验费用。监督抽查所需检验费用按照国务院规定列支。

生产者、销售者对抽查检验的结果有异议的，可以自收到检验结果之日起十五日内向实施监督抽查的市场监督管理部门或者其上级市场监督管理部门申请复检，由受理复检的市场监督管理部门作出复检结论。

第十六条 对依法进行的产品质量监督检查，生产者、销售者不得拒绝。

第十七条 依照本法规定进行监督抽查的产品质量不合格的，由实施监督抽查的市场监督管理部门责令其生产者、销售者限期改正。逾期不改正的，由省级以上人民政府市场监督管理部门予以公告；公告后经复查仍不合格的，责令停业，限期整顿；整顿期满后经复查产品质量仍不合格的，吊销营业执照。

监督抽查的产品有严重质量问题的，依照本法第五章的有关规定处罚。

第十八条 县级以上市场监督管理部门根据已经取得的违法嫌疑证据或者举报，对涉嫌违反本法规定的行为进行查处时，可以行使下列职权：

（一）对当事人涉嫌从事违反本法的生产、销售活动的场所实施现场检查；

（二）向当事人的法定代表人、主要负责人和其他有关人员调查、了解与涉嫌从事违反本法的生产、销售活动有关的情况；

（三）查阅、复制当事人有关的合同、发票、帐簿以及其他有关资料；

（四）对有根据认为不符合保障人体健康和人身、财产安全的国家标准、行业标准的产品或者有其他严重质量问题的产品，以及直接用于生产、销售该项产品的原辅材料、包装物、生产工具，予以查封或者扣押。

第十九条 产品质量检验机构必须具备相应的检测条件和能力，经省级以上人民政府市场监督管理部门或者其授权的部门考核合格后，方可承担产品质量检验工作。法律、行政法规对产品质量检验机构另有规定的，依照有关法律、行政法规的规定执行。

第二十条 从事产品质量检验、认证的社会中介机构必须依法设立，不得与行政机关和其他国家机关存在隶属关系或者其他利益关系。

第二十一条 产品质量检验机构、认证机构必须依法按照有关标准，客观、公正地出具检验结果或者认证证明。

产品质量认证机构应当依照国家规定对准许使用认证标志的产品进行认证后的跟踪检查；对不符合认证标准而使用认证标志的，要求其改正；情节严重的，取消其使用认证标志的资格。

第二十二条 消费者有权就产品质量问题，向产品的生产者、销售者查询；向市场监督管理部门及有关部门申诉，接受申诉的部门应当负责处理。

第二十三条 保护消费者权益的社会组织可以就消费者反映的产品质量问题建议有关部门负责处理，支持消费者对因产品质量造成的损害向人民法院起诉。

第二十四条 国务院和省、自治区、直辖市人民政府的市场监督管理部门应当定期发布其监督抽查的产品的质量状况公告。

第二十五条 市场监督管理部门或者其他国家机关以及产品质量检验机构不得向社会推荐生产者的产品；不得以对产品进行监制、监销等方式参与产品经营活动。

第三章 生产者、销售者的产品质量责任和义务

第一节 生产者的产品质量责任和义务

第二十六条 生产者应当对其生产的产品质量负责。

产品质量应当符合下列要求：

（一）不存在危及人身、财产安全的不合理的危险，有保障人体健康和人身、财产安全的国家标准、行业标准的，应当符合该标准；

（二）具备产品应当具备的使用性能，但是，对产品存在使用性能的瑕疵作出说明的除外；

（三）符合在产品或者其包装上注明采用的产品标准，符合以产品说明、实物样品等方式表明的质量状况。

第二十七条 产品或者其包装上的标识必须真实，并符合下列要求：

（一）有产品质量检验合格证明；

（二）有中文标明的产品名称、生产厂厂名和厂址；

（三）根据产品的特点和使用要求，需要标明产品规格、等级、所含主要成份的名称和含量的，用中文相应予以标明；需要事先让消费者知晓的，应当在外包装上标明，或者预先向消费者提供有关资料；

（四）限期使用的产品，应当在显著位置清晰地标明生产日期和安全使用期或者失效日期；

（五）使用不当，容易造成产品本身损坏或者可能危及人身、财产安全的产品，应当有警示标志或者中文警示说明。

裸装的食品和其他根据产品的特点难以附加标识的裸装产品，可以不附

加产品标识。

第二十八条 易碎、易燃、易爆、有毒、有腐蚀性、有放射性等危险物品以及储运中不能倒置和其他有特殊要求的产品，其包装质量必须符合相应要求，依照国家有关规定作出警示标志或者中文警示说明，标明储运注意事项。

第二十九条 生产者不得生产国家明令淘汰的产品。

第三十条 生产者不得伪造产地，不得伪造或者冒用他人的厂名、厂址。

第三十一条 生产者不得伪造或者冒用认证标志等质量标志。

第三十二条 生产者生产产品，不得掺杂、掺假，不得以假充真、以次充好，不得以不合格产品冒充合格产品。

第二节　销售者的产品质量责任和义务

第三十三条 销售者应当建立并执行进货检查验收制度，验明产品合格证明和其他标识。

第三十五条 销售者不得销售国家明令淘汰并停止销售的产品和失效、变质的产品。

第三十六条 销售者销售的产品的标识应当符合本法第二十七条的规定。

第三十七条 销售者不得伪造产地，不得伪造或者冒用他人的厂名、厂址。

第三十八条 销售者不得伪造或者冒用认证标志等质量标志。

第三十九条 销售者销售产品，不得掺杂、掺假，不得以假充真、以次充好，不得以不合格产品冒充合格产品。

第四章　损害赔偿

第四十条 售出的产品有下列情形之一的，销售者应当负责修理、更换、退货；给购买产品的消费者造成损失的，销售者应当赔偿损失：

（一）不具备产品应当具备的使用性能而事先未作说明的；

（二）不符合在产品或者其包装上注明采用的产品标准的；

（三）不符合以产品说明、实物样品等方式表明的质量状况的。

销售者依照前款规定负责修理、更换、退货、赔偿损失后，属于生产者的责任或者属于向销售者提供产品的其他销售者（以下简称供货者）的责任的，销售者有权向生产者、供货者追偿。

销售者未按照第一款规定给予修理、更换、退货或者赔偿损失的，由市场监督管理部门责令改正。

生产者之间，销售者之间，生产者与销售者之间订立的买卖合同、承揽合同有不同约定的，合同当事人按照合同约定执行。

第四十一条 因产品存在缺陷造成人身、缺陷产品以外的其他财产（以下简称他人财产）损害的，生产者应当承担赔偿责任。

生产者能够证明有下列情形之一的，不承担赔偿责任：

（一）未将产品投入流通的；

（二）产品投入流通时，引起损害的缺陷尚不存在的；

（三）将产品投入流通时的科学技术水平尚不能发现缺陷的存在的。

第四十二条 由于销售者的过错使产品存在缺陷，造成人身、他人财产损害的，销售者应当承担赔偿责任。

销售者不能指明缺陷产品的生产者也不能指明缺陷产品的供货者的，销售者应当承担赔偿责任。

第四十三条 因产品存在缺陷造成人身、他人财产损害的，受害人可以向产品的生产者要求赔偿，也可以向产品的销售者要求赔偿。属于产品的生产者的责任，产品的销售者赔偿的，产品的销售者有权向产品的生产者追偿。属于产品的销售者的责任，产品的生产者赔偿的，产品的生产者有权向产品的销售者追偿。

第四十四条 因产品存在缺陷造成受害人人身伤害的，侵害人应当赔偿医疗费、治疗期间的护理费、因误工减少的收入等费用；造成残疾的，还应当支付残疾者生活自助具费、生活补助费、残疾赔偿金以及由其扶养的人所必需的生活费等费用；造成受害人死亡的，并应当支付丧葬费、死亡赔偿金以及由死者生前扶养的人所必需的生活费等费用。

因产品存在缺陷造成受害人财产损失的，侵害人应当恢复原状或者折价赔偿。受害人因此遭受其他重大损失的，侵害人应当赔偿损失。

第四十五条 因产品存在缺陷造成损害要求赔偿的诉讼时效期间为二年，自当事人知道或者应当知道其权益受到损害时起计算。

因产品存在缺陷造成损害要求赔偿的请求权，在造成损害的缺陷产品交付最初消费者满十年丧失；但是，尚未超过明示的安全使用期的除外。

第四十六条 本法所称缺陷，是指产品存在危及人身、他人财产安全的不合理的危险；产品有保障人体健康和人身、财产安全的国家标准、行业标准的，是指不符合该标准。

第四十七条 因产品质量发生民事纠纷时，当事人可以通过协商或者调解解决。当事人不愿通过协商、调解解决或者协商、调解不成的，可以根据当事人各方的协议向仲裁机构申请仲裁；当事人各方没有达成仲裁协议或者仲裁协议无效的，可以直接向人民法院起诉。

第四十八条 仲裁机构或者人民法院可以委托本法第十九条规定的产品质量检验机构，对有关产品质量进行检验。

第五章 罚 则

第四十九条 生产、销售不符合保障人体健康和人身、财产安全的国家标准、行业标准的产品的，责令停止生产、销售，没收违法生产、销售的产品，并处违法生产、销售产品（包括已售出和未售出的产品，下同）货值金额等值以上三倍以下的罚款；有违法所得的，并处没收违法所得；情节严重的，吊销营业执照；构成犯罪的，依法追究刑事责任。

第五十条 在产品中掺杂、掺假，以假充真，以次充好，或者以不合格产品冒充合格产品的，责令停止生产、销售，没收违法生产、销售的产品，并处违法生产、销售产品货值金额百分之五十以上三倍以下的罚款；有违法所得的，并处没收违法所得；情节严重的，吊销营业执照；构成犯罪的，依法追究刑事责任。

第五十一条 生产国家明令淘汰的产品的，销售国家明令淘汰并停止销售的产品的，责令停止生产、销售，没收违法生产、销售的产品，并处违法生产、销售产品货值金额等值以下的罚款；有违法所得的，并处没收违法所得；情节严重的，吊销营业执照。

第五十二条 销售失效、变质的产品的，责令停止销售，没收违法销售的产品，并处违法销售产品货值金额二倍以下的罚款；有违法所得的，并处没收违法所得；情节严重的，吊销营业执照；构成犯罪的，依法追究刑事责任。

第五十三条 伪造产品产地的，伪造或者冒用他人厂名、厂址的，伪造或者冒用认证标志等质量标志的，责令改正，没收违法生产、销售的产品，并处违法生产、销售产品货值金额等值以下的罚款；有违法所得的，并处没收违法所得；情节严重的，吊销营业执照。

第五十四条 产品标识不符合本法第二十七条规定的，责令改正；有包装的产品标识不符合本法第二十七条第（四）项、第（五）项规定，情节严重的，责令停止生产、销售，并处违法生产、销售产品货值金额百分之三十以下的罚款；有违法所得的，并处没收违法所得。

第五十五条 销售者销售本法第四十九条至第五十三条规定禁止销售的产品，有充分证据证明其不知道该产品为禁止销售的产品并如实说明其进货来源的，可以从轻或者减轻处罚。

第五十六条 拒绝接受依法进行的产品质量监督检查的，给予警告，责令改正；拒不改正的，责令停业整顿；情节特别严重的，吊销营业执照。

第五十七条 产品质量检验机构、认证机构伪造检验结果或者出具虚假证明的，责令改正，对单位处五万元以上十万元以下的罚款，对直接负责的主管人员和其他直接责任人员处一万元以上五万元以下的罚款；有违法所得的，并处没收违法所得；情节严重的，取消其检验资格、认证资格；构成犯罪的，依法追究刑事责任。

产品质量检验机构、认证机构出具的检验结果或者证明不实，造成损失的，应当承担相应的赔偿责任；造成重大损失的，撤销其检验资格、认证资格。

产品质量认证机构违反本法第二十一条第二款的规定，对不符合认证标准而使用认证标志的产品，未依法要求其改正或者取消其使用认证标志资格的，对因产品不符合认证标准给消费者造成的损失，与产品的生产者、销售者承担连带责任；情节严重的，撤销其认证资格。

第五十八条 社会团体、社会中介机构对产品质量作出承诺、保证，而该产品又不符合其承诺、保证的质量要求，给消费者造成损失的，与产品的生产者、销售者承担连带责任。

第五十九条 在广告中对产品质量作虚假宣传，欺骗和误导消费者的，依照《中华人民共和国广告法》的规定追究法律责任。

第六十条 对生产者专门用于生产本法第四十九条、第五十一条所列的产品或者以假充真的产品的原辅材料、包装物、生产工具，应当予以没收。

第六十一条 知道或者应当知道属于本法规定禁止生产、销售的产品而为其提供运输、保管、仓储等便利条件的，或者为以假充真的产品提供制假生产技术的，没收全部运输、保管、仓储或者提供制假生产技术的收入，并处违法收入百分之五十以上三倍以下的罚款；构成犯罪的，依法追究刑事责任。

第六十二条 服务业的经营者将本法第四十九条至第五十二条规定禁止销售的产品用于经营性服务的，责令停止使用；对知道或者应当知道所使用的产品属于本法规定禁止销售的产品的，按照违法使用的产品（包括已使用和尚未使用的产品）的货值金额，依照本法对销售者的处罚规定处罚。

第六十三条 隐匿、转移、变卖、损毁被市场监督管理部门查封、扣押的物品的，处被隐匿、转移、变卖、损毁物品货值金额等值以上三倍以下的罚款；有违法所得的，并处没收违法所得。

第六十四条 违反本法规定，应当承担民事赔偿责任和缴纳罚款、罚金，其财产不足以同时支付时，先承担民事赔偿责任。

第六十五条 各级人民政府工作人员和其他国家机关工作人员有下列情形之一的，依法给予行政处分；构成犯罪的，依法追究刑事责任：

（一）包庇、放纵产品生产、销售中违反本法规定行为的；

（二）向从事违反本法规定的生产、销售活动的当事人通风报信，帮助其逃避查处的；

（三）阻挠、干预市场监督管理部门依法对产品生产、销售中违反本法规定的行为进行查处，造成严重后果的。

第六十六条 市场监督管理部门在产品质量监督抽查中超过规定的数量索取样品或者向被检查人收取检验费用的，由上级市场监督管理部门或者监察机关责令退还；情节严重的，对直接负责的主管人员和其他直接责任人员依法给予行政处分。

第六十七条 市场监督管理部门或者其他国家机关违反本法第二十五条的规定，向社会推荐生产者的产品或者以监制、监销等方式参与产品经营活动的，由其上级机关或者监察机关责令改正，消除影响，有违法收入的予以没收；情节严重的，对直接负责的主管人员和其他直接责任人员依法给予行政处分。

产品质量检验机构有前款所列违法行为的，由市场监督管理部门责令改正，消除影响，有违法收入的予以没收，可以并处违法收入一倍以下的罚款；情节严重的，撤销其质量检验资格。

第六十八条 市场监督管理部门的工作人员滥用职权、玩忽职守、徇私舞弊，构成犯罪的，依法追究刑事责任；尚不构成犯罪的，依法给予行政处分。

第六十九条 以暴力、威胁方法阻碍市场监督管理部门的工作人员依法执行职务的，依法追究刑事责任；拒绝、阻碍未使用暴力、威胁方法的，由公安机关依照治安管理处罚法的规定处罚。

第七十条 本法第四十九条至第五十七条、第六十条至第六十三条规定的行政处罚由市场监督管理部门决定。法律、行政法规对行使行政处罚权的机关另有规定的，依照有关法律、行政法规的规定执行。

第七十一条 对依照本法规定没收的产品，依照国家有关规定进行销毁或者采取其他方式处理。

第七十二条 本法第四十九条至第五十四条、第六十二条、第六十三条所规定的货值金额以违法生产、销售产品的标价计算；没有标价的，按照同类产品的市场价格计算。

第六章　附　　则

第七十三条　军工产品质量监督管理办法，由国务院、中央军事委员会另行制定。

因核设施、核产品造成损害的赔偿责任，法律、行政法规另有规定的，依照其规定。

第七十四条　本法自1993年9月1日起施行。

中华人民共和国刑法（节录）①

（1979年7月1日第五届全国人民代表大会第二次会议通过　1997年3月14日第八届全国人民代表大会第五次会议修订　自1997年10月1日起施行）

第二百七十四条②【敲诈勒索罪】　敲诈勒索公私财物，数额较大或者多次敲诈勒索的，处三年以下有期徒刑、拘役或者管制，并处或者单处罚金；数额巨大或者有其他严重情节的，处三年以上十年以下有期徒刑，并处罚金；数额特别巨大或者有其他特别严重情节的，处十年以上有期徒刑，并处罚金。

中华人民共和国电子商务法（节录）③

（2018年8月31日第十三届全国人民代表大会常务委员会第五次会议通过）

第三十八条【电子商务平台经营者的责任承担】　电子商务平台经营者

---

① 含条文名称及罪名。

② 本条根据《中华人民共和国刑法修正案（八）》（自2011年5月1日起施行）第四十条修改。

原本条内容为：敲诈勒索公私财物，数额较大的，处三年以下有期徒刑、拘役或者管制；数额巨大或者有其他严重情节的，处三年以上十年以下有期徒刑。

修改的内容为：一是将敲诈勒索罪的构成条件由“数额较大”扩展为“数额较大或者多次敲诈勒索”；二是将敲诈勒索罪的法定最高刑由十年有期徒刑提高到十五年有期徒刑，并增加罚金刑。

③ 含条文名称。

知道或者应当知道平台内经营者销售的商品或者提供的服务不符合保障人身、财产安全的要求，或者有其他侵害消费者合法权益行为，未采取必要措施的，依法与该平台内经营者承担连带责任。

对关系消费者生命健康的商品或者服务，电子商务平台经营者对平台内经营者的资质资格未尽到审核义务，或者对消费者未尽到安全保障义务，造成消费者损害的，依法承担相应的责任。

司法解释

最高人民法院关于审理食品药品纠纷案件适用法律若干问题的规定

（2013 年 12 月 9 日最高人民法院审判委员会第 1599 次会议通过　根据 2020 年 12 月 23 日最高人民法院审判委员会第 1823 次会议通过的《最高人民法院关于修改〈最高人民法院关于在民事审判工作中适用《中华人民共和国工会法》若干问题的解释〉等二十七件民事类司法解释的决定》第一次修正　根据 2021 年 11 月 15 日最高人民法院审判委员会第 1850 次会议通过的《最高人民法院关于修改〈最高人民法院关于审理食品药品纠纷案件适用法律若干问题的规定〉的决定》第二次修正　法释〔2021〕17 号）

为正确审理食品药品纠纷案件，根据《中华人民共和国民法典》《中华人民共和国消费者权益保护法》《中华人民共和国食品安全法》《中华人民共和国药品管理法》《中华人民共和国民事诉讼法》等法律的规定，结合审判实践，制定本规定。

第一条　消费者因食品、药品纠纷提起民事诉讼，符合民事诉讼法规定受理条件的，人民法院应予受理。

第二条　因食品、药品存在质量问题造成消费者损害，消费者可以分别起诉或者同时起诉销售者和生产者。

消费者仅起诉销售者或者生产者的，必要时人民法院可以追加相关当事人参加诉讼。

第三条　因食品、药品质量问题发生纠纷，购买者向生产者、销售者主张权利，生产者、销售者以购买者明知食品、药品存在质量问题而仍然购买为由进行抗辩的，人民法院不予支持。

第四条　食品、药品生产者、销售者提供给消费者的食品或者药品的赠品发生质量安全问题，造成消费者损害，消费者主张权利，生产者、销售者以消费者未对赠品支付对价为由进行免责抗辩的，人民法院不予支持。

第五条　消费者举证证明所购买食品、药品的事实以及所购食品、药品不符合合同的约定，主张食品、药品的生产者、销售者承担违约责任的，人民法院应予支持。

消费者举证证明因食用食品或者使用药品受到损害，初步证明损害与食用食品或者使用药品存在因果关系，并请求食品、药品的生产者、销售者承担侵权责任的，人民法院应予支持，但食品、药品的生产者、销售者能证明损害不是因产品不符合质量标准造成的除外。

第六条 食品的生产者与销售者应当对于食品符合质量标准承担举证责任。认定食品是否安全，应当以国家标准为依据；对地方特色食品，没有国家标准的，应当以地方标准为依据。没有前述标准的，应当以食品安全法的相关规定为依据。

第七条 食品、药品虽在销售前取得检验合格证明，且食用或者使用时尚在保质期内，但经检验确认产品不合格，生产者或者销售者以该食品、药品具有检验合格证明为由进行抗辩的，人民法院不予支持。

第八条 集中交易市场的开办者、柜台出租者、展销会举办者未履行食品安全法规定的审查、检查、报告等义务，使消费者的合法权益受到损害的，消费者请求集中交易市场的开办者、柜台出租者、展销会举办者承担连带责任的，人民法院应予支持。

第九条 消费者通过网络交易第三方平台购买食品、药品遭受损害，网络交易第三方平台提供者不能提供食品、药品的生产者或者销售者的真实名称、地址与有效联系方式，消费者请求网络交易第三方平台提供者承担责任的，人民法院应予支持。

网络交易第三方平台提供者承担赔偿责任后，向生产者或者销售者行使追偿权的，人民法院应予支持。

网络交易第三方平台提供者知道或者应当知道食品、药品的生产者、销售者利用其平台侵害消费者合法权益，未采取必要措施，给消费者造成损害，消费者要求其与生产者、销售者承担连带责任的，人民法院应予支持。

第十条 未取得食品生产资质与销售资质的民事主体，挂靠具有相应资质的生产者与销售者，生产、销售食品，造成消费者损害，消费者请求挂靠者与被挂靠者承担连带责任的，人民法院应予支持。

消费者仅起诉挂靠者或者被挂靠者的，必要时人民法院可以追加相关当事人参加诉讼。

第十一条 消费者因虚假广告推荐的食品、药品存在质量问题遭受损害，依据消费者权益保护法等法律相关规定请求广告经营者、广告发布者承担连带责任的，人民法院应予支持。

其他民事主体在虚假广告中向消费者推荐食品、药品，使消费者遭受损害，消费者依据消费者权益保护法等法律相关规定请求其与食品、药品的生产者、销售者承担连带责任的，人民法院应予支持。

第十二条 食品检验机构故意出具虚假检验报告，造成消费者损害，消费者请求其承担连带责任的，人民法院应予支持。

食品检验机构因过失出具不实检验报告，造成消费者损害，消费者请求其承担相应责任的，人民法院应予支持。

第十三条 食品认证机构故意出具虚假认证，造成消费者损害，消费者请求其承担连带责任的，人民法院应予支持。

食品认证机构因过失出具不实认证，造成消费者损害，消费者请求其承担相应责任的，人民法院应予支持。

第十四条 生产、销售的食品、药品存在质量问题，生产者与销售者需同时承担民事责任、行政责任和刑事责任，其财产不足以支付，当事人依照民法典等有关法律规定，请求食品、药品的生产者、销售者首先承担民事责任的，人民法院应予支持。

第十五条 生产不符合安全标准的食品或者销售明知是不符合安全标准的食品，消费者除要求赔偿损失外，依据食品安全法等法律规定向生产者、销售者主张赔偿金的，人民法院应予支持。

生产假药、劣药或者明知是假药、劣药仍然销售、使用的，受害人或者其近亲属除请求赔偿损失外，依据药品管理法等法律规定向生产者、销售者主张赔偿金的，人民法院应予支持。

第十六条 食品、药品的生产者与销售者以格式合同、通知、声明、告示等方式作出排除或者限制消费者权利，减轻或者免除经营者责任、加重消费者责任等对消费者不公平、不合理的规定，消费者依法请求认定该内容无效的，人民法院应予支持。

第十七条 消费者与化妆品、保健食品等产品的生产者、销售者、广告经营者、广告发布者、推荐者、检验机构等主体之间的纠纷，参照适用本规定。

法律规定的机关和有关组织依法提起公益诉讼的，参照适用本规定。

第十八条 本规定所称的“药品的生产者”包括药品上市许可持有人和药品生产企业，“药品的销售者”包括药品经营企业和医疗机构。

第十九条 本规定施行后人民法院正在审理的一审、二审案件适用本规定。

本规定施行前已经终审，本规定施行后当事人申请再审或者按照审判监督程序决定再审的案件，不适用本规定。

相关链接1

最高人民法院关于修改《最高人民法院关于在民事审判工作中适用〈中华人民共和国工会法〉若干问题的解释》等二十七件民事类司法解释的决定（节录）

（2020年12月23日最高人民法院审判委员会第1823次会议通过　自2021年1月1日起施行　法释〔2020〕17号）

二十五、修改《最高人民法院关于审理食品药品纠纷案件适用法律若干问题的规定》

1. 将引言修改为：

“为正确审理食品药品纠纷案件，根据《中华人民共和国民法典》《中华人民共和国消费者权益保护法》《中华人民共和国食品安全法》《中华人民共和国药品管理法》《中华人民共和国民事诉讼法》等法律的规定，结合审判实践，制定本规定。”

2. 将第六条修改为：

“食品的生产者与销售者应当对于食品符合质量标准承担举证责任。认定食品是否安全，应当以国家标准为依据；对地方特色食品，没有国家标准的，应当以地方标准为依据。没有前述标准的，应当以食品安全法的相关规定为依据。”

3. 将第八条修改为：

“集中交易市场的开办者、柜台出租者、展销会举办者未履行食品安全法规定的审查、检查、报告等义务，使消费者的合法权益受到损害的，消费者请求集中交易市场的开办者、柜台出租者、展销会举办者承担连带责任的，人民法院应予支持。”

4. 将第九条修改为：

“消费者通过网络交易第三方平台购买食品、药品遭受损害，网络交易第三方平台提供者不能提供食品、药品的生产者或者销售者的真实名称、地址与有效联系方式，消费者请求网络交易第三方平台提供者承担责任的，人民法院应予支持。

网络交易第三方平台提供者承担赔偿责任后，向生产者或者销售者行使追偿权的，人民法院应予支持。

网络交易第三方平台提供者知道或者应当知道食品、药品的生产者、销售者利用其平台侵害消费者合法权益，未采取必要措施，给消费者造成损害，消费者要求其与生产者、销售者承担连带责任的，人民法院应予支持。”

5. 将第十条修改为：

“未取得食品生产资质与销售资质的民事主体，挂靠具有相应资质的生产者与销售者，生产、销售食品，造成消费者损害，消费者请求挂靠者与被挂靠者承担连带责任的，人民法院应予支持。

消费者仅起诉挂靠者或者被挂靠者的，必要时人民法院可以追加相关当事人参加诉讼。”

6. 将十一条修改为：

“消费者因虚假广告推荐的食品、药品存在质量问题遭受损害，依据消费者权益保护法等法律相关规定请求广告经营者、广告发布者承担连带责任的，人民法院应予支持。

其他民事主体在虚假广告中向消费者推荐食品、药品，使消费者遭受损害，消费者依据消费者权益保护法等法律相关规定请求其与食品、药品的生产者、销售者承担连带责任的，人民法院应予支持。”

7. 将第十四条修改为：

“生产、销售的食品、药品存在质量问题，生产者与销售者需同时承担民事责任、行政责任和刑事责任，其财产不足以支付，当事人依照民法典等有关法律规定，请求食品、药品的生产者、销售者首先承担民事责任的，人民法院应予支持。”

8. 第十五条修改为：

“生产不符合安全标准的食品或者销售明知是不符合安全标准的食品，消费者除要求赔偿损失外，依据食品安全法等法律规定向生产者、销售者主张赔偿金的，人民法院应予支持。

生产假药、劣药或者明知是假药、劣药仍然销售、使用的，受害人或者其近亲属除请求赔偿损失外，依据药品管理法等法律规定向生产者、销售者主张赔偿金的，人民法院应予支持。”

9. 将第十七条修改为：

“消费者与化妆品、保健食品等产品的生产者、销售者、广告经营者、广告发布者、推荐者、检验机构等主体之间的纠纷，参照适用本规定。

法律规定的机关和有关组织依法提起公益诉讼的，参照适用本规定。”

10. 增加一条作为第十八条：

“本规定所称的‘药品的生产者’包括药品上市许可持有人和药品生产企

业，‘药品的销售者’包括药品经营企业和医疗机构。”

11. 条文顺序作相应调整。

相关链接 2

最高人民法院关于修改《最高人民法院关于审理食品药品纠纷案件适用法律若干问题的规定》的决定

（2021 年 11 月 15 日最高人民法院审判委员会第 1850 次会议通过　自 2021 年 12 月 1 日起施行　法释〔2021〕17 号）

根据《中华人民共和国药品管理法》，最高人民法院审判委员会第 1850 次会议决定对《最高人民法院关于审理食品药品纠纷案件适用法律若干问题的规定》作如下修改：

将第十二条修改为：“食品检验机构故意出具虚假检验报告，造成消费者损害，消费者请求其承担连带责任的，人民法院应予支持。

食品检验机构因过失出具不实检验报告，造成消费者损害，消费者请求其承担相应责任的，人民法院应予支持。”

本决定自 2021 年 12 月 1 日起施行。

根据本决定，《最高人民法院关于审理食品药品纠纷案件适用法律若干问题的规定》作相应修改后，重新公布。

最高人民法院关于审理食品安全民事纠纷案件适用法律若干问题的解释（一）

（2020 年 10 月 19 日最高人民法院审判委员会第 1813 次会议通过　自 2021 年 1 月 1 日起施行　法释〔2020〕14 号）

为正确审理食品安全民事纠纷案件，保障公众身体健康和生命安全，根据《中华人民共和国民法典》《中华人民共和国食品安全法》《中华人民共和国消费者权益保护法》《中华人民共和国民事诉讼法》等法律的规定，结合民事审判实践，制定本解释。

第一条 消费者因不符合食品安全标准的食品受到损害，依据食品安全法第一百四十八条第一款规定诉请食品生产者或者经营者赔偿损失，被诉的生产者或者经营者以赔偿责任应由生产经营者中的另一方承担为由主张免责的，人民法院不予支持。属于生产者责任的，经营者赔偿后有权向生产者追偿；属于经营者责任的，生产者赔偿后有权向经营者追偿。

第二条 电子商务平台经营者以标记自营业务方式所销售的食品或者虽未标记自营但实际开展自营业务所销售的食品不符合食品安全标准，消费者依据食品安全法第一百四十八条规定主张电子商务平台经营者承担作为食品经营者的赔偿责任的，人民法院应予支持。

电子商务平台经营者虽非实际开展自营业务，但其所作标识等足以误导消费者让消费者相信系电子商务平台经营者自营，消费者依据食品安全法第一百四十八条规定主张电子商务平台经营者承担作为食品经营者的赔偿责任的，人民法院应予支持。

第三条 电子商务平台经营者违反食品安全法第六十二条和第一百三十一条规定，未对平台内食品经营者进行实名登记、审查许可证，或者未履行报告、停止提供网络交易平台服务等义务，使消费者的合法权益受到损害，消费者主张电子商务平台经营者与平台内食品经营者承担连带责任的，人民法院应予支持。

第四条 公共交通运输的承运人向旅客提供的食品不符合食品安全标准，旅客主张承运人依据食品安全法第一百四十八条规定承担作为食品生产者或者经营者的赔偿责任的，人民法院应予支持；承运人以其不是食品的生产经营者或者食品是免费提供为由进行免责抗辩的，人民法院不予支持。

第五条 有关单位或者个人明知食品生产经营者从事食品安全法第一百二十三条第一款规定的违法行为而仍为其提供设备、技术、原料、销售渠道、运输、储存或者其他便利条件，消费者主张该单位或者个人依据食品安全法第一百二十三条第二款的规定与食品生产经营者承担连带责任的，人民法院应予支持。

第六条 食品经营者具有下列情形之一，消费者主张构成食品安全法第一百四十八条规定的“明知”的，人民法院应予支持：

（一）已过食品标明的保质期但仍然销售的；

（二）未能提供所售食品的合法进货来源的；

（三）以明显不合理的低价进货且无合理原因的；

（四）未依法履行进货查验义务的；

（五）虚假标注、更改食品生产日期、批号的；

（六）转移、隐匿、非法销毁食品进销货记录或者故意提供虚假信息的；

（七）其他能够认定为明知的情形。

第七条 消费者认为生产经营者生产经营不符合食品安全标准的食品同时构成欺诈的，有权选择依据食品安全法第一百四十八条第二款或者消费者权益保护法第五十五条第一款规定主张食品生产者或者经营者承担惩罚性赔偿责任。

第八条 经营者经营明知是不符合食品安全标准的食品，但向消费者承诺的赔偿标准高于食品安全法第一百四十八条规定的赔偿标准，消费者主张经营者按照承诺赔偿的，人民法院应当依法予以支持。

第九条 食品符合食品安全标准但未达到生产经营者承诺的质量标准，消费者依照民法典、消费者权益保护法等法律规定主张生产经营者承担责任的，人民法院应予支持，但消费者主张生产经营者依据食品安全法第一百四十八条规定承担赔偿责任的，人民法院不予支持。

第十条 食品不符合食品安全标准，消费者主张生产者或者经营者依据食品安全法第一百四十八条第二款规定承担惩罚性赔偿责任，生产者或者经营者以未造成消费者人身损害为由抗辩的，人民法院不予支持。

第十一条 生产经营未标明生产者名称、地址、成分或者配料表，或者未清晰标明生产日期、保质期的预包装食品，消费者主张生产者或者经营者依据食品安全法第一百四十八条第二款规定承担惩罚性赔偿责任的，人民法院应予支持，但法律、行政法规、食品安全国家标准对标签标注事项另有规定的除外。

第十二条 进口的食品不符合我国食品安全国家标准或者国务院卫生行政部门决定暂予适用的标准，消费者主张销售者、进口商等经营者依据食品安全法第一百四十八条规定承担赔偿责任，销售者、进口商等经营者仅以进口的食品符合出口地食品安全标准或者已经过我国出入境检验检疫机构检验检疫为由进行免责抗辩的，人民法院不予支持。

第十三条 生产经营不符合食品安全标准的食品，侵害众多消费者合法权益，损害社会公共利益，民事诉讼法、消费者权益保护法等法律规定的机关和有关组织依法提起公益诉讼的，人民法院应予受理。

第十四条 本解释自 2021 年 1 月 1 日起施行。

本解释施行后人民法院正在审理的一审、二审案件适用本解释。

本解释施行前已经终审，本解释施行后当事人申请再审或者按照审判监督程序决定再审的案件，不适用本解释。

最高人民法院以前发布的司法解释与本解释不一致的，以本解释为准。

最高人民法院关于审理网络消费纠纷案件适用法律若干问题的规定（一）

（2022年2月15日最高人民法院审判委员会第1864次会议通过　自2022年3月15日起施行　法释〔2022〕8号）

为正确审理网络消费纠纷案件，依法保护消费者合法权益，促进网络经济健康持续发展，根据《中华人民共和国民法典》《中华人民共和国消费者权益保护法》《中华人民共和国电子商务法》《中华人民共和国民事诉讼法》等法律规定，结合审判实践，制定本规定。

第一条　电子商务经营者提供的格式条款有以下内容的，人民法院应当依法认定无效：

（一）收货人签收商品即视为认可商品质量符合约定；

（二）电子商务平台经营者依法应承担的责任一概由平台内经营者承担；

（三）电子商务经营者享有单方解释权或者最终解释权；

（四）排除或者限制消费者依法投诉、举报、请求调解、申请仲裁、提起诉讼的权利；

（五）其他排除或者限制消费者权利、减轻或者免除电子商务经营者责任、加重消费者责任等对消费者不公平、不合理的内容。

第二条　电子商务经营者就消费者权益保护法第二十五条第一款规定的四项除外商品做出七日内无理由退货承诺，消费者主张电子商务经营者应当遵守其承诺的，人民法院应予支持。

第三条　消费者因检查商品的必要对商品进行拆封查验且不影响商品完好，电子商务经营者以商品已拆封为由主张不适用消费者权益保护法第二十五条规定的无理由退货制度的，人民法院不予支持，但法律另有规定的除外。

第四条　电子商务平台经营者以标记自营业务方式或者虽未标记自营但实际开展自营业务所销售的商品或者提供的服务损害消费者合法权益，消费者主张电子商务平台经营者承担商品销售者或者服务提供者责任的，人民法院应予支持。

电子商务平台经营者虽非实际开展自营业务，但其所作标识等足以误导消费者使消费者相信系电子商务平台经营者自营，消费者主张电子商务平台经营者承担商品销售者或者服务提供者责任的，人民法院应予支持。

第五条　平台内经营者出售商品或者提供服务过程中，其工作人员引导消费者通过交易平台提供的支付方式以外的方式进行支付，消费者主张平台内经营者承担商品销售者或者服务提供者责任，平台内经营者以未经过交易平台支付为由抗辩的，人民法院不予支持。

第六条 注册网络经营账号开设网络店铺的平台内经营者，通过协议等方式将网络账号及店铺转让给其他经营者，但未依法进行相关经营主体信息变更公示，实际经营者的经营活动给消费者造成损害，消费者主张注册经营者、实际经营者承担赔偿责任的，人民法院应予支持。

第七条 消费者在二手商品网络交易平台购买商品受到损害，人民法院综合销售者出售商品的性质、来源、数量、价格、频率、是否有其他销售渠道、收入等情况，能够认定销售者系从事商业经营活动，消费者主张销售者依据消费者权益保护法承担经营者责任的，人民法院应予支持。

第八条 电子商务经营者在促销活动中提供的奖品、赠品或者消费者换购的商品给消费者造成损害，消费者主张电子商务经营者承担赔偿责任，电子商务经营者以奖品、赠品属于免费提供或者商品属于换购为由主张免责的，人民法院不予支持。

第九条 电子商务经营者与他人签订的以虚构交易、虚构点击量、编造用户评价等方式进行虚假宣传的合同，人民法院应当依法认定无效。

第十条 平台内经营者销售商品或者提供服务损害消费者合法权益，其向消费者承诺的赔偿标准高于相关法定赔偿标准，消费者主张平台内经营者按照承诺赔偿的，人民法院应依法予以支持。

第十一条 平台内经营者开设网络直播间销售商品，其工作人员在网络直播中因虚假宣传等给消费者造成损害，消费者主张平台内经营者承担赔偿责任的，人民法院应予支持。

第十二条 消费者因在网络直播间点击购买商品合法权益受到损害，直播间运营者不能证明已经以足以使消费者辨别的方式标明其并非销售者并标明实际销售者的，消费者主张直播间运营者承担商品销售者责任的，人民法院应予支持。

直播间运营者能够证明已经尽到前款所列标明义务的，人民法院应当综合交易外观、直播间运营者与经营者的约定、与经营者的合作模式、交易过程以及消费者认知等因素予以认定。

第十三条 网络直播营销平台经营者通过网络直播方式开展自营业务销售商品，消费者主张其承担商品销售者责任的，人民法院应予支持。

第十四条 网络直播间销售商品损害消费者合法权益，网络直播营销平台经营者不能提供直播间运营者的真实姓名、名称、地址和有效联系方式的，消费者依据消费者权益保护法第四十四条规定向网络直播营销平台经营者请求赔偿的，人民法院应予支持。网络直播营销平台经营者承担责任后，向直播间运营者追偿的，人民法院应予支持。

第十五条 网络直播营销平台经营者对依法需取得食品经营许可的网络直播间的食品经营资质未尽到法定审核义务，使消费者的合法权益受到损害，消费者依据食品安全法第一百三十一条等规定主张网络直播营销平台经营者与直播间运营者承担连带责任的，人民法院应予支持。

第十六条 网络直播营销平台经营者知道或者应当知道网络直播间销售的商品不符合保障人身、财产安全的要求，或者有其他侵害消费者合法权益行为，未采取必要措施，消费者依据电子商务法第三十八条等规定主张网络直播营销平台经营者与直播间运营者承担连带责任的，人民法院应予支持。

第十七条 直播间运营者知道或者应当知道经营者提供的商品不符合保障人身、财产安全的要求，或者有其他侵害消费者合法权益行为，仍为其推广，给消费者造成损害，消费者依据民法典第一千一百六十八条等规定主张直播间运营者与提供该商品的经营者承担连带责任的，人民法院应予支持。

第十八条 网络餐饮服务平台经营者违反食品安全法第六十二条和第一百三十一条规定，未对入网餐饮服务提供者进行实名登记、审查许可证，或者未履行报告、停止提供网络交易平台服务等义务，使消费者的合法权益受到损害，消费者主张网络餐饮服务平台经营者与入网餐饮服务提供者承担连带责任的，人民法院应予支持。

第十九条 入网餐饮服务提供者所经营食品损害消费者合法权益，消费者主张入网餐饮服务提供者承担经营者责任，入网餐饮服务提供者以订单系委托他人加工制作为由抗辩的，人民法院不予支持。

第二十条 本规定自2022年3月15日起施行。

最高人民法院关于确定民事侵权精神损害赔偿责任若干问题的解释

（2001年2月26日由最高人民法院审判委员会第1161次会议通过　根据2020年12月23日最高人民法院审判委员会第1823次会议通过的《最高人民法院关于修改〈最高人民法院关于在民事审判工作中适用《中华人民共和国工会法》若干问题的解释〉等二十七件民事类司法解释的决定》修正）

为在审理民事侵权案件中正确确定精神损害赔偿责任，根据《中华人民共和国民法典》等有关法律规定，结合审判实践，制定本解释。

第一条 因人身权益或者具有人身意义的特定物受到侵害，自然人或者其近亲属向人民法院提起诉讼请求精神损害赔偿的，人民法院应当依法予以受理。

第二条 非法使被监护人脱离监护，导致亲子关系或者近亲属间的亲属关系遭受严重损害，监护人向人民法院起诉请求赔偿精神损害的，人民法院应当依法予以受理。

第三条 死者的姓名、肖像、名誉、荣誉、隐私、遗体、遗骨等受到侵害，其近亲属向人民法院提起诉讼请求精神损害赔偿的，人民法院应当依法予以支持。

第四条 法人或者非法人组织以名誉权、荣誉权、名称权遭受侵害为由，向人民法院起诉请求精神损害赔偿的，人民法院不予支持。

第五条 精神损害的赔偿数额根据以下因素确定：

（一）侵权人的过错程度，但是法律另有规定的除外；

（二）侵权行为的目的、方式、场合等具体情节；

（三）侵权行为所造成的后果；

（四）侵权人的获利情况；

（五）侵权人承担责任的经济能力；

（六）受理诉讼法院所在地的平均生活水平。

第六条 在本解释公布施行之前已经生效施行的司法解释，其内容有与本解释不一致的，以本解释为准。

相关链接

最高人民法院关于修改《最高人民法院关于在民事审判工作中适用〈中华人民共和国工会法〉若干问题的解释》等二十七件民事类司法解释的决定（节录）

（2020年12月23日最高人民法院审判委员会第1823次会议通过　自2021年1月1日起施行　法释〔2020〕17号）

二十二、修改《最高人民法院关于确定民事侵权精神损害赔偿责任若干

问题的解释》

1. 将引言修改为：

“为在审理民事侵权案件中正确确定精神损害赔偿责任，根据《中华人民共和国民法典》等有关法律规定，结合审判实践，制定本解释。”

2. 将第一条修改为：

“因人身权益或者具有人身意义的特定物受到侵害，自然人或者其近亲属向人民法院提起诉讼请求精神损害赔偿的，人民法院应当依法予以受理。”

3. 将第三条修改为：

“死者的姓名、肖像、名誉、荣誉、隐私、遗体、遗骨等受到侵害，其近亲属向人民法院提起诉讼请求精神损害赔偿的，人民法院应当依法予以支持。”

4. 删除第四条、第六条、第七条、第八条、第九条、第十一条。

5. 将第五条修改为：

“法人或者非法人组织以名誉权、荣誉权、名称权遭受侵害为由，向人民法院起诉请求精神损害赔偿的，人民法院不予支持。”

6. 将第十条修改为：

“精神损害的赔偿数额根据以下因素确定：

（一）侵权人的过错程度，但是法律另有规定的除外；

（二）侵权行为的目的、方式、场合等具体情节；

（三）侵权行为所造成的后果；

（四）侵权人的获利情况；

（五）侵权人承担责任的经济能力；

（六）受理诉讼法院所在地的平均生活水平。”

8. 条文顺序作相应调整。

最高人民法院、最高人民检察院关于办理敲诈勒索刑事案件适用法律若干问题的解释

（2013 年 4 月 23 日　法释〔2013〕10 号）

为依法惩治敲诈勒索犯罪，保护公私财产权利，根据《中华人民共和国刑法》、《中华人民共和国刑事诉讼法》的有关规定，现就办理敲诈勒索刑事案件适用法律的若干问题解释如下：

第一条 敲诈勒索公私财物价值二千元至五千元以上、三万元至十万元以上、三十万元至五十万元以上的，应当分别认定为刑法第二百七十四条规定的“数额较大”“数额巨大”“数额特别巨大”。

各省、自治区、直辖市高级人民法院、人民检察院可以根据本地区经济发展状况和社会治安状况，在前款规定的数额幅度内，共同研究确定本地区执行的具体数额标准，报最高人民法院、最高人民检察院批准。

第二条 敲诈勒索公私财物，具有下列情形之一的，“数额较大”的标准可以按照本解释第一条规定标准的百分之五十确定：

（一）曾因敲诈勒索受过刑事处罚的；

（二）一年内曾因敲诈勒索受过行政处罚的；

（三）对未成年人、残疾人、老年人或者丧失劳动能力人敲诈勒索的；

（四）以将要实施放火、爆炸等危害公共安全犯罪或者故意杀人、绑架等严重侵犯公民人身权利犯罪相威胁敲诈勒索的；

（五）以黑恶势力名义敲诈勒索的；

（六）利用或者冒充国家机关工作人员、军人、新闻工作者等特殊身份敲诈勒索的；

（七）造成其他严重后果的。

第三条 二年内敲诈勒索三次以上的，应当认定为刑法第二百七十四条规定的“多次敲诈勒索”。

第四条 敲诈勒索公私财物，具有本解释第二条第三项至第七项规定的情形之一，数额达到本解释第一条规定的“数额巨大”“数额特别巨大”百分之八十的，可以分别认定为刑法第二百七十四条规定的“其他严重情节”“其他特别严重情节”。

第五条 敲诈勒索数额较大，行为人认罪、悔罪，退赃、退赔，并具有下列情形之一的，可以认定为犯罪情节轻微，不起诉或者免予刑事处罚，由有关部门依法予以行政处罚：

（一）具有法定从宽处罚情节的；

（二）没有参与分赃或者获赃较少且不是主犯的；

（三）被害人谅解的；

（四）其他情节轻微、危害不大的。

第六条 敲诈勒索近亲属的财物，获得谅解的，一般不认为是犯罪；认定为犯罪的，应当酌情从宽处理。

被害人对敲诈勒索的发生存在过错的，根据被害人过错程度和案件其他情况，可以对行为人酌情从宽处理；情节显著轻微危害不大的，不认为是犯罪。

第七条 明知他人实施敲诈勒索犯罪，为其提供信用卡、手机卡、通讯工具、通讯传输通道、网络技术支持等帮助的，以共同犯罪论处。

第八条 对犯敲诈勒索罪的被告人，应当在二千元以上、敲诈勒索数额的二倍以下判处罚金；被告人没有获得财物的，应当在二千元以上十万元以下判处罚金。

第九条 本解释公布施行后，《最高人民法院关于敲诈勒索罪数额认定标准问题的规定》（法释〔2000〕11号）同时废止；此前发布的司法解释与本解释不一致的，以本解释为准。

司法文件

最高人民法院关于完善统一法律适用标准工作机制的意见

（2020 年 9 月 14 日　法发〔2020〕35 号）

为统一法律适用标准，保证公正司法，提高司法公信力，加快推进审判体系和审判能力现代化，结合人民法院工作实际，制定本意见。

一、统一法律适用标准的意义和应当坚持的原则

1. 充分认识统一法律适用标准的意义。在审判工作中统一法律适用标准，是建设和完善中国特色社会主义法治体系的内在要求，是人民法院依法独立公正行使审判权的基本职责，是维护国家法制统一尊严权威的重要保证，是提升司法质量、效率和公信力的必然要求，事关审判权依法正确行使，事关当事人合法权益保障，事关社会公平正义的实现。各级人民法院要把统一法律适用标准作为全面落实司法责任制、深化司法体制综合配套改革、加快推进执法司法制约监督体系改革和建设的重要内容，通过完善审判工作制度、管理体制和权力运行机制，规范司法行为，统一裁判标准，确保司法公正高效权威，努力让人民群众在每一个司法案件中感受到公平正义。

2. 牢牢把握统一法律适用标准应当坚持的原则。坚持党对司法工作的绝对领导。坚持以习近平新时代中国特色社会主义思想为指导，深入贯彻习近平总书记全面依法治国新理念新思想新战略，全面贯彻落实党的十九大和十九届二中、三中、四中全会精神，增强“四个意识”、坚定“四个自信”、做到“两个维护”，坚持党的领导、人民当家作主、依法治国有机统一，贯彻中国特色社会主义法治理论，坚定不移走中国特色社会主义法治道路，确保党中央决策部署在审判执行工作中不折不扣贯彻落实。

坚持以人民为中心的发展思想。践行司法为民宗旨，依法维护人民权益、化解矛盾纠纷、促进社会和谐稳定。积极运用司法手段推动保障和改善民生，着力解决人民群众最关切的公共安全、权益保障、公平正义问题，满足人民群众日益增长的司法需求。坚持依法治国和以德治国相结合，兼顾国法天理人情，发挥裁判规范引领作用，弘扬社会主义核心价值观，不断增强人民群众对公平正义的获得感。

坚持宪法法律至上。始终忠于宪法和法律，依法独立行使审判权。坚持法律面前人人平等，坚决排除对司法活动的干预。坚持以事实为根据、以法律为准绳，遵守法定程序，遵循证据规则，正确适用法律，严格规范行使自由裁量权，确保法律统一正确实施，切实维护国家法制统一尊严权威。

坚持服务经济社会发展大局。充分发挥审判职能，履行好维护国家政治安全、确保社会大局稳定、促进社会公平正义、保障人民安居乐业的职责使命，服务常态化疫情防控和经济社会发展，促进经济行稳致远、社会安定和谐。全面贯彻新发展理念，服务经济高质量发展；依法平等保护各类市场主体合法权益，加大产权和知识产权司法保护力度，营造稳定公平透明、可预期的法治化营商环境；贯彻绿色发展理念，加强生态环境司法保护，努力实现政治效果、法律效果和社会效果有机统一。

二、加强司法解释和案例指导工作

3. 发挥司法解释统一法律适用标准的重要作用。司法解释是中国特色社会主义司法制度的重要组成部分，是最高人民法院的一项重要职责。对审判工作中具体应用法律问题，特别是对法律规定不够具体明确而使理解执行出现困难、情况变化导致案件处理依据存在不同理解、某一类具体案件裁判尺度不统一等问题，最高人民法院应当加强调查研究，严格依照法律规定及时制定司法解释。涉及人民群众切身利益或重大疑难问题的司法解释，应当向社会公开征求意见。进一步规范司法解释制定程序，健全调研、立项、起草、论证、审核、发布、清理和废止机制，完善归口管理和报备审查机制。

4. 加强指导性案例工作。最高人民法院发布的指导性案例，对全国法院审判、执行工作具有指导作用，是总结审判经验、统一法律适用标准、提高审判质量、维护司法公正的重要措施。各级人民法院应当从已经发生法律效力的裁判中，推荐具有统一法律适用标准和确立规则意义的典型案例，经最高人民法院审判委员会讨论确定，统一发布。指导性案例不直接作为裁判依据援引，但对正在审理的类似案件具有参照效力。进一步健全指导性案例报送、筛选、发布、编纂、评估、应用和清理机制，完善将最高人民法院裁判转化为指导性案例工作机制，增强案例指导工作的规范性、针对性、时效性。

5. 发挥司法指导性文件和典型案例的指导作用。司法指导性文件、典型案例对于正确适用法律、统一裁判标准、实现裁判法律效果和社会效果统一具有指导和调节作用。围绕贯彻落实党和国家政策与经济社会发展需要，最高人民法院及时出台司法指导性文件，为新形势下人民法院工作提供业务指导和政策指引。针对经济社会活动中具有典型意义及较大影响的法律问题，或者人民群众广泛关注的热点问题，及时发布典型案例，树立正确价值导向，传播正确司法理念，规范司法裁判活动。

三、建立健全最高人民法院法律适用问题解决机制

6. 建立全国法院法律适用问题专门平台。最高人民法院建立重大法律适用问题发现与解决机制，加快形成上下贯通、内外结合、系统完备、规范高效的法律适用问题解决体系，及时组织研究和解决各地存在的法律适用标准不统一问题。充分发挥专家学者在统一法律适用标准中的咨询作用，积极开展专家咨询论证工作，通过组织召开统一法律适用标准问题研讨会等方式，搭建人大代表、政协委员、专家学者、行业代表等社会各界广泛参与的平台，总结归纳分歧问题，研究提出参考意见，为审判委员会统一法律适用标准提供高质量的辅助和参考。

7. 健全法律适用分歧解决机制。审判委员会是最高人民法院法律适用分歧解决工作的集体领导和决策机构，最高人民法院各业务部门、审判管理办公室和中国应用法学研究所根据法律适用分歧解决工作需要，为审判委员会决策提供服务和决策参考。进一步优化法律适用分歧的申请、立项、审查和研究工作机制，对于最高人民法院生效裁判之间存在法律适用分歧或者在审案件作出的裁判结果可能与生效裁判确定的法律适用标准存在分歧的，应当依照《最高人民法院关于建立法律适用分歧解决机制的实施办法》提请解决。

四、完善高级人民法院统一法律适用标准工作机制

8. 规范高级人民法院审判指导工作。各高级人民法院可以通过发布办案指导文件和参考性案例等方式总结审判经验、统一裁判标准。各高级人民法院发布的办案指导文件、参考性案例应当符合宪法、法律规定，不得与司法解释、指导性案例相冲突。各高级人民法院应当建立办案指导文件、参考性案例长效工作机制，定期组织清理，及时报送最高人民法院备案，切实解决不同地区法律适用、办案标准的不合理差异问题。

9. 建立高级人民法院法律适用分歧解决机制。各高级人民法院应当参照最高人民法院做法，建立本辖区法律适用分歧解决机制，研究解决本院及辖区内法院案件审理中的法律适用分歧。各中级、基层人民法院发现法律适用标准不统一问题，经研究无法达成一致意见的，应当层报高级人民法院，超出高级人民法院辖区范围的，应当及时报送最高人民法院研究解决。

五、强化审判组织统一法律适用标准的法定职责

10. 强化独任法官、合议庭正确适用法律职责。各级人民法院应当全面落实司法责任制，充分发挥独任法官、合议庭等审判组织在统一法律适用标准中的基础作用。独任法官、合议庭应当严格遵守司法程序，遵循证据规则，正确运用法律解释方法，最大限度降低裁量风险，避免法律适用分歧。发现将要作出的裁判与其他同类案件裁判不一致的，应当及时提请专业法官会议研究。合议庭应当将统一法律适用标准情况纳入案件评议内容，健全完善评议规则，确保合议庭成员平等行权、集思广益、民主决策、共同负责。

11. 发挥审判委员会统一法律适用标准职责。完善审判委员会议事规则和议事程序，充分发挥民主集中制优势，强化审判委员会统一法律适用标准的重要作用。审判委员会应当着重对下列案件，加强法律适用标准问题的研究总结：（1）涉及法律适用标准问题的重大、疑难、复杂案件；（2）存在法律适用分歧的案件；（3）独任法官、合议庭在法律适用标准问题上与专业法官会议咨询意见不一致的案件；（4）拟作出裁判与本院或者上级法院同类案件裁判可能发生冲突的案件。审判委员会应当及时总结提炼相关案件的法律适用标准，确保本院及辖区内法院审理同类案件时裁判标准统一。

六、落实院庭长统一法律适用标准的监督管理职责

12. 明确和压实院庭长监督管理职责。院庭长应当按照审判监督管理权限，加强审判管理和业务指导，确保法律适用标准统一。通过主持或参加专业法官会议，推动专业法官会议在统一法律适用标准上充分发挥专业咨询作用，定期组织研究独任法官、合议庭审理意见与专业法官会议咨询意见、审判委员会决定不一致的案件，为统一法律适用标准总结经验。及时指导法官对审理意见长期与专业法官会议咨询意见、审判委员会决定意见不一致的案件进行分析，促进法官提高统一法律适用标准能力，防止裁判不公和司法不廉。推动院庭长审判监督管理职责与审判组织审判职能、专业法官会议咨询职能、审判委员会决策职能有机衔接、有效运行，形成统一法律适用标准的制度机制体系。

13. 加强对“四类案件”的监督管理。院庭长应当对《最高人民法院关于完善人民法院司法责任制的若干意见》规定的“四类案件”加强监督管理，及时发现已决或待决案件中存在的法律适用标准不统一问题，依照程序采取改变审判组织形式、增加合议庭成员、召集专业法官会议、建议或决定将案件提交审判委员会讨论等举措，及时解决法律适用分歧。院庭长可以担任审判长或承办人审理“四类案件”，依照职权主持或者参加审判委员会讨论决定“四类案件”，在审判组织中促进实现法律适用标准统一。

七、充分发挥审判管理在统一法律适用标准上的作用

14. 加强和规范审判管理工作。各级人民法院应当完善审判管理机制，构建全面覆盖、科学规范、监管有效的审判管理制度体系。审判管理部门在履行流程管理、质量评查等审判管理职责时，对于发现的重大法律适用问题应当及时汇总报告，积极辅助审判委员会、院庭长研究解决统一法律适用标准问题。

15. 将统一法律适用标准作为审判管理的重点。各级人民法院应当加强审判质量管理，完善评查方法和评查标准，将统一法律适用标准情况纳入案件质量评查指标体系。对于可能存在背离法律、司法解释、指导性案例所确定裁判规则等情形的，承办法官应当向案件评查委员会说明理由。对信访申诉、长期未结、二审改判、发回重审、指令再审、抗诉再审案件的审判管理中发现法律适用标准不统一问题的，应当及时提请院庭长和审判委员会研究解决。

八、充分发挥审级制度和审判监督程序统一法律适用标准的作用

16. 发挥审级监督体系作用。强化最高人民法院统一裁判尺度、监督公正司法的职能。加强上级法院对下级法院的审级监督指导，建立健全改判、发回重审、指令再审案件的跟踪督办、异议反馈制度，完善分析研判和定期通报机制。充分发挥二审程序解决法律争议的作用，在二审程序中依法对法律适用问题进行审查，对属于当事人意思自治范围内的法律适用问题，应当充分尊重当事人的选择；对影响司法公正的法律适用标准不统一问题，应当根据当事人诉求或者依职权予以纠正。

17. 充分发挥审判监督程序依法纠错作用。生效案件存在法律适用标准不统一问题的，应当正确处理审判监督程序与司法裁判稳定性的关系，区分案件情况，根据当事人请求或者依法启动院长发现程序，对法律适用确有错误的案件提起再审。人民检察院提出检察建议、抗诉等法律监督行为，涉及法律适用标准不统一问题的，应当依法处理，必要时提请审判委员会讨论决定。

九、完善类案和新类型案件强制检索报告工作机制

18. 规范和完善类案检索工作。按照《最高人民法院关于统一法律适用加强类案检索的指导意见（试行）》要求，承办法官应当做好类案检索和分析。对于拟提交专业法官会议或者审判委员会讨论决定的案件、缺乏明确裁判规则或者尚未形成统一裁判规则的案件、院庭长根据审判监督管理权限要求进行类案检索的案件，应当进行类案检索。对于应当类案检索的案件，承办法官应当在合议庭评议、专业法官会议讨论及审理报告中对类案检索情况予以说明，或者制作类案检索报告，并随案流转归档备查。

19. 规范类案检索结果运用。法官在类案检索时，检索到的类案为指导性案例的，应当参照作出裁判，但与新的法律、行政法规、司法解释相冲突或者为新的指导性案例所取代的除外；检索到其他类案的，可以作为裁判的参考；检索到的类案存在法律适用标准不统一的，可以综合法院层级、裁判时间、是否经审判委员会讨论决定等因素，依照法律适用分歧解决机制予以解决。各级人民法院应当定期归纳整理类案检索情况，通过一定形式在本院或者辖区内法院公开，供法官办案参考。

十、强化对统一法律适用标准的科技支撑和人才保障

20. 加强统一法律适用标准的技术支撑。各级人民法院应当深化智慧法院建设，为统一法律适用标准提供信息化保障。最高人民法院加快建设以司法大数据管理和服务平台为基础的智慧数据中台，完善类案智能化推送和审判支持系统，加强类案同判规则数据库和优秀案例分析数据库建设，为审判人员办案提供裁判规则和参考案例，为院庭长监督管理提供同类案件大数据报告，为审判委员会讨论决定案件提供决策参考。各级人民法院应当充分利用中国裁判文书网、“法信”、中国应用法学数字化服务系统等平台，加强案例分析与应用，提高法官熟练运用信息化手段开展类案检索和案例研究的能力。

21. 加强对审判人员法律适用能力的培养。各级人民法院应当加大对审判人员政治素质和业务能力的培训力度，强化与统一法律适用标准相关的法律解释、案例分析、类案检索、科技应用等方面能力的培养，全面提高审判人员统一法律适用标准的意识和能力。

最高人民法院统一法律适用工作实施办法

（2021 年 9 月 6 日由最高人民法院审判委员会第 1845 次会议通过　2021 年 11 月 13 日发布　自 2021 年 12 月 1 日起施行　法〔2021〕289 号）

为进一步规范最高人民法院统一法律适用工作，确保法律统一正确实施，维护司法公正、提升司法公信力，结合最高人民法院审判执行工作实际，制定本办法。

第一条　本办法所称统一法律适用工作，包括起草制定司法解释或其他规范性文件、发布案例、落实类案检索制度、召开专业法官会议讨论案件等推进法律统一正确实施的各项工作。

第二条　最高人民法院审判委员会（以下简称审委会）负责最高人民法院统一法律适用工作。各部门根据职能分工，负责起草制定司法解释、发布案例等统一法律适用工作。审判管理办公室（以下简称审管办）负责统一法律适用的统筹规划、统一推进、协调管理等工作。

第三条　各审判业务部门办理审判执行案件，应当严格遵守法定程序，遵循证据规则，正确适用法律，确保法律统一正确实施。

第四条 各部门根据职能分工，对法律适用疑难问题和不统一等情形，应当及时总结经验，通过答复、会议纪要等形式指导司法实践，条件成熟时制定司法解释或其他规范性文件予以规范。

第五条 研究室负责指导性案例的征集、审查、发布、编纂和评估等工作。其他部门发布的典型案例等不得与指导性案例的裁判观点、裁判标准相冲突，不得冠以指导性案例或指导案例等类似名称。

第六条 办理案件具有下列情形之一的，承办法官应当进行类案检索：

（一）拟提交审委会、专业法官会议讨论的；

（二）缺乏明确裁判规则或者尚未形成统一裁判规则的；

（三）重大、疑难、复杂、敏感的；

（四）涉及群体性纠纷或者引发社会广泛关注，可能影响社会稳定的；

（五）与最高人民法院的类案裁判可能发生冲突的；

（六）有关单位或者个人反映法官有违法审判行为的；

（七）最高人民检察院抗诉的；

（八）审理过程中公诉机关、当事人及其辩护人、诉讼代理人提交指导性案例或者最高人民法院生效类案裁判支持其主张的；

（九）院庭长根据审判监督管理权限要求进行类案检索的。类案检索可以只检索最高人民法院发布的指导性案例和最高人民法院的生效裁判。

第七条 根据本办法第六条规定应当进行类案检索的案件，承办法官应当在审理报告中对类案检索情况予以说明，或者制作专门的类案检索报告。类案检索说明或者报告应当客观、全面、准确反映类案检索结果，并在合议庭评议或者专业法官会议、赔偿委员会、司法救助委员会、审委会讨论时一并提交。类案检索报告应当随案归入副卷。

第八条 根据本办法第六条规定应当进行类案检索的案件，合议庭应当将案件统一法律适用标准情况纳入评议内容。审理过程中公诉机关、当事人及其辩护人、诉讼代理人提交指导性案例或者最高人民法院生效类案裁判支持其主张的，合议庭应当将所提交的案例或者生效裁判与待决案件是否属于类案纳入评议内容。

第九条 待决案件在基本案情和法律适用方面与检索到的指导性案例相类似的，合议庭应当参照指导性案例的裁判要点作出裁判。参照指导性案例的，应当将指导性案例作为裁判理由引述，但不得作为裁判依据引用。在裁判理由部分引述指导性案例的，应当注明指导性案例的编号。

第十条 待决案件拟作出的裁判结果与指导性案例、最高人民法院类案裁判法律适用标准不一致，或者拟作出的裁判结果将形成新的法律适用标准的，合议庭应当建议提交部门专业法官会议讨论；院庭长发现待决案件存在前述情形的，应当依照程序召集部门专业法官会议讨论。前款规定的案件因涉密等原因不适宜提交专业法官会议讨论的，层报分管院领导批准可以直接提交审委会讨论。

第十一条 最高人民法院建立健全跨部门专业法官会议机制，研究解决跨部门的法律适用分歧或者跨领域的重大法律适用问题。

第十二条 部门专业法官会议和跨部门专业法官会议讨论案件应当形成案件讨论记录和会议纪要。案件讨论记录和会议纪要随案归入副卷。跨部门专业法官会议纪要分送审委会委员和相关审判业务部门，审管办负责整理存档。

第十三条 各审判业务部门负责人应当按照审判监督管理权限，加强审判管理和业务指导，确保法律适用标准统一。各审判业务部门应当对合议庭与专业法官会议意见、审委会决定不一致的案件进行分析研究，认真梳理总结审判执行实践中存在的法律适用不统一、不明确问题。审管办应当通过案件质量评查、群众来信等途径及时发现、收集、整理法律适用不统一、不明确问题。

第十四条 对于通过各种途径发现的具体法律适用不统一、不明确问题，审管办可以通过多种形式组织研究，提出解决方案提交审委会讨论，以审委会法律适用问题决议等形式明确具体裁判规则。

第十五条 最高人民法院建立统一法律适用平台及其数据库，审管办、研究室、中国应用法学研究所、人民法院信息技术服务中心根据各自职能分工，负责统一法律适用平台及其数据库的规划、建设、研发、运行维护和升级完善。

第十六条 最高人民法院发布的指导性案例，各审判业务部门的二审案件、再审案件、请示案件、执行复议监督案件，经专业法官会议、赔偿委员会、司法救助委员会、审委会讨论的案件，以及其他具有普遍指导意义的典型案件，裁判文书上网公开后，审管办应当及时组织编纂并纳入统一法律适用平台数据库。死刑复核案件纳入统一法律适用平台数据库的标准和数量，由各刑事审判庭根据保密要求自行确定。经专业法官会议讨论的案件，应当纳入统一法律适用平台数据库的，由各审判业务部门指定专人负责定期报送相关案件的专业法官会议纪要，随案纳入统一法律适用平台数据库。

第十七条 对纳入统一法律适用平台数据库的案例，应当及时进行检查清理。各部门在工作中发现纳入统一法律适用平台数据库的案例已经不具有指导意义和参考价值，或者相关裁判已经被改判、撤销的，应当及时通知审管办进行更新。

第十八条 各部门应当加大对审判人员的业务能力培训，强化审判人员在法律解释、案例分析、类案检索、科技应用等方面能力的培养，全面提升审判人员统一法律适用的能力和水平。

第十九条 审判人员参加专业法官会议、梳理案件裁判规则等情况应当计入工作量。各部门和审判人员推荐或编纂案例被审委会确定为指导性案例，或者对具体法律适用问题的研究意见被审委会采纳形成审委会法律适用问题决议的，可以作为绩效考核时的加分项。

第二十条 本办法自2021年12月1日起施行。

最高人民法院、最高人民检察院关于常见犯罪的量刑指导意见（试行）（节录）

（2021年6月16日　法发〔2021〕21号）

四、常见犯罪的量刑

（十五）敲诈勒索罪

1. 构成敲诈勒索罪的，根据下列情形在相应的幅度内确定量刑起点：

（1）达到数额较大起点的，或者二年内三次敲诈勒索的，在一年以下有期徒刑、拘役幅度内确定量刑起点。

（2）达到数额巨大起点或者有其他严重情节的，在三年至五年有期徒刑幅度内确定量刑起点。

（3）达到数额特别巨大起点或者有其他特别严重情节的，在十年至十二年有期徒刑幅度内确定量刑起点。

2. 在量刑起点的基础上，根据敲诈勒索数额、次数、犯罪情节严重程度等其他影响犯罪构成的犯罪事实增加刑罚量，确定基准刑。

多次敲诈勒索，数额达到较大以上的，以敲诈勒索数额确定量刑起点，敲诈勒索次数可以作为调节基准刑的量刑情节；数额未达到较大的，以敲诈勒索次数确定量刑起点，超过三次的次数作为增加刑罚量的事实。

3. 构成敲诈勒索罪的，根据敲诈勒索的数额、手段、次数、危害后果等犯罪情节，综合考虑被告人缴纳罚金的能力，在二千元以上敲诈勒索数额的二倍以下决定罚金数额；被告人没有获得财物的，在二千元以上十万元以下判处罚金。

4. 构成敲诈勒索罪的，综合考虑敲诈勒索的手段、数额、次数、危害后果、退赃退赔等犯罪事实、量刑情节，以及被告人的主观恶性、人身危险性、认罪悔罪表现等因素，决定缓刑的适用。

最高人民法院办公厅对十二届全国人大五次会议第5990号建议的答复意见

（2017年5月19日　法办函〔2017〕181号）

国家工商行政管理总局办公厅：

现就阳国秀等代表提出的关于引导和规范职业打假人的建议提出如下答复意见，供参考。

对于知假买假行为如何处理，知假买假者是否具有消费者身份的问题，《消费者权益保护法》和《食品安全法》并没有做出明确规定，导致这一问题在理论界和实务界都存在争议。我院在《最高人民法院关于审理食品药品纠纷案件适用法律若干问题的规定》（法释［2013］28号）第三条规定："因食品、药品质量问题发生纠纷，购买者向生产者、销售者主张权利。生产者、销售者以购买者明知食品、药品存在质量问题而仍然购买为理由而进行抗辩的，人民法院不予支持"，该条规定从保护人民群众生命健康权出发，明确了在食品、药品领域，消费者即使明知商品为假冒伪劣仍然购买，并以此诉讼索赔时，人民法院不能以其知假买假为由不予支持。因食品、药品是直接关系人体健康，安全的特殊、重要的消费产品，而该司法解释亦产生于地沟油、三聚氰胺奶粉、毒胶囊等一系列重大食品、药品安全事件频繁曝出，群众对食药安全问题反映强烈的大背景之下，是给予特殊背景下的特殊政策考量。

应该说，职业打假人自出现以来，对于增强消费者的权利意识，鼓励百姓运用惩罚性赔偿机制打假，打击经营者的违法侵权行为产生了一定积极作用。但就现阶段情况看，职业打假人群体及其引发的诉讼出现了许多新的发展和变化，其负面影响日益凸显。基于以下考虑，我们认为不宜将食药纠纷的特殊政策推广适用到所有消费者保护领域。

1. 按照《消费者权益保护法》第五十五条的规定，在普通消费产品领域，消费者获得惩罚性赔偿的前提是经营者的欺诈行为。民法上的欺诈，按照《民法通则意见》第六十八条的解释，应为经营者故意告知虚假情况或故意隐瞒真实情况，使消费者作出了错误意思表示。而对于知假买假人而言，不存在其主观上受到欺诈的情形。

2. 从打击的效果来看，由于成本较小，取证相对容易，牟利性打假的对象主要是大型超市和企业，主要集中在产品标识、说明等方面。该类企业往往是同类市场上产品质量相对有保障，管理较为规范的生产经营主体，而对于真正对市场危害较大的假冒伪劣产品及不规范的小规模经营主体打击效果不明显。

3. 从目前消费维权司法实践中，知假买假行为有形成商业化的趋势，出现了越来越多的职业打假人、打假公司（集团），其动机并非为了净化市场，而是利用惩罚性赔偿为自身牟利或借机对商家进行敲诈勒索。更有甚者针对某产品已经胜诉并获得赔偿，又购买该产品以图再次获利。上述行为严重违背诚信原则，无视司法权威，浪费司法资源，我们不支持这种以恶惩恶，饮鸩止渴的治理模式。

因此，考虑食药安全问题的特殊性及现有司法解释和司法实践的具体情况，我们认为目前可以考虑在除购买食品、药品之外的情形，逐步限制职业打假人的牟利性打假行为。我们将根据实际情况，积极考虑阳国秀等代表提出的建议，适时借助司法解释、指导性案例等形式，逐步遏制职业打假人的牟利性打假行为。

最高人民法院指导案例

最高人民法院指导案例23号：孙银山诉南京欧尚超市有限公司江宁店买卖合同纠纷案

（最高人民法院审判委员会讨论通过　2014年1月26日发布）

关键词

民事　买卖合同　食品安全　十倍赔偿

裁判要点

消费者购买到不符合食品安全标准的食品，要求销售者或者生产者依照食品安全法规定支付价款十倍赔偿金或者依照法律规定的其他赔偿标准赔偿的，不论其购买时是否明知食品不符合安全标准，人民法院都应予支持。

相关法条

《中华人民共和国食品安全法》第九十六条第二款

基本案情

2012年5月1日，原告孙银山在被告南京欧尚超市有限公司江宁店（简称欧尚超市江宁店）购买"玉兔牌"香肠15包，其中价值558.6元的14包香肠已过保质期。孙银山到收银台结账后，即径直到服务台索赔，后因协商未果诉至法院，要求欧尚超市江宁店支付14包香肠售价十倍的赔偿金5586元。

裁判结果

江苏省南京市江宁区人民法院于2012年9月10日作出（2012）江宁开民初字第646号民事判决：被告欧尚超市江宁店于判决发生法律效力之日起10日内赔偿原告孙银山5586元。宣判后，双方当事人均未上诉，判决已发生法律效力。

裁判理由

法院生效裁判认为：关于原告孙银山是否属于消费者的问题。《中华人民共和国消费者权益保护法》第二条规定："消费者为生活消费需要购买、使用商品或者接受服务，其权益受本法保护；本法未作规定的，受其他有关法律、法规保护。”消费者是相对于销售者和生产者的概念。只要在市场交易中购买、使用商品或者接受服务是为了个人、家庭生活需要，而不是为了生产经营活动或者职业活动需要的，就应当认定为“为生活消费需要”的消费者，属于消费者权益保护法调整的范围。本案中，原、被告双方对孙银山从欧尚超市江宁店购买香肠这一事实不持异议，据此可以认定孙银山实施了购买商品的行为，且孙银山并未将所购香肠用于再次销售经营，欧尚超市江宁店也未提供证据证明其购买商品是为了生产经营。孙银山因购买到超过保质期的食品而索赔，属于行使法定权利。因此欧尚超市江宁店认为孙银山“买假索赔”不是消费者的抗辩理由不能成立。

关于被告欧尚超市江宁店是否属于销售明知是不符合食品安全标准食品的问题。《中华人民共和国食品安全法》（以下简称《食品安全法》）第三条规定：“食品生产经营者应当依照法律、法规和食品安全标准从事生产经营活动，对社会和公众负责，保证食品安全，接受社会监督，承担社会责任。”该法第二十八条第（八）项规定，超过保质期的食品属于禁止生产经营的食品。食品销售者负有保证食品安全的法定义务，应当对不符合安全标准的食品自行及时清理。欧尚超市江宁店作为食品销售者，应当按照保障食品安全的要求储存食品，及时检查待售食品，清理超过保质期的食品，但欧尚超市江宁店仍然摆放并销售货架上超过保质期的“玉兔牌”香肠，未履行法定义务，可以认定为销售明知是不符合食品安全标准的食品。

关于被告欧尚超市江宁店的责任承担问题。《食品安全法》第九十六条[①]第一款规定：“违反本法规定，造成人身、财产或者其他损害的，依法承担赔偿责任。”第二款规定：“生产不符合食品安全标准的食品或者销售明知是不符合食品安全标准的食品，消费者除要求赔偿损失外，还可以向生产者或者销售者要求支付价款十倍的赔偿金。”当销售者销售明知是不符合安全标准的食品时，消费者可以同时主张赔偿损失和支付价款十倍的赔偿金，也可以只主张支付价款十倍的赔偿金。本案中，原告孙银山仅要求欧尚超市江宁店支付售价十倍的赔偿金，属于当事人自行处分权利的行为，应予支持。关于被告欧尚超市江宁店提出原告明知食品过期而购买，希望利用其错误谋求利益，不应予以十倍赔偿的主张，因前述法律规定消费者有权获得支付价款十倍的赔偿金，因该赔偿获得的利益属于法律应当保护的利益，且法律并未对消费者的主观购物动机作出限制性规定，故对其该项主张不予支持。

---

① 注：此条为 2009 年 2 月 28 日十一届全国人大常委会七次会议通过的《中华人民共和国食品安全法》。根据 2015 年 4 月 24 日十二届全国人大常委会十四次会议修订的《中华人民共和国食品安全法》，此条已修改为第一百四十七条。